Lieb doch, wie du willst

Geschichten von Lust und Sehnsucht

Ein Feuerwerk der Geschichten von Antje Babendererde, Jennifer Benkau, Caroline Brinkmann, Benni Cullen, Ilona Einwohlt, Tobias Elsäßer mit Jana Fuhrmann, Anne Freytag, Kathrin Schrocke, Deniz Selek, Kai Spellmeier, Tobias Steinfeld und Anke Weber.

Mehr über unsere Bücher, Autor:innen und Illustrator:innen auf:
www.thienemann-esslinger.de

Einwohlt, Ilona (Hrsg.):
Lieb doch, wie du willst – Geschichten von Lust und Sehnsucht
ISBN 978 3 522 20292 3

Einbandgestaltung: Formlabor unter Verwendung von
Shutterstock-Motiven (© Foxys Graphic; © swat.inc)
Innentypografie: Kadja Gericke
Reproduktion: DIGIZWO GbR, Stuttgart
Druck und Bindung: CPI Books GmbH

ILONA EINWOHLT (HRSG.)

LIEB DOCH WIE DU WILLST

Thienemann

Inhalt

Körper, Haut, Gefühl – von klein auf spürst du dich, weißt instinktiv, was dir guttut, fühlst Lust und Liebe, Zärtlichkeit, Begehren. Weißt, wann und ob du berührt werden möchtest, sagst Nein zu Schlabberküssen und Ja zu Kuscheln auf dem Sofa. Irgendwann auf dem Weg zum Erwachsenwerden kommt dir dann diese Unbeschwertheit abhanden: Du lernst denken, statt zu fühlen. Erlebst Unsicherheit statt Geborgenheit.

Alles könnte so einfach für dich sein, wären da nicht die Stimmen von Eltern, Medien und Gesellschaft, Schule. All die Rollenvorgaben, Normen, Zwänge und tausend Dinge, die von außen auf dich einprasseln, dich irritieren, verunsichern. Die dir verbieten, dich zu streicheln, die keine Wörter für Penis und Vulva haben, die die Klitoris nicht im Schulbuch abbilden. Die dir einreden wollen, du seist nicht normal, ohne dass sie dir erklären könnten, was überhaupt normal ist. Die von dir ein Vater-Mutter-Kind-Leben verlangen, ohne dir zu erzählen, was alles Familie bedeuten kann und dass es auch gleichgeschlechtliche Paare gibt. Die Leistung und Perfektion erwarten, normschöne Körper, die funktionieren, niemals krank sind, niemals jammern, am besten auch nicht bluten. Regale voller Ratgeber, wie man's »richtig« macht, Tipps und Tricks aus dem Internet, viel zu viele und nicht alle hilfreich. Und ganz viel Falschinformation mit noch mehr Unsicherheit.

Wie wäre es also stattdessen damit: Starte dein eigenes Kopfkino, lass Gefühle und Sehnsüchte fließen, erlaube dir erotische Fantasien ober- und unterhalb der Gürtellinie. Niemand sieht dich, niemand hört dich – und wenn! Liebe, wen und wie du willst! Alles darf sein, weil alles richtig ist, weil all das zu dir gehört und sich so vielseitig zeigt, wie wir Individuen nun mal sind. Dafür gibt es keine Schablonen, kein Klischee und auch das ist wieder ein Klischee. Das Normalste wäre doch – und davon träumen wir alle – dass Diversität normal ist. Diese Anthologie will ihren kleinen Beitrag dazu leisten.

»Lieb doch, wie du willst« erzählt in ganz unterschiedlichen Geschichten Variationen des Immergleichen: Ob erstes Mal, romantische Gefühle, heiße Nächte, verzehrendes Verlangen oder Solo-Sex. Von Gefühlen, die wir alle kennen, wenn wir sie zulassen, hineinstrudeln, spüren. Dieses Feuerwerk an Hormonen, das in jede:m von uns explodiert, sich aber für jede:n anders anfühlt, immer wieder aufs Neue. Dann sind wir eins mit uns, mit dem Anderen, mit der Welt. Werden Teil des großen Ganzen, in dem wir gerade zerfließen.

Die Autor:innen dieser Anthologie haben dieser Vielfalt an Lieben ihre Stimme verliehen, lassen ihre Protagonist:innen hinspüren, haben Worte gefunden für Momente des heißen Glücks, das uns Leser:innen manchmal sprachlos macht. Sie erzählen von Sehnsüchten und sind so nah dran, dass es manchmal nicht zum Aushalten ist. Mit ihnen begeben wir uns auf Entdeckungsreise, zu verborgenen Körperteilen hin zu ungelebten Wünschen und atemlosem Begehren. Denn egal, wer dein Gegenüber ist: DU empfindest, spürst, liebst. Wie und wen DU WILLST. Für diesen einen Moment, der einer Ewigkeit gleicht und der uns alle im Herzen verbindet. Egal, wer wir sind, wen und wie wir lieben.

Ilona Einwohlt im Juli 2023

Anne Freytag hat International Management studiert und als Grafikdesignerin gearbeitet, bevor sie sich ganz dem Schreiben widmete. Für ihre Romane wurde die Autorin mehrfach für Literaturpreise nominiert und damit ausgezeichnet – unter anderem dem Bayerischen Kunstförderpreis in der Sparte Literatur. Darüber hinaus gibt es konkrete Pläne zur Verfilmung einzelner Werke. Die Autorin lebt und arbeitet in München.

Anne Freytag

French Connection

Ich glaube, anfangs wollte ich hauptsächlich wissen, wohin es führen würde. Wie weit wir bereit wären zu gehen. (Und ob ich den Mut hätte, es durchzuziehen, das auch.) Es war klar, dass das mit uns nicht von Dauer wäre – immerhin war ich nur vier Wochen dort. Meine Eltern hatten meinen Aufenthalt bei Familie Lindley als Strafe betrachtet, ein vierwöchiger Intensivsprachkurs, den sie sich ein kleines Vermögen kosten ließen. Das Ziel: Meine Englischkenntnisse so weit zu verbessern, dass ich den Einstufungstest für das internationale Studium bestehen würde, das ihnen für mich vorschwebt. Insgeheim denke ich, dass ich nur ihretwegen so schlecht in Englisch war – bei der Art, wie sie jede andere Sprache außer Französisch verachten, wäre es kein Wunder. *Früher brauchte man kein Englisch,* sagt meine Mutter gern. *Da hat man es auch so zu etwas gebracht. Heute ist das anders.* Keine Ahnung, ob sie recht hat, Fakt ist, sie haben mich hingeschickt.

Alice – so heißt meine Gastmutter – holte mich vom Flughafen ab. Rückblickend denke ich, dass es bereits da angefangen hat – was mir zu dem Zeitpunkt jedoch noch nicht bewusst war. Wer würde schon damit rechnen? Klar, jeder Zwanzigjährige träumt von so was. Aber es passiert nicht – außer in französischen Filmen.

Sie stand in der Ankunftshalle mit einem Pappschild in der Hand. Klein und zierlich, eine Frau, die meine Mutter mit *petite* beschreiben würde. Ich wusste von dem Steckbrief, den das Sprachinstitut geschickt hatte, dass sie neununddreißig ist. Sie neununddreißig, ihr Mann Tom zweiundvierzig, die drei Söhne achtzehn, sechzehn und zwölf. Die Namen der Söhne hatte ich vergessen. In dem Steckbrief stand, dass sie regelmäßig Sprachschüler aufnehmen – eine Art Hobby von Alice, dem sie neben ihren Verpflichtungen als Hausfrau und Mutter nachkommt. Genau so stand es da. Meine Mutter schüttelte dabei nur verächtlich den Kopf und sagte: *Amerikaner.*

Als ich Alice dort stehen sah, wirkte sie nicht wie eine Mutter. Dafür schien sie mir zu schüchtern. Eher wie ein Mädchen, das man dort abgestellt hatte. Das Einzige, was sie zu einem sexuellen Wesen machte, waren ihre Beine. Proportional zur Körpergröße lang und schlank, so wie die Beine einer Frau, die viel laufen geht.

Als sie mich in der Menge entdeckte, sagte sie: »Henri?« Sie sprach es englisch aus. Ich korrigierte sie nicht.

Auf dem Parkplatz zündete ich mir eine Zigarette an, Alice war irritiert, das konnte ich sehen. Ich glaube, ich war der erste Raucher, dem sie je begegnet ist. Sie sagte nichts deswegen, wartete stattdessen geduldig, bis ich fertig war. Ihr Gesichtsausdruck hatte etwas von einem *Stimmt, in Europa raucht ihr noch.*

Wir stiegen in ihren Wagen – er war eiskalt, von der Klimaanlage. Runtergekühlt, als wären wir Leichen auf dem Weg zum Friedhof. Wir sprachen kaum, nur ein paar leere Sätze. *Wie war der Flug? Hat alles geklappt? Auch bei der Einreise keine Probleme?* Ich beantwortete ihre Fragen. Und währenddessen beobachtete ich sie heimlich. Alice war auf den Verkehr konzentriert und damit zu abgelenkt, um meine Blicke zu bemerken. Wir fuhren auf den Highway. Tausend Spuren und noch mehr Autos – und wir in einem riesigen SUV mit dieser winzigen Frau hinterm Steuer. Alice' Rock war beim Einsteigen hochgerutscht, ihre Oberschenkel waren nackt. Ich verbot mir, hinzusehen, tat es aber dennoch immer wieder. Ihre Schenkel, ihr Profil. Ein Auf und Ab, das sich minutenlang hinzog. Mir ging durch den Kopf, dass sie einen schönen Nacken hat, etwas, das ihre Kurzhaarfrisur betonte. Burschikos geschnittenes blondes Haar, dunkle Augenbrauen, kleine Ohren.

Auf dem Familienfoto, das dem Steckbrief beilag, war sie vor lauter Männern kaum zu sehen gewesen. Eine kleine Person zwischen amerikanischen Schultern. Sie fiel mir damals nicht weiter auf. Wenn ich raten müsste, würde ich sagen, ihr Haar war zu der Zeit länger, weiß es aber nicht.

Die zweite Hälfte der Fahrt kam mir ewig vor. Lag vielleicht am Flug oder an der Schlaflosigkeit in der vorangegangenen Nacht. Mein Kopf war wach, mein Körper bleiern müde. Ich nickte auf dem Weg zu den Lindleys mehrfach ein. Die ersten Male wachte ich wieder auf, dann anscheinend nicht mehr, denn irgendwann waren wir da. Alice weckte mich mit einer Berührung am Arm. Die Einfahrt war so groß wie ein Fußballplatz.

»Da wären wir«, sagte sie und stieg aus. »Tom und die Jungs kommen erst später.«

Alice zeigte mir das Haus. Es war wie in einem amerikanischen Film. Sehr viele Bäder und Schlafzimmer und Bereiche, um Gäste zu empfangen. Ich wartete darauf, dass sie mir mein Zimmer zeigen würde, doch bei keinem der vielen Räume sagte sie etwas Entsprechendes.

Danach führte sie mich durch den Garten. Eine Art privater Park, der deutlich machte, wie viel Platz man in den USA haben kann. Wir erreichten eine zweite Terrasse, dann blieb Alice stehen und meinte: »Das ist das Gästehaus.« Sie reichte mir einen Schlüssel und ließ mich aufsperren.

Das Haus bestand aus einem Raum mit deckenhohen Fenstern,

die man aufschieben konnte. Im Zentrum ein großes Bett, rechts eine Küchenzeile, die besser ausgestattet war als die meisten Küchen meiner Freunde in Paris. Links hinter einer Wand ein Badezimmer, das für amerikanische Verhältnisse klein war, mir aber geräumig erschien.

Ich lernte Tom und die Jungs erst am nächsten Morgen beim Frühstück kennen. Ich hatte mich am Abend zuvor nur kurz duschen und ein paar Minuten hinlegen wollen, und wachte dann am nächsten Tag auf, weil die Sonne mich blendete. Das Frühstück war verdammt gut und genauso fremd. Gespräche über Sport, über Toms Job, über die Schule. Alice trug das Essen auf wie eine Bedienstete. Meine Mutter hätte sich das nie bieten lassen. Meine Geschwister und ich mussten immer mithelfen, egal worum es ging, egal, wie klein wir waren.

Alice schien es als ihren Job zu betrachten – einen Job, für den sie in Liebe bezahlt wurde. Es gab von allem zu viel – Pancakes, Rührei, Speck, Waffeln, Ahornsirup. Ich weiß noch, dass ich dort saß und mich gefragt habe, ob sie wirklich jeden Morgen so essen, oder ob sie meinetwegen so dick auftragen. Aber Tom und die Jungs waren so unbeeindruckt, dass es wohl normal für sie war.

Bei uns zu Hause essen wir morgens getrennt und jeder kümmert sich selbst um sein Frühstück. Abends ist Familienzeit und wir wechseln uns mit dem Kochen ab. Bei den Lindleys war es wie in einem Hotel mit nur einer Mitarbeiterin.

Die erste Woche verlief unspektakulär. Ich war vormittags in meinem Sprachkurs auf dem Campus. Alice holte mich ab, wir aßen zusammen zu Mittag, dann hatten wir unsere privaten Conversationlessons. Am fünften Tag hatte ich das erste Mal Gedanken, die mit ihr und Sex zu tun hatten. Sie fragte, ob es für mich okay wäre, eine längere Pause nach dem Essen einzulegen. Ich sagte Ja, ohne nachzufragen, warum.

Kurz darauf schwamm sie Bahnen vor meinen geöffneten Fenstern. Ich saß auf dem Bett und sah ihr zu. Ich wollte immer lernen zu kraulen, in meinen Augen war es die einzig richtige Art zu schwimmen, doch ich beherrschte sie nicht – ganz im Gegensatz zu Alice. Sie glitt durch das Wasser, durchpflügte es nahezu lautlos mit den Händen, schaute alle paar Züge kurz hoch, atmete ein, schwamm weiter. Als sie irgendwann meinen Blick bemerkte, fragte sie, ob ich auch schwimmen wollte. Es kam mir komisch vor, allein mit ihr im Pool, aber ich wollte nicht unhöflich sein.

Sie bestand darauf, dass ich Sonnenschutz benutzte, Rücken und Schultern cremte sie mir ein, dann bat sie mich, dasselbe bei ihr zu tun. Als ich ihren Nacken und ihre nackten Schultern berührte, kamen die Gedanken das erste Mal. Danach zeigte sie mir, wie man krault. Sie erwies sich als gute Lehrerin, ich lernte es relativ schnell.

Im Anschluss setzten wir uns in unseren nassen Schwimmsachen auf die Terrasse des Haupthauses und unterhielten uns auf Englisch. In den Tagen davor hatte sie Lektionen aus einem Buch mit mir bearbeitet. Doch an jenem Tag nicht. Kein Buch, nur Fragen, die wir uns gegenseitig stellten. Ich wollte wissen, warum sie Sprachkurse gibt, ob sie ursprünglich aus Kalifornien kommt, wie es ist, mit so vielen Männern zusammenzuleben. Sie fragte nach meiner Familie, danach, wie es sich in Paris so lebte, ob ich eine Freundin hätte. »Sie wird dich doch bestimmt sehr vermissen, wenn du so lang weg bist.« Ich sagte die Wahrheit, dass ich in keiner Beziehung war. Dass ich nach nichts Festem suchte. Dass ich erst mehr Erfahrungen sammeln wollte. Ich hatte es bereits ausgesprochen, als mir klar wurde, wie zweideutig meine Aussage rübergekommen sein musste und entschuldigte mich. Alice winkte ab. Sie sagte, sie hätte es nicht so verstanden – doch ihre geröteten Wangen sagten das Gegenteil.

Danach erzählte sie, was sie den ganzen Tag über so tat – aufräumen, kochen, einkaufen, putzen – und wenn sie mit allem fertig war, laufen. Sie sagte:»Es gibt ein paar schöne Laufstrecken in der Gegend. Falls du mal mitkommen willst?« Ich schüttelte den Kopf und sagte:»Ich laufe nicht.«

Zwei Stunden später beim Abendessen – es gab gegrillte Dorade – sprachen hauptsächlich Tom und die Jungs. Alice stellte Fragen wie eine Interviewerin und brachte so viele Beilagen an den Tisch, dass es fast grotesk war. Sobald ich etwas erzählte, korrigierte Tom jeden meiner Fehler. Satzbau, Aussprache, falsches Vokabular. Ein Halbsatz, eine Unterbrechung, ein weiterer Satz, eine weitere Unterbrechung. Irgendwann legte Alice ihm die Hand auf den Arm und sagte gedämpft:»Tom, nicht«, und er antwortete:»Wieso? Henri ist schließlich hier, um etwas zu lernen.« Blick zu mir.»Nicht wahr, Junge?« Ich nickte und dachte: *ta gueule*.

Später am Abend saß ich allein am Pool, die Beine im Wasser. Ich saß da und rauchte – eine letzte Zigarette vorm ins Bett Gehen –, da kam Alice zu mir auf die Terrasse. Als sie mich sah, sagte sie:»Stört es dich?« und zeigte in den Pool, als gehörte er mir. Ich schüttelte den Kopf und rauchte weiter, während Alice sich aus dem dünnen Bademantel schälte, ihn neben sich auf den von der Sonne noch leicht gewärmten Steinboden legte, an den Beckenrand trat und kopfüber ins Wasser sprang. Ihr Bikini musste verrutscht sein, denn sie wandte sich ab und zupfte daran herum, danach begann sie zu schwimmen. Die Poolbeleuchtung erhellte ihren Körper, er war verschwommen und doch scharf. Ihr dabei zuzusehen, wie sie ihre Bahnen zog, war eine Mischung aus meditativ und erregend.

Wie ein Kribbeln in den Fingern, an den dünnen Schnüren des Bikinis zu ziehen und Alice' Brüste anzufassen.

Ich malte es mir aus. Wie ich die Zigarette ausdrückte und ins Wasser glitt, wie ich mich Alice in dem Bereich des Pools, in dem man stehen konnte, in den Weg stellte, wie sie mich ansah mit nassen Wimpern und Wassertropfen, die ihr übers Gesicht liefen, wie ich die Hände ausstreckte und sie mit den Augen fragte, ob ich sie berühren dürfte. Ich saß am Beckenrand und spürte, wie ich hart wurde, wie meine Shorts sich im Schritt spannte, während in meinem Kopf Alice flach atmend vor mir stand und kaum merklich nickte. Ich ging einen Schritt auf sie zu, unsere Körper berührten sich fast, dann zog ich an den Schnüren ihres Bikinioberteils – löste erst die im Nacken, danach die Schleife an ihrem Rücken.

Etwa da verabschiedete ich mich von Alice und ging duschen. Ich konnte nicht mit meiner Erektion dort sitzen bleiben, am Poolrand, Alice hätte es gemerkt. Während ich mir – nur wenige Meter von ihr entfernt – einen runterholte, stellte ich mir ihre Brüste vor, die zusammengezogenen Brustwarzen, Alice' Blick, als ich die Schleifen des Bikinihöschens öffnete, eine links, eine rechts, dann war sie nackt. Ich stellte mir vor, wir hätten Sex im Pool, ich in ihr, ihre Brüste an meinen Oberkörper gepresst, lauwarmes Wasser um uns, Alice' zurückhaltendes Stöhnen in meinem Ohr. Keine zwei Minuten später ejakulierte ich gegen die dunklen Feinsteinfliesen.

Als ich kurz darauf mit nichts als einem Handtuch um die Hüften mein Zimmer betrat, stand Alice im Pool und musterte mich – länger als sie sollte. Es schien auch ihr aufzufallen, denn sie schaute ertappt weg, hielt einen Moment inne und stieg dann schnell aus dem Wasser.

Im Nachhinein sagte sie mir, dass sie währenddessen meinen

Blick auf sich gespürt hatte wie Hände, die sie anfassen. Es waren die ersten seit Langem. »Seit Aidens Geburt«, sagte sie.

Die nächsten Tage verliefen ähnlich. Vormittags Sprachkurs, dann Mittagessen, danach ein bisschen Sightseeing – ein Ausflug an einen Strand, ein Fischlokal an der Küste –, im Anschluss oder währenddessen Conversationlessons. Nach dem Abendessen kam Alice zum Pool, Tom und die Jungs schauten fern oder zockten oder waren nicht da. Ich sah Alice beim Schwimmen zu und befriedigte mich im Anschluss selbst – mit Bildern von ihr im Kopf, oder von uns, im Pool, auf dem warmen Steinboden daneben, in meinem Bett. Alice blieb abends immer länger. Erst nur ein paar Minuten, irgendwann hatte sich ihr abendliches Schwimmen auf über eine Stunde ausgedehnt. Ich fragte mich, ob sie so etwas schon mal gemacht hatte – mit einem ihrer Sprachschüler geschlafen. Und ich fragte mich, ob es sich bei ihrer Schüchternheit um eine Masche handelte, oder ob sie sich ihrer Wirkung auf mich tatsächlich nicht bewusst war – diesem Drang, sie zu berühren, der von Tag zu Tag stärker wurde.

Am Ende meiner zweiten Woche bei den Lindleys eröffnete Tom beim Abendessen, dass er kurzfristig mit den Jungs wegfahren würde. Er schlug vor, dass wir alle gemeinsam fahren – »Henri würde das Ferienhaus sicher gefallen«, meinte er, »ihr könntet eure Sprachstunden auch dort abhalten.« Bevor ich etwas entgegnen konnte, sagte Alice, dass ich auch vormittags Kurse hätte – auf dem Uni-Campus – und sie und ich daher hierbleiben müssten. Tom schien kein Problem damit zu haben. Er nickte einfach und aß weiter. Es wunderte mich, dass er nicht einmal den Versuch machte, sie zum Mitkommen zu überreden. Doch ich hinterfragte es nicht.

Nach dem Essen half ich Alice beim Abspülen. Sie wollte wissen, ob ich gern mitgefahren wäre. Ich schüttelte den Kopf. Und als sie mich ansah, bildete ich mir ein, Sehnsucht in ihren Augen zu sehen – eine Sehnsucht, die wir nicht hätten haben sollen.

Am nächsten Morgen verabschiedeten wir Tom und die Jungs. Alice stellte sich auf die Zehenspitzen, um ihre Söhne zu umarmen, und es fiel mir schwer zu glauben, dass sie sie geboren hatte, diese drei jungen Männer, die so groß und muskulös waren, dass Alice neben ihnen aussah wie ihre Schwester. Alterslos, weil sie so jung Mutter geworden war, straff vom Sport, weil es neben dem Haushalt sonst nicht viel für sie gab. Nur Laufstrecken und Bahnen im Pool, während derer normalerweise niemand von ihr Notiz nahm.

Es war Samstag – samstags gab es keine Kurse. Alice legte sich an den Pool und las. Dabei trug sie einen Bikini, der aus so wenig Stoff bestand, dass ich schwer schlucken musste, als ich sie sah. Ihre Haut bräunte schnell, sie begutachtete die Linien, indem sie den Stoff des Höschens beiseiteschob. Ihre Blicke versteckte sie hinter einer großen schwarzen Sonnenbrille. Manchmal spürte ich sie.

Das Wochenende verging nach außen hin träge, doch in mir fühlte es sich anders an. Ich half ihr beim Kochen. Wir standen gemeinsam in der Küche, sie zeigte mir, was ich tun sollte, und ich stellte mir vor, wie ich sie auf die Kücheninsel legte, ihre Beine spreizte und sie so lange leckte, bis sie kam. Bis sie sich unter meiner Zunge wand. Bis ihr Seufzen bettelnd klang und sie meinen Namen stöhnte.

Ich stand angespannt neben ihr und schnitt rote Zwiebeln. Alice schaute mich immer wieder an, so als wüsste sie, woran ich dachte. Und ich fragte mich, ob es ihr auch so ging, ob ihr doch klar war, welche Wirkung sie hatte. Mit ihren vollen Lippen und den fast schwarzen Augen. Den dunklen Augenbrauen und Wimpern, dem kleinen Muttermal auf der linken Wange. Und diesem Nacken – verletzlich und grazil, so wie ihr gesamter Körper.

Wegen unseres Größenunterschieds konnte ich Alice in den Ausschnitt schauen, den Ansatz ihrer runden Brüste sehen, die sich unter jedem Atemzug hoben und senkten. Ich wollte alles an ihr. Ich wollte jeden Millimeter ihrer Haut berühren, ich wollte sie küssen. Ich wollte in sie eindringen. Spüren, wie sie sich von innen anfühlte. Wie ihr Körper sich um meinen harten Schwanz legte. Sie brachte mich um den Verstand.

Beim Abendessen fragte sie:»Wenn du sagst, du suchst nach nichts Festem, was meinst du damit?«

Ich verschluckte mich an meiner Pasta. Hustete, trank Wasser nach. Währenddessen überlegte ich, was ich darauf antworten sollte.

Alice sah mich an. Ich kann mich an den Blick körperlich erinnern. Spüre ihn noch genauso wie in jenem Moment. Wie eine Aufforderung. Wie ein *Ich weiß, dass du es auch willst. Tu es.* Ich sagte etwas Ausweichendes. Etwas wie *Ich will mich noch austoben, bevor ich mich festlege.* Ich dachte, damit wäre das Thema vom Tisch, doch Alice hakte nach.»Und wie läuft das so? Mit dem Austoben?« Sie lächelte und ihre Mundwinkel zitterten.»Ich meine, wie stelle ich mir das vor?«

Ich räusperte mich und legte mein Besteck weg.»Wie ein Studium«, sagte ich vage und fügte ein»Nur mit dem Körper« hinzu. Alice befeuchtete sich die Lippen, dann griff sie nach ihrem Glas und nahm einen Schluck Weißwein – sie hatte auch mir welchen angeboten. In diesem Moment wünschte ich, ich hätte Ja gesagt.

»Darf ich dich etwas Persönliches fragen, Henri?«

Ich liebte es, wie sie meinen Namen sagte. *Henri.*

»War das eben nicht persönlich?«, fragte ich zurück. Alice wurde rot, und ich sagte: »Bitte, frag.«

Die darauffolgenden Sekunden zogen sich entsetzlich hin. Ich spürte, wie ich zu schwitzen begann. *Sie ist verheiratet*, ging es mir wieder und wieder durch den Kopf. *Sie hat drei Kinder – du könntest ihr Sohn sein.*

»Hast du …«, fing sie an, brach jedoch ab. Ihr Blick war gesenkt, ihre Hände spielten nervös an dem Stiel des Glases, sie trank noch einen Schluck Wein. »Hast du schon mit vielen Frauen geschlafen?«

Jede Antwort schien mir falsch. Ein Ja wäre abstoßend rübergekommen, vielleicht sogar arrogant, ein Nein hingegen hätte mich unerfahren und jungenhaft wirken lassen. Beides wollte ich nicht.

»Was verstehst du unter viele?«, fragte ich.

Sie zuckte mit den Schultern. »Keine Ahnung«, sagte sie. »Du bist zwanzig, richtig?« Ich nickte. »Vier, fünf?«

»Man kann auch mit einer Frau sehr oft geschlafen haben«, sagte ich. »Hätte man in dem Fall weniger Erfahrung?«

»Vermutlich nicht«, sagte sie. Und fügte nach einer Pause hinzu: »Dann war es eine?«

»Es waren drei«, sagte ich. »Zwei Beziehungen, ein One-Night-Stand.«

Alice schwieg.

Danach saßen wir vor unseren Pastatellern, ohne zu essen. Ich hatte das unbändige Verlangen nach einer Zigarette. Wobei mir bewusst war, dass es mir nicht wirklich um die Zigarette ging, dass ich eigentlich *sie* wollte – Alice. Ihre Lippen auf meinen, den Geschmack ihrer Zunge, *ihren* Geschmack. Ich wollte in ihr versinken, ich wollte mit meinen Händen in ihre Bluse fassen, in den BH, ich wollte spüren, wie ihre Brustwarzen unter meinen Fingern hart wurden. Wissen, ob ihre Brüste sich so anfühlten, wie sie aussahen, so voll und schwer, dass sie seitlich aus den Bikinioberteilen gedrückt wurden. Ich wollte, dass Alice sich nackt auf mich setzte, und dann wollte ich dabei zusehen, wie mein Schwanz Zentimeter für Zentimeter in sie eindrang. Ich wollte sie von innen und außen spüren, wollte mein Gesicht in ihrer Halsbeuge vergraben, den Geruch ihrer Haut einatmen, sie im Nacken halten, während ich mich tief in ihr bewegte. Ich wollte, dass sie sich unter mir vergaß, dass sie laut wurde. Dass sie die Maske abstreifte, die sie tagein, tagaus trug – dieses amerikanische Lächeln, das die Leere in ihrem Blick nie ganz überdecken konnte.

Alice saß mir gegenüber, spießte ein paar Nudeln auf, hob die Gabel jedoch nicht an ihre Lippen. Ich sah Schweißperlen auf ihrer Stirn glänzen. Als sie schluckte, schien ich die Trockenheit in ihrer Kehle in meiner zu spüren. Meine Erektion stemmte sich gegen den Stoff meiner Shorts. Ich hätte Alice in dem Moment gern geküsst. Ich wäre gern sanft mit ihr gewesen und ungestüm, hätte Liebe mit ihr gemacht und sie gefickt. Ich wollte alles mit ihr. Aber nur das Haus war leer, nicht ihr Leben. *Sie ist verheiratet,* sagte ich mir wieder und wieder. *Ist mir egal,* antwortete eine Stimme in meinem Kopf. Aber es war nicht egal.

Kurz darauf verabschiedete ich mich ins Bett. Es war nicht mal zehn. Ich versuchte, meine Erektion zu verbergen, als ich vom Tisch aufstand, doch ich glaube, Alice sah sie, die Wölbung in meinem Schritt, die ihretwegen dort war.

Ich zog mich ins Gästehaus zurück, befriedigte mich aber nicht selbst. Etwas in mir genoss diese fast schon schmerzhafte Sehnsucht. In jener Nacht kam Alice nicht zum Pool. Mir wurde erst bewusst, dass ich darauf gewartet hatte, als im Haupthaus das Licht ausging. Danach lag ich lange wach. Und als ich endlich einschlief, träumte ich von ihr.

Am nächsten Morgen schien alles wieder wie zuvor. Als hätte Alice ihre unangebrachten Fragen beim Abendessen nie gestellt. Ich war enttäuscht und erleichtert darüber. Alice und ich frühstückten zusammen. Sie hatte Croissants gemacht, die so gut waren, dass sie es vom Geschmack und der Beschaffenheit mit denen meiner Mutter aufnehmen konnten. Sie waren buttrig und bröselig und machten exakt das Geräusch beim Reinbeißen, das ein gutes Croissant ausmachte. Alice hatte Erdbeermarmelade gekauft und gesalzene Butter, dazu gab es schwarzen Kaffee. Während wir aßen, lief Musik von Alban de la Simone. Die Terrasse lag im Schatten und mein Blick fiel auf den Pool am anderen Ende des Anwesens. Das Grundstück war nicht einsehbar. Wir hätten auf dieser Terrasse Sex haben können, oder in der Wiese, oder im Pool und niemand hätte es mitbekommen. Ich wünschte fast, man hätte uns von den Nachbarhäusern aus beobachten können, das hätte es sehr viel leichter gemacht.

Es war noch nicht mal elf Uhr, sonntags gab es keinen Unterricht. Der Tag lag endlos vor mir. Sonne, die vom Himmel brannte, träge Hitze, und eine Erregung, die mich nicht mehr losließ. Als hätte mein Körper Feuer gefangen. Nach dem Frühstück räumten wir gemeinsam auf. Alice fragte, ob ich einen Ausflug machen wolle, ich dachte, *ich will mit dir schlafen*. Der Gedanke war so allgegenwärtig, dass ich sofort zustimmte. Hauptsache, weg – ich hätte es keine Sekunde länger allein mit ihr in diesem Haus ausgehalten.

Alice und ich fuhren an einen Strand, der bis auf ein paar Familien leer war. Kinder, die Sandburgen bauten, ein Mann, der für seinen Hund einen Ball warf, eine junge Frau, die eine Luftmatratze ins Wasser trug. Wir gingen an ihnen vorbei, Alice hatte sich die Sandalen ausgezogen, sie hielt sie an einem Finger, ließ sie neben sich herschwingen, während die Wellen an Land donnerten und ihre Füße verschluckten. Jedes Mal, wenn sich das Wasser zurückzog, hörte ich den Sand darunter leise knistern.

Es war schließlich Alice, die unser Schweigen brach.

»Tut mir leid wegen gestern«, sagte sie. »Ich hätte das nicht fragen sollen.« Als ich Luft holte, um zu widersprechen, hob sie abwehrend die Hände. »Es wird nicht wieder vorkommen.«

»Bedauerlich«, hörte ich mich sagen.

Alice blieb stehen. Sie musste zu mir hochschauen, ich sah zu ihr runter. Der Wind strich ihr durchs Haar wie eine Hand, sie strich es glatt, dann ging sie weiter.

»Ich weiß, wir haben vorhin erst gefrühstückt, aber ich habe Hunger«, sagte sie. »Dahinten ist ein ausgezeichnetes Fischrestaurant.«

Wir saßen auf der Sonnenterrasse. Alice bestellte Lobster, ich entschied mich für die Muscheln. Der Kellner nahm unsere Bestellung auf, dann schenkte er Wasser in zwei Gläser. Nachdem er weg war, sagte Alice: »Ich war immer nur mit Tom zusammen.« Sie befeuchtete sich die Lippen, fuhr dann fort: »Ich habe nie mit einem anderen geschlafen.«

Als sie meinen ungläubigen Gesichtsausdruck sah, zuckten ihre Mundwinkel. Andererseits ergab es Sinn, Alice war Ende dreißig, ihr ältester Sohn bereits volljährig.

»Josh war nicht geplant«, sagte sie und nippte an ihrem Wasser. »Tom war mein erster Freund. Schon an der Highschool. Nach dem Abschluss sind wir zusammen ans College gegangen. Im zweiten Jahr war ich schwanger.«

»Was hast du studiert?«, fragte ich.

»Nur angefangen«, korrigierte sie mich. »Kunstgeschichte.«

»Du hast das Studium abgebrochen?«

Sie nickte. »Zwei Monate nachdem ich erfahren habe, dass Josh unterwegs ist«, sagte sie. »Im Juni darauf haben Tom und ich geheiratet.«

Die Vorspeise kam – ein Gruß aus der Küche. Eine Ceviche von weißem Fisch. Sie schmeckte hervorragend.

»Du hättest trotzdem deinen Abschluss machen können«, sagte ich.

»Nicht nur können«, erwiderte sie, »ich hätte es tun *müssen*.« Alice atmete tief ein. »Eine falsche Entscheidung und man ist sein Leben lang finanziell abhängig.« Sie machte eine Pause. »Nicht, dass du mich falsch verstehst, Tom ist kein schlechter Mensch. Er hat nur vor Jahren aufgehört, mich wahrzunehmen. Für ihn bin ich wie ein Möbelstück. Eine Haushaltshilfe, die neben ihm schläft.« Alice schaute verlegen in ihren Schoß. »Seit Aidens Geburt hat Tom mich nicht mehr angefasst.«

Ich runzelte die Stirn. »Aiden ist zwölf«, sagte ich.

Alice nickte.

»Tom hat dich seit zwölf Jahren nicht angefasst?«

»Nicht wie ein Mann seine Frau anfasst, nein«, sagte sie.

Ich schluckte. »Das heißt … du hattest seit zwölf Jahren keinen Sex.«

»Ja«, sagte Alice. Dann kam der Hummer, dicht gefolgt von einer Schüssel Muscheln.

Wir aßen mit den Fingern. Alice brach die Scheren – sie wirkte geübt darin –, ich die Muschelschalen, pulte das Fleisch heraus, es schmeckte weich und zart, nach Weißwein und Brühe. Als ich wieder zu Alice sah, lief ihr Hummersaft übers Kinn, sie wischte ihn mit dem Handrücken weg. Während ich sie betrachtete, versuchte ich zu begreifen, wie ein Mann sich nicht zu ihr hingezogen fühlen konnte. Wie ein Mann nicht sehen konnte, was ich sah. Ich ließ die Hände sinken, musterte Alice. Sie war mit Abstand die attraktivste Frau im gesamten Lokal – die anziehendste Frau, die ich je gesehen hatte. Und er wollte sie nicht ... nahm sie nicht wahr. Ich studierte ihr Gesicht, tastete es mit den Augen ab, weil ich es mit den Händen nicht durfte. Alles an ihr war sinnlich, ihr Mund, ihre Finger, die Art, wie sie Dinge anfasste. Als ihr jüngster Sohn geboren wurde, war Alice gerade siebenundzwanzig. *Zwölf Jahre*, dachte ich fassungslos und hätte diesen Umstand am liebsten auf der Stelle geändert. In ihrem Wagen, irgendwo am Strand, in dem angrenzenden Waldstück hinter dem Parkplatz. Ich war kurz davor, es laut auszusprechen. Zu sagen, dass ich sie wollte, dass ich noch nie jemanden so gewollt hatte. Doch ich verschluckte den Satz mit dem Rest meines Weißweins. Danach war das Glas verschmiert von meinen Fingern und Alice lächelte bei dem Anblick.

»Du weißt, dass er verrückt ist«, sagte ich. »Dein Mann ist vollkommen geisteskrank.«

Alice schüttelte den Kopf. »Etwas, was man immer haben kann, ist selten attraktiv.«

Mein Hals wurde trocken, ich bestellte ein weiteres Glas Wein, der Kellner fragte Alice, ob sie auch noch eins wolle, sie nickte. Kurz darauf stellte er zwei Gläser vor uns ab. Ich griff nach einem davon und trank einen Schluck. Der Alkohol stieg mir zu Kopf.

»Was ist mit Tom?«, fragte ich.

»Was soll mit ihm sein?«, fragte sie zurück.

»Hatte auch er zwölf Jahre keinen Sex?«

Alice lachte auf. »Natürlich nicht«, sagte sie.

»Das heißt, er schläft mit anderen?«, fragte ich mit vibrierender Stimme. »Er geht dir fremd und du weißt es?«

Alice antwortete nicht.

»Wieso?«, fragte ich. »Wieso lässt du dir das gefallen?«

»Tom und ich sind ein eingespieltes Team«, entgegnete sie. »Wir sind zusammen, seit ich fünfzehn bin. Ich kann mir ein Leben ohne ihn gar nicht vorstellen.«

»Und das ist Grund genug zu bleiben?«, fragte ich. »Dass du nicht weißt, wer du ohne ihn bist?«

Alice seufzte. »Ich habe keinen Abschluss, Henri«, sagte sie. »Ich habe keinerlei Berufserfahrung. Und in nicht mal fünf Monaten werde ich vierzig.« Sie trank noch mehr Wein. »Ich weiß, wie das für dich klingen muss. In deinem Alter hat man noch hohe Ideale.«

»Und in deinem nicht mehr?«, fragte ich.

»Tom und ich sind Freunde«, erwiderte sie. »Wir haben drei Kinder, wir können uns aufeinander verlassen. Jeder bringt seinen Teil in die Beziehung ein.«

Ich spürte, wie Wut in mir aufstieg. Auf Tom, auf Alice. Auf mich, weil ich mich in etwas einmischte, das mich nichts anging. Doch am wütendsten war ich, weil ich dabei war, mich in sie zu verlieben – weil ich viel mehr für sie empfand, als ich sollte. Ich hätte Alice gern gefragt, ob sie sich nicht zu schade war, für einen Mann zu kochen und zu putzen, während er – mit ihrem Wissen – andere Frauen fickte. Stattdessen fragte ich: »Und das genügt dir? Das macht dich glücklich?«

Alice sah mich lange an, dann schließlich sagte sie: »Du bist sehr jung, Henri.«

»Du auch«, erwiderte ich. »Zu jung für zwölf Jahre keinen Sex.«

Alice schluckte, dann nickte sie langsam. »Es ist komisch. Ich habe irgendwann aufgehört, an Sex zu denken«, sagte sie. »Ich habe es irgendwann nicht mehr vermisst, angefasst zu werden.« Sie schaute auf, ein Blick direkt in meine Augen. »Bis jetzt.«

Als wir knapp zwanzig Minuten später in Alice' Wagen stiegen, fiel es mir schwer, meine Hände bei mir zu behalten. Ihr *Bis jetzt* echote in meinem Kopf. Beim Einsteigen war ihr Rock fast bis zum Schritt hochgerutscht, ihre nackten Oberschenkel quälten mich.

Alice öffnete das Fenster mit einem Seitenblick zu mir. Obwohl ich sofort hochschaute, bemerkte sie, wo ich hingesehen hatte – zwischen ihre Beine, in ihren Schritt. Sie kommentierte es nicht, stattdessen sagte sie:»Du magst Klimaanlagen nicht, richtig?« Ich nickte.

Danach fuhren wir schweigend weiter. Eine aufgeladene Stille, körperlich erregt und wütend. Ich hätte gern mit den Fingerspitzen die Innenseiten ihrer Schenkel berührt, ich hätte gern ihren Slip zur Seite geschoben und wäre mit meinen Fingern in sie eingedrungen. Ich hätte die Dominanz über sie genossen, die Tatsache, dass sie fahren musste und es keinen Parkplatz gab, auf dem sie hätte halten können. Ich hätte sie gern gequält, wie sie mich quälte. Mit ihrem Körper und ihren Blicken und diesem Mund, von dem ich mir nicht vorstellen wollte, wie er sich fest um meinen steifen Penis legte. Die Bilder spielten sich ohne mein Zutun ab.

Alles an dieser Situation war falsch. Alice und ich in diesem Wagen, die Sehnsucht, die mich von innen auffraß, die mir äußerlich aber nicht anzumerken war – abgesehen von meinem zuckenden Schwanz. Einmal schien Alice es zu bemerken, denn ihr Blick schoss in meinen Schritt, in meine Augen, dann zurück auf die Straße.

Wenig später parkte sie in der Einfahrt. Ich wartete, bis sie ausgestiegen war, um meine Erektion einigermaßen zu kaschieren. Alice ging unterdessen bereits in Richtung Haus. Ich warf die Tür zu, Alice drückte auf den Knopf der Fernbedienung, die Blinker leuchteten auf. Ich folgte ihr zum Eingang. Und die Hitze in mir hatte nichts mit der Hitze von außen zu tun – auch, wenn die sicher nicht half. Mein Körper fühlte sich an wie ein Gefäß, das unter Druck stand, als wäre ich kurz davor zu reißen. Ich kannte solche Emotionen nicht, so entgegengesetzt. So zärtlich auf der einen Seite, so zornig auf der anderen.

Alice schloss die Tür auf und betrat den Eingangsbereich. Ich wollte an ihr vorbeigehen, über den Garten in mein Zimmer. Ich wollte die Vorhänge schließen und mir einen runterholen. Und danach in den Pool. Ich wollte das Gespräch vergessen. Die Andeutungen, die indirekte Einladung zum Sex, die ich nicht annehmen konnte – zum einen, weil ich nicht wusste, ob es wirklich eine gewesen war, zum anderen, weil Alice einen Ehemann hatte – einen Ehemann und drei Söhne.

Ich war im Begriff mich zurückzuziehen, da umfasste Alice mein Handgelenk.

»Nicht«, sagte ich, und sie ließ sofort los.

Ich ging an ihr vorbei – ich glaube, mein Herz hat niemals zuvor so schnell geschlagen.

»Henri«, sagte Alice.

Ich wollte nicht stehen bleiben, ich wollte mich nicht zu ihr umdrehen, kein Mitgefühl haben, nicht wütend sein, mich nicht in sie verlieben. Ich wollte nichts davon.

Hätte ich in jenem Moment alles streichen können – jedes Gespräch, jeden Blick, jede Form der Annäherung zwischen uns – ich hätte es getan.

Doch weil ich es nicht streichen konnte, blieb ich stehen – und weil ein Teil von mir stehen bleiben wollte. Und sich zu ihr umdrehen. Und Mitgefühl haben und sich in sie verlieben.

Ich spürte Alice hinter mir, sie war mir nah wie ein Schatten. Und ich wusste, wenn ich mich ihr zuwandte, wären wir Körper an

Körper. Und dann gäbe es kein Zurück mehr, keine Vernunft, keinen klaren Gedanken.

Ich rührte mich nicht, stand atemlos da, jeder Muskel angespannt, in meinem Nacken, in meinen Armen, in meinem Bauch. Ich wollte Alice küssen, sie ausziehen, sie weiter küssen. Sie mit dem Mund befriedigen. Ich wollte die vergangenen zwölf Jahre auslöschen – ihr dabei zusehen, wie sie kam. Ich wollte sie so oft zum Orgasmus bringen, bis sie nicht mehr konnte. Bis sie ermattet und glücklich daläge, auf eine Art erfüllt, die sie längst vergessen hatte.

Alice überließ die Entscheidung mir – sie hatte ihre längst getroffen.

Ich atmete flach, dann endlich brachte ich ein heiseres »Wenn ich mich jetzt zu dir umdrehe, werde ich mich nicht zurückhalten können« heraus.

Alice schloss ihre Hand um meine.

Dann wandte ich mich um, langsam, als wollte ich ihr die Möglichkeit geben, doch noch einen Rückzieher zu machen. Doch sie tat es nicht. Niemals zuvor habe ich mich so sehr gespürt, wie in diesen Sekunden. Die Härte des Bodens unter meinen Füßen, die künstlich heruntergekühlte Luft, die Stille des Hauses, den Schweißfilm auf meiner Haut, meinen trockenen Hals, meinen erregten Atem.

Alice sah mich an – die Knopfleiste ihres Kleids offen, darunter weiße Unterwäsche, ein flacher Bauch, feste Brüste. Sie hatte Sand an den Füßen, ihr Blick war unsicher und selbstsicher – der einer erwachsenen Frau.

Als Alice im nächsten Moment ihre Hände auf meine Brust legte, brannten bei mir alle Sicherungen durch.

Ich packte sie und zog sie an mich. Es war mehr als nur ein Kuss, es war wie Luftholen, unkontrolliert und gierig, als wäre man zu lang unter Wasser gewesen. Lippen und Zungen und Hände und unterdrücktes Stöhnen, das von den hohen Wänden widerhallte. Es war nicht mehr still im Haus, es war voll mit Seufzen, mit Lauten, die wir tagelang zurückgehalten hatten. Ich weiß nicht, wie wir es auf den Boden schafften. Plötzlich lagen wir dort. Halb nackt und schwer atmend. Alice hatte mir mein T-Shirt und die Shorts ausgezogen, ich ihr das Kleid. Ich öffnete ihren BH, während wir uns weiter küssten, zu süchtig, um aufzuhören. Ich wollte sie einatmen, ich wollte jeden Zentimeter ihrer Haut berühren, sie überall küssen, sie mit meiner Zunge entdecken – die Innenseiten ihrer Oberschenkel vom Knie bis zu den Leisten. Ich zog ihr den BH aus, hielt inne, atmete schwer. Ich sah Alice an, ihre Nacktheit, ihre Brüste, die ich mir in den vergangenen Wochen so oft vorgestellt hatte. Ich umfasste sie, massierte sie. Ihre Brustwarzen erinnerten mich an kleine harte Knospen, ihre Lippen waren geschwollen vom Küssen, meine fühlten sich ähnlich an. Ich lehnte mich über Alice' nackten Oberkörper, glitt mit der Zunge über ihre Nippel und mit der Hand in ihren Slip. Als ich spürte, wie feucht sie war, hörte ich mich scharf Luft holen, dann ihr Keuchen. Ich drang mit zwei Fingern in sie ein, Alice stöhnte. Und der Laut machte mich wahnsinnig. Ich biss in ihre Nippel, massierte ihre Brust, stimulierte ihren G-Punkt. Es war wie ein Rausch. Als ihre Muskeln anfingen zu zucken und ihr Atem flehend zu werden, hörte ich auf – kniete mich zwischen ihre Beine, schob ihr Höschen zur Seite und begann, sie zu lecken. Meine Zunge kreiste, ich saugte, ich drang mit den Fingern in sie. Alice wurde lauter und lauter. Eine Mischung aus Seufzen und Wimmern, ein Gefühl, als wären sie und ich ein einziger Körper, als gäbe es keine Trennung mehr zwischen uns. Als sie im nächsten Moment meinen Namen stöhnte, wäre ich fast gekommen. Dann erstarrte sie, ihre Muskeln zogen sich zusammen, sie atmete nicht, rang nach Luft – ich machte weiter. Bewegte meine

Finger, meine Zunge, schmeckte sie, dann plötzlich pulsierte ihr Unterleib und Wellen der Befriedigung schossen durch sie hindurch.

Alice war noch nicht ganz zu Atem gekommen, da hauchte sie: »Schlaf mit mir, Henri.«

Ich konnte keinen klaren Gedanken fassen, während ich nach meinen Shorts griff, die auf dem Boden lagen und meinen Geldbeutel aus der Hosentasche zog. Ich fingerte das Kondom aus dem hinteren Fach und machte mich an der Folie zu schaffen, als Alice begann, mir langsam einen runterzuholen. Sie saß breitbeinig vor mir, ein Lächeln im Blick.

»Du musst damit aufhören«, seufzte ich.

»Ich will aber nicht aufhören«, flüsterte sie und festigte ihren Griff.

»Fuck, Alice ...«

Ich ließ die Hände sinken, ergab mich diesem Gefühl, diesem Anblick – Alice, die vor mir saß, ihre zierliche Hand um meinen Schwanz, die sich langsam auf und ab bewegte.

Als ich kurz darauf in sie eindrang, sah sie mich an. Mit einem Blick, von dem ich wünschte, ich könnte ihn behalten. Das Gefühl, sie zu spüren, war intensiv wie ein Schmerz. Ich stöhnte, ein rohes, lautes Geräusch, das ich so von mir nicht kannte. Ich öffnete die Augen und betrachtete Alice, während ich mich bewegte. Sie küsste mich, rang nach Luft, sah mich auf eine Art an, die sich hungrig anfühlte. Wir waren Haut auf Haut, überall Hände, ich spürte ihren feuchten Atem, die Wärme ihres Körpers, innen und außen, Alice' Anspannung, ihr Stöhnen, meine langsamen Bewegungen – ganz in sie hinein, weit aus ihr heraus. Schweiß, Reibung, ihre Brüste, die sich an meinen Oberkörper pressten, ihre Lippen, die meine suchten.

Unser Kuss vertiefte sich, wurde gierig. Ich würde es nicht mehr lang aushalten, das wusste ich – aber ich konnte nicht aufhören.

Ich drang tief in sie ein, im selben Moment spürte ich das Pulsieren ihres Unterleibs, spürte, wie es meinen Schwanz massierte. Die folgenden Sekunden waren wie eine Explosion.

Jetzt – mitten in der Nacht in meinem Bett – Alice in meinen Armen, ihr Kopf auf meiner Schulter, ihr Körper an meinen geschmiegt, fließen die Bilder der vergangenen Wochen durch mich hindurch. Ich liege mit geschlossenen Augen da und höre Alice beim Atmen zu, langsam und ruhig, ab und zu zuckt sie im Schlaf. Wenn ich an den Anfang zurückdenke, wollte ich hauptsächlich wissen, wohin das mit uns führen würde. Wie weit wir bereit wären zu gehen. Und ob ich den Mut hätte, es durchzuziehen, das auch.

Ich war gleich fasziniert von ihr. Auf eine ungekannte Art angezogen. In diesem Moment nackt neben ihr, weiß ich, dass diese Erfahrung – ganz egal, ob sie nur noch ein paar Tage dauert, oder darüber hinausgeht – mich verändert hat.

Vor meiner Abreise meinte einer meiner besten Freunde, dass er die drei-Uhr-morgens-Version der meisten Menschen am liebsten mag, weil sich die meisten erst, wenn sie müde sind, verletzlich zeigen – ehrlich und authentisch. Genau so fühle ich mich gerade. Als wäre ich noch nie so echt gewesen.

Vermutlich würden die wenigsten Leute das, was zwischen Alice und mir passiert ist, verstehen. Aber das müssen sie auch nicht. Manche Dinge gehören nur einem selbst.

Morgen in acht Tagen geht mein Rückflug nach Paris. Wir haben mindestens noch diese acht Tage.

Bei dem Gedanken drifte ich langsam weg. Und dabei spüre ich mich lächeln.

Jennifer Benkau, *geboren 1980, schreibt seit 2010 Romane für Erwachsene, Jugendliche und Kinder in unterschiedlichen Genres. Ihre Bücher gewannen u.a. den DELIA- sowie den UH!-Literaturpreis und waren auf der SPIEGEL-Bestsellerliste platziert. Die Autorin lebt mit ihrer Familie, Hunden und Pferden im Rheinland. Wenn sie nicht gerade schreibt, arbeitet sie als freie Lektorin an den Texten anderer Autor:innen, und engagiert sich ehrenamtlich im Tierschutz.*

Jennifer Benkau

Was echt ist

Ob das echt ist?

Zunächst ist es nur diese Frage, die meinen Blick auf ihr verweilen lässt. Auf ihr und ihrer »I give a fuck«-Attitüde, die sie mit sich führt wie Hunde, die sie zum Schutz flankieren. Dobermänner oder Rottweiler müssen es sein – groß und Ehrfurcht erweckend. Beängstigend für manche. Ich bin noch nicht sicher, ob sie mir mit dieser Aura Angst macht.

Sie tritt aus der Tankstelle in die Sommerhitze. Braune Boots, eine enge Jeans, löchrig und abgeschnitten auf Höhe der Waden. Schwarzes Top, ärmellos. Sie hat muskulöse Schultern und sehnige Oberarme. Die schwarzen Locken fallen viel zu weich über ihre Haut. Denn sonst ist nichts an ihr weich. Oder sie versteckt es gut.

Ihre Augen sind groß, braun und von dunklen Wimpern gerahmt. An jeder anderen Frau hätten sie sanft ausgesehen. Augen wie ein Reh, sagen manche dazu und träumen vermutlich insgeheim davon, dieses Reh zu vögeln.

Ihr Blick streift kurz über alles hinweg. Den Ständer mit den Blumen, den Tesla an der Ladestation, die alte Frau, die sich auf der Suche nach Pfand tief in den Mülleimer beugt. Meinen Polo an der Zapfsäule. Mich auf dem Fahrersitz?

Ist ihr alles scheißegal.

Die zwei Typen, die auf sie zugehen, Männer Anfang vierzig.

Ah ja. Das sind die mit den Rehgedanken, sie outen sich sofort. Man braucht nur wenig Fantasie, um sich auszumalen, was in ihren Hirnen vorgeht. Es steht ihnen in die Visagen geschrieben. Sie starren ihr beide auf die Nippel.

Ist ihr auch scheißegal, sie beachtet sie nicht länger als den Fußabtreter aus Gummi unter ihren Füßen. Gönnt ihnen nicht mal eine Spur Verachtung.

Erst jetzt fällt mir auf, dass ihre Brustwarzen sich tatsächlich unter dem Rippshirt leicht abzeichnen. Mir drückt der gepolsterte Bügel-BH alles platt. Brustpanzer, nannte Lars die Dinger. Ich merke, wie mein Mundwinkel zuckt, als ich an ihn denken muss.

Kein Lächeln, das war früher. Eher dieser Anflug eines Grinsens, das verstecken soll, dass ich eigentlich bei jedem Gedanken an ihn vor Schmerz aufstöhnen oder zumindest scharf die Luft einziehen will.

Manchmal fehlt er mir. An Tagen wie heute fehlt mir alles an ihm, sogar der Teil, der im Begriff war, mich bis zur Zerstörung fertigzumachen. Solange er es tat, musste ich es nicht selbst machen. Um ehrlich zu sein, bin ich darin so viel besser als er.

Ich starre sie immer noch an. Selbst die beiden Typen haben aufgegeben und sind in die Tankstelle gegangen. Offenbar bin ich aufdringlicher als zwei Tesla-Typen. Na großartig.

Ein Beutel hängt über ihrer linken Schulter. In der rechten Hand trägt sie einen Sixpack Bier, und noch lieber, als wissen zu wollen, ob sie wirklich darauf pfeift, was alle von ihr denken, möchte ich diesen Sixpack mit ihr zusammen leer machen.

Das wäre es doch. Zu viel Bier mit einer Fremden, die mich nicht mit vor Aufregung glühenden Wangen fragen wird, wie er denn war, mein großer Tag. Ob ich den Auftrag bekommen habe. Ob wir jetzt feiern.

Mein Handy ist nicht grundlos ausgeschaltet, sondern weil ich gerade nichts davon ertrage.

Die ganze letzte Woche war beschissen und der heutige Tag hat dem noch mal ein stinkendes Kack-Krönchen aufgesetzt.

»Sehr schöne Präsentation. Es fehlt ein wenig Witz, daher haben wir uns für einen anderen Entwurf entschieden. Aber wir behalten deine Arbeit im Blick. Das kann was Gutes werden.«

Das *kann* was Gutes *werden*.

Meine Präsentation *war* gut. Der Witz fehlte nicht, die Kundin hat ihn nur nicht verstanden. Mein Fehler, sie ist halt dreimal so alt wie die Zielgruppe und ich hätte das wissen können.

Den Zuschlag bekam Andi mit einem Projekt, das er selbst intern sarkastisch »Okay Boomer« nannte – und es ist tatsächlich genauso gestrig, wie es klingt. Andi ist einfach schon zehn Jahre länger im Geschäft als ich.

Zehn Jahre Vorsprung an Frustration, Enttäuschung und dem anderen Kram, den man zusammengefasst als Realität bezeichnet. »Früher«, hat er mal zu mir gesagt, »wollte ich die Werbung auch besser machen. Aber dann …«

Das sagt alles, dieses »Aber dann …«.

Der Ärger zwickt mir nicht länger im Bauch wie den ganzen Nachmittag lang, den ich gezwungen war, gute Miene zu machen. Er kratzt und beißt nicht mehr, sondern hat aufgegeben und liegt mir jetzt nur noch schwer im Magen. Leider hat sich auch noch Neid dazugesellt. Ich würde am liebsten kotzen, aber dafür habe ich vermutlich zu wenig gegessen.

Bier wäre jetzt fantastisch. Ich mag es nicht mal, aber vielleicht muss ich mich davon übergeben und werde den Ärger los.

Vielleicht würde sie meine Haare halten und mir irgendwas sagen, etwas Nettes, das ich ihr dann glauben kann.

Wird schon wieder. Alles nicht so schlimm. Ist doch egal, ist völlig scheißegal, dass sie deinen Entwurf nicht mochten.

Ist es vermutlich auch. Fühlt sich aber nicht so an.

Leider fliegt ihr Blick jetzt auch an mir vorbei. Und er ist vollkommen klar. Nichts kratzt an ihrer Attitüde.

Ich bin ihr auch scheißegal.

»Warte mal«, sage ich und prompt steigt mir das Blut in den Kopf. Die Fenster meines Wagens sind hochgefahren, die Türen geschlossen. Sie hat mich nicht gehört, was ich als Wink des Schicksals verstehen sollte. Träumen wir nicht alle nach jedem Moment, in dem wir uns lächerlich machen, davon, die Peinlichkeit ungeschehen machen zu können?

Ich kann das jetzt. Einfach so tun, als wäre nichts gewesen. Ich könnte ihr noch eine Weile nachsehen. Ihre schmalen Hüften schwingen kaum beim Gehen, ihre langen Haare dafür umso mehr. Der Saum ihres Tops stößt auf den Hosenbund, sodass man immerzu denkt, beim nächsten Schritt würde ein Streifen Haut sichtbar werden.

Die Peinlichkeit ist nie geschehen.

Ich versuche es noch mal!

Ich drücke auf den Knopf, um das Fenster runterzulassen, aber der Motor ist ausgeschaltet und nichts passiert. Natürlich nicht. Hastig ziehe ich am Griff, öffne die Tür und steige so schnell aus, dass ich mich beinah im Anschnallgurt verheddere. Gott, scheiße. Ich bin nervös. Urplötzlich. Weg sind der Ärger, die Enttäuschung, der neidgetränkte Frust. Ich bin bloß noch nervös.

»Warte mal eben!«

Sie dreht sich um, hebt die Augenbrauen und legt sich die freie Hand aufs Dekolletee. Eine stille Frage: *Meinst du mich?*

Ich lächle. »Ich dachte … Also …«

Um ehrlich zu sein, dachte ich gar nichts. Nichts, was man aussprechen kann, in so einer Situation.

Ist dir wirklich alles scheißegal? Ist das echt? Wie machst du das?

Aber der Hauch von Misstrauen in ihrem Blick kann vermutlich rasch in Aggression umschlagen. Sie sieht aus, als würde man es bereuen, sie doof anzuquatschen.

Blöd nur, dass ich genau das tue.

»Mir … gefällt deine Tasche«, stammle ich und nicke dabei geistreich in Richtung des Sixpacks. Meine Güte, warum habe ich die Chance nicht ergriffen, mir allein in meinem Auto Blödsinn zu erzählen?

Die Muskeln an ihrem Arm spannen unter der Haut, als sie das Bier anhebt. »Ist ein cooler Designer, dieser Flensburger. Bisschen nordisch, hat dieses Kühle. Mag ich.«

Vielleicht verliebe ich mich in diesem Moment in alles an ihr. In ihre Worte, ihre Stimme, ihre Lippen beim Sprechen. Vor allem aber in ihre Fähigkeit, vollkommen ernst zu bleiben. Sie lacht nicht mal über ihren eigenen Witz. Selbst der scheint ihr scheißegal.

Ich lache aus anderen Gründen nicht. Denn ich bin am Zug und muss was sagen.

»Ich dachte … vielleicht kann ich dich ein Stück mitnehmen?«

Der frühe Abend liegt schon über der Stadt, aber die Hitze des Nachmittags klammert sich am Asphalt fest und flimmert dort. Ihr Nacken ist feucht, die dunklen Haare kringeln sich.

»Mitnehmen?«

»Ja. Dann musst du nicht laufen.«

»Fährst du denn in meine Richtung?«

»Ja. Ich meine, ich weiß natürlich nicht, wo du hinwillst. Aber ja.«

Und da ist es. Die Spur eines Lächelns in ihrem Gesicht, das die Frage *Was willst du?* erst abschwächt und dann verdrängt.

»Die Jungs auf der Baustelle warten auf ihr Bier«, sagt sie und lässt den Sixpack an zwei Fingern baumeln. »Ich bin da Lehrling und das hier ist mein wichtigster Auftrag.«

Wie gut ich das kenne. Mitfühlend nicke ich. »Bei uns heißt das: ›Schick mal jemand die Azubine Kaffee holen.‹ Dabei bin ich seit einigen Wochen nicht mal mehr Azubi. Das hat außer mir nur niemand gemerkt.«

»Shit«, sagt sie. »Ja.«

Und damit wäre alles gesagt. Wäre da nicht dieses Funkeln. Es beginnt in ihren dunklen Augen. Zuerst ist es nur ein kleines Aufblitzen, dann wird es stärker und stärker und strahlt so weit aus, dass ich es an der Unterseite meines Bauchs prickeln spüre.

»Die können auch mal ohne ihren Kaffee leben, oder?«

Ich nicke. »Oder ihr Bier selber holen.«

Sie leckt sich über die Unterlippe und macht einen Schritt auf mich zu.

Hitze auf Asphalt. Benzingeruch wabert in der Luft, so stark, dass er Schwindel auslöst. Und sie macht diesen Schritt auf mich zu.

»Tank dein Auto voll«, sagt sie leise. »Und dann lass uns fahren.«

»Wohin geht's?«

»Keine Ahnung. Zum Meer?«

Ich verkneife mir ein Lachen. Das sind vier Stunden Fahrt. Aber warum nicht? »Und dein Job?«

»Scheiß drauf. Du hast recht. Die können sich ihr Bier mal selber holen.«

Kurz stolpere ich über meinen eigenen Mut. Was mache ich hier? Ich bin die Zielstrebige. Die Brave. Die Zurückhaltende. »Du bist einfach eine typische Kristin« hat Lars mal gesagt, und das ist alles andere als ein Kompliment gewesen. Nun bin ich die Kristin, die eine junge Frau an der Tankstelle aufsammelt und womöglich dafür sorgt, dass sie ihren Job verliert.

»Bist du echt sicher?«

»Du nicht?« Sie hebt provokant das Kinn. »Schiss?«

»Ich will nicht, dass du deinen Job verlierst. So viel Bier haben wir nicht, um uns das schönzusaufen.«

»Ich ruf an. Wir wurden den ganzen Tag in der Hitze gebraten. Vielleicht hab ich halt jetzt einen Sonnenstich.«

Wo sie es sagt, fällt mir der leichte Sonnenbrand auf, der sich über ihre Schultern und Wangenknochen zieht. Sie sollte das kühlen, bevor es rot wird und richtig wehtut. »Ja, das kann schnell passieren. Okay. Steig ein. Wirf den Kram vom Beifahrersitz einfach auf die Rückbank.«

Ich tanke den Wagen, während sie telefoniert. Nicht für dreißig Euro wie geplant, sondern voll. In der Tankstelle nehme ich noch eine Flasche überteuerten Wein, eine Cola Zero sowie eine Tube After-Sun mit und lege noch zwei Sandwichs auf den Tresen. Vegan – ich weiß nicht, was sie mag –, aber in Plastik eingeschweißt. Typisch, irgendwie.

»Ich hab gekocht«, sage ich, als ich zum Auto zurückkomme, alles im Kofferraum verstaue und einsteige.

Sie – meine Güte, ich kenne nicht mal ihren Namen – sitzt auf dem Beifahrersitz, gekleidet in meinen dunkelblauen Blazer, der eben noch dort lag. Meine Mappe und das iPad liegen im Fußraum hinter meinem Sitz, wie einfach nur dorthin geworfen. Sie lacht nur über die After-Sun.

Scheiß drauf. Es ist egal.

Und ja, verdammt, sie hat recht. Bis gerade habe ich ihre Einstellung bewundert. Nun beginne ich sie zu lieben.

»Cooler Style«, sagt sie und fährt mit den Fingerspitzen über die Aufschläge des Blazers. Ich weiß, wie sich der Stoff anfühlt. Wie seidig und glatt er ist. Es ist, als würde man das kühle, dunkle Blau spüren. »Steht dir bestimmt super, Bossgirl.«

Ich pruste los, während ich den Motor starte. »Ich bin kein …«

»Scht«, macht sie. Ihr Finger streift kurz ihre Lippen und dann über meinen Handrücken auf der Kupplung. Die Geste ist zart und leicht. Fast intim. Und sie macht sie, als wären wir vertraut miteinander und würden uns schon ewig kennen. Als wäre die Berührung alltäglich.

Doch das ist sie nicht. Mein Handrücken steht gefühlt in Flammen.

»Ich zeig dir was«, sagt sie mit einem Lächeln, das sich in ihrem Mundwinkel versteckt. »Fahr mal nach links, Bossgirl.«

»Kristin. Ich heiße Kristin.«

»Lenna.« Dem L schwingt ein Hauch eines Akzents mit und dem ganzen Namen etwas anderes, das ich nur grenzenloses Selbstvertrauen nennen kann. Würde sie nicht neben mir sitzen, würde ich ihren Namen zwei-, dreimal wiederholen. Ihn auf der Zunge schmecken und mit ihm ein wenig dieser Lässigkeit.

Lenna diktiert mir den Weg. Ich muss an einer Ampel auf der Linksabbiegespur halten. Laute Musik von rechts lenkt unsere Aufmerksamkeit zu dem Wagen neben uns. Es ist der Tesla, der eben an der Tankstelle stand. Die Typen erkennen mich mit Sicherheit nicht wieder – niemand erkennt eine durchschnittliche Frau mit durchschnittlich mittelblonden Haaren, einem durchschnittlichen Pferdeschwanz, einer durchschnittlichen Figur und einer durchschnittlichen Brille über durchschnittlich blauen Augen so schnell wieder. Aber sie erkennen Lenna und kommentieren ihren Blick mit lautem Gejohle.

»Als hätte man ihnen einen Blowjob versprochen«, sagt sie und lächelt auf eine nachsichtige Art, wie man über Kinder lächelt, die sich gerade ihre Eiscreme quer durchs Gesicht geschmiert haben. »Irgendwie eklig, findest du nicht?«

Mehr als ein unschlüssiges »Hm« fällt mir nicht ein, weil ich nicht sicher bin, was genau sie meint.

»Wie ist es bei dir, Bossgirl? Stehst du nur auf Frauen?«

Ich gebe mir große Mühe, mir meine Überraschung nicht anmerken zu lassen. Woher weiß sie das? Weil ich sie aufgegabelt habe? War das eine derart offensichtliche Anmache? »Habe ich dir etwa ähnlich grenzdebil auf die Brüste gestarrt, wie die beiden da drüben?« Ich winke ihnen zu, als ihre Spur Grün bekommt und sie mit quietschenden Reifen losfahren.

Lenna hebt die Brauen. »Ich weiß nicht. Hast du?«

Ich muss lachen. »Bisschen.« Dummerweise streift mein Blick schon wieder ungewollt über ihren Körper. Manche Menschen sind offene Bücher. Ich bin offenbar ein Kinofilm.

Lenna nickt in Richtung meines Schlüsselbundes, an dem ein Anhänger baumelt: die eine Hälfte mit den Pride-Farben, die andere mit denen der lesbischen Flagge. Ach so. Klar.

»Ich glaube, ich mache mir gar nichts aus dem Geschlecht einer Person. Mir sind …«

»… die inneren Werte wichtig?«

»Es wäre gelogen, zu sagen, dass die Äußeren mir egal sind. Aber grundsätzlich hast du recht, ja.«

Sie nickt wissend. »Bist du damit immer gut gefahren?«

Autsch! »Nein.«

Nein, das Wort, so simpel ausgesprochen, reicht nicht. Ich sollte es schreien. Also noch mal, fett und in Majuskel: NEIN.

Wenn ich ihren Gesichtsausdruck richtig deute, war ihr das vorher schon bewusst. Vielleicht, weil es ihr auch passiert ist? Vielleicht weil jeder mal auf eine Person reinfällt, die nicht scheint, sondern blendet?

»Willst du drüber reden?«

Noch mal nein. Ich habe keine Lust, über Lars zu sprechen. Ich habe nicht mal Lust, an Lars zu denken, was leider nicht ganz so einfach ist, wie nichts zu sagen.

»Lieber würde ich meinem Gehirn den Mund verbieten. Er ist keinen Gedanken wert, und erst recht kein Wort.«

Womit ich auch ihre Frage beantwortet habe. Ich hatte auch Männer. Es gibt ein paar Frauen, für die wird man damit komplett uninteressant. Ich beobachte ihre Reaktion sehr genau, als ich frage: »Und bei dir?«

Sie zieht den Fuß zu sich heran, stellt ihn auf dem Sitz ab und legt die Arme um ihr angewinkeltes Bein. »Nächste rechts, bitte. Ich hab ein Händchen dafür, mir die Falschen auszusuchen. Tut mir leid, nichts gegen dich.«

Wir lachen kurz. Mehr, weil die Situation schön und entspannt ist, weniger, weil ihr Scherz so überaus gelungen ist. Man kann über absurd schlechte Witze lachen, wenn man sein Gegenüber mag.

»Manchmal«, fährt sie fort, und ihr Blick gleitet aus dem Fenster und verliert sich irgendwo zwischen den Wiesen und Wäldern, »denke ich, ich sollte den Kontakt zu allen toxischen Menschen abbrechen. Aber …«

»Aber?«

»Aber was, wenn ich das Problem bin? Nicht, weil ich eine beschissen dumme Kuh bin, die eifersüchtig klammert und nur an sich denkt. Das bin ich gar nicht. Ich neige nur dazu, beschissen dumme Kühe auszusuchen. Ich fürchte, die Toxischste für mich selbst bin ich, aber ein Kontaktabbruch mit mir selbst …«

»Du könntest dein Muster ändern«, schlage ich vor und frage

mich, wie eine Frau, die so durchschnittlich ist wie ich, überhaupt in ihr Suchschema passen könnte.

Lenna lächelt. Vielleicht fragt sie sich dasselbe und kommt zu dem Ergebnis, dass ich anders bin. Irgendwie hoffe ich das.

»Ich mach das normalerweise nicht«, beeile ich mich zu sagen. »Einfach Frauen ansprechen und …«

»Und mit ihnen ans Meer fahren? Das machst du sonst nicht?«

»Noch nie, um ehrlich zu sein.« Und das hat sie auch gemerkt, denn wirklich geschickt habe ich mich dabei nicht angestellt.

»Was du alles verpasst hast, Kristin. Ab heute mutiger, ja?« Sie schlägt den Kragen des Blazers hoch, was diesem schlichten, langweiligen Kleidungsstück etwas Cooles verleiht. »Bossgirl!«

Dieses Wort und ich passen so wenig zusammen wie ein Regenguss und Zuckerwatte. Aber ich habe keine Lust, mit Lenna über meine bossy-skills zu diskutieren. Was sagt Andi immer? Fake it, until you make it. Also lächle ich sie nur an, bis sie es erwidert.

»Links, Bossgirl. Dann über den Parkplatz und den schmalen Weg zwischen den Bäumen runter.«

»Da geht's zum Meer?« Es sieht eher aus, als führe das, was eher Trampelpfad als alles andere ist, ins Nichts. Mein Wagen passt gerade zwischen den Büschen hindurch. Hoffentlich zerkratze ich mir nicht den Lack.

»Klar«, sagt Lenna.

Wir sind Hunderte von Kilometern von jedem Meer entfernt. Da unten geht es allenfalls zum Rhein. Aber auch darüber werde ich nicht diskutieren. Lennas Nähe prickelt in meiner Brust, in meinen Handflächen und in meinem Mund, wann immer sie meine Lippen betrachtet. Ich habe keine Ahnung, was heute Abend hier geschehen wird. Aber ich lese in ihrem Blick, dass wir uns küssen werden. Allein die Vorstellung schmeckt süß.

Der schmale Weg endet tatsächlich mitten im Gestrüpp. Ich werde nicht mal wenden können, dafür ist es zu eng. Die Aussicht, den Wagen rückwärts wieder hochmanövrieren zu müssen, treibt mir den Schweiß auf die Stirn. Vielleicht liegt es auch daran, dass nun, da der Motor ausgeschaltet ist, die Klimaanlage nicht mehr kühlt, und durch die von Lenna geöffnete Autotür schwüle Abendluft ins Auto dringt.

Lenna greift nach dem Sixpack Bier und ich schüttle die Bedenken ab und nehme meine Einkäufe und die Wolldecke aus dem Kofferraum. Heute werde ich ohnehin nicht mehr in meinem Wagen hier wegfahren. Ob das Uber uns hier unten findet, oder werden wir weit laufen müssen?

Egal. Mit unserem Abendessen und der Picknickdecke beladen folge ich Lenna einen schmalen Pfad entlang. Wir müssen über Brombeerranken steigen und durchs Unterholz stapfen. Dornen reißen an meiner Stoffhose. Lenna zischt auf, als die Brennnesseln an ihren bloßen Waden entlangstreifen, lacht den Schmerz aber sofort wieder weg.

»Wer ans Meer will, muss leiden.«

»Wie soll ich's dir nur sagen?«

Ich lege unsere Sachen an den schmalen Streifen groben Sandstrand, den wir erreichen. Er ist komplett von Büschen und Bäumen eingefasst. Und dem Rhein natürlich, oder besser gesagt, einem seiner Seitenarme, wo weder Schiffe noch Boote fahren und das Wasser gemächlich fließt, statt mit dem reißenden Strom des Hauptflusses. Der Duft wilder Himbeeren liegt in der Luft. Zwei Libellen tanzen über das Wasser, eine Krähe beobachtet uns misstrauisch und im Westen sinkt die Sonne orange glühend vom violetten Himmel.

Zweifelsohne ist der Ort schön. Unerwartet schön. Aber …

»Das ist nicht *ganz* das Meer.«

Lenna öffnet ihre Schnürsenkel und tritt sich die Boots von den Füßen. Sie trägt immer noch meinen Blazer, der ihr gute zwei Nummern zu groß ist. Sie sieht umwerfend darin aus und ich frage mich nicht zum ersten Mal, wie lange ich sie nun schon wieder anstarre.

»Natürlich ist das das Meer.« Lenna balanciert auf einem Bein und taucht die Zehen des anderen Fußes in das kalte Nass. Sie schaudert wohlig. »Dieses Wasser hier, das fließt zum Meer. Unaufhaltsam. Morgen ist es da. Wenn schon klar ist, dass sein Schicksal geschrieben steht, Bossgirl, wenn es morgen unausweichlich Meer sein wird – warum sollte es dann heute noch kein Meer sein?«

Man könnte darüber diskutieren. Stattdessen reiße ich das Sixpack auf und fange das Feuerzeug, das Lenna mir zuwirft, um damit zwei Flaschen zu öffnen. Ich trete zu ihr ans Ufer, wo sie mit beiden Füßen im Wasser steht, und reiche ihr eine. Wir stoßen an, trinken, sehen auf das Meer. Oder das, was morgen Meer sein wird.

»Du machst so was nie«, sagt Lenna, mehr Feststellung als Frage. »Einfach jemanden ansprechen. Warum heute? Warum mich?«

»Dir war alles egal. Das hat mir gefallen. Ich wollte sein wie du.«

»Was wäre dir gern egaler?«

Ich zucke mit den Schultern. »Mein Job. Erfolg. Der Speck an meinem Arsch. Was die Leute so über mich denken.«

»Du denkst, das wäre mir alles egal?«

»Keine Ahnung. Du hast das ausgestrahlt. Und ich wollte wissen, ob es echt ist.«

»Mir ist nicht *alles* egal«, korrigiert sie mich.

»Was denn nicht?«

»Jetzt gerade ist mir das Meer nicht egal. Und … du.« Ihre Fingerspitzen berühren meinen Unterarm und spielen in Richtung meiner Hand über meine Haut hinweg. »Du bist mir im Moment auch nicht egal.«

Im Moment. Der Moment wird zu kurz sein, ich ahne es in diesem Augenblick. Aber wie so oft ignoriere ich die Warnung. Sie verschwindet einfach wie ein leises Geräusch im Hintergrund, während diese Berührung, dieses Flattern über meinen Handrücken streift, über meine Fingerknöchel und durch die Kuhle dazwischen. Meine Handfläche brennt, mein Mund wird trocken und mein Nacken vibriert. Auf meinen Lippen haftet Lennas Blick, und ich schwöre, ich würde diesen Blick auch mit geschlossenen Augen spüren, so intensiv schwingt darin ein Wunsch mit. Ob ihrer oder meiner oder unser beider … ich weiß es nicht. Weiß nicht mal mehr, ob es noch einen Unterschied gibt.

»Setzen wir uns?«, fragt Lenna.

Sie könnte mich auch fragen, ob ich mit ihr quer durch die Strömung schwimmen würde. Ich würde vermutlich gerade alles tun, wenn wir es zusammen tun.

Ich mache mir nichts aus Bier. Aber ich trinke mit Lenna.

Ich rauche nicht. Aber wir teilen eine Zigarette.

Ich kann weder singen noch mag ich Rihanna. Aber als Lenna einen ihrer Songs anstimmt, singe ich ihn mit ihr und schäme mich für keinen einzigen schiefen Ton.

Nie in meinem Leben hätte ich gedacht, mit einer Fremden am Flussufer zu sitzen und zwischen Bier und Wein Tränen zu lachen, während mir das Herz bis zum Hals schlägt. Und doch bilden diese Stunden, unsere Gespräche und die Scherze, die wir hin- und herspielen, wohl den schönsten Abend, den ich seit Langem hatte.

Der Rhein wird zum Meer. Die Stadttauben zu Möwen. Das entfernte Rauschen der Autobahn verschwindet und wir beide sind die unbeschwertesten und glücklichsten Menschen auf der ganzen Welt.

Und dann ist der Song gesungen. Die Zigarette ausgedrückt. Unser Lachen verhallt. Ein bisschen atemlos.

Wir sehen uns nur noch an, die Blicke ein Flattern zwischen Mund und Augen der anderen. Die Hände unruhig und zittrig, was immer sie auch tun. Die Worte im Weg. Selbst die ungesagten.

Aber all die Worte verstummen, als wir uns noch näher kommen. Meine Finger beruhigen sich, als ich Lenna eine Locke aus dem Gesicht streiche und dann ihre Wangenknochen nachzeichne.

Ihr Atem kitzelt an meinem Handgelenk. Kurz darauf sind es ihre Lippen. Weich und warm. Ihre Augen sind braun, der innere Ring um die Pupille so hell, dass es fast golden erscheint.

Mein Puls beschleunigt sich, als Lenna mit der Zungenspitze über meine Haut fährt; den empfindlichen Übergang zwischen Handballen und -gelenk. Die Stelle wird heiß und kühl zugleich. Mein Kopf fühlt sich genauso an, einfach nur, weil sie lächelt.

Wir kommen uns sehr langsam näher. Nun lächelt sie nicht mehr. Ihr Blick wechselt zwischen meinen Lippen und meinen Augen hin und her, und ich glaube, ihn auf meinem Mund zu spüren. Viel zu langsam, ich kann es kaum abwarten. Und zögere den Kuss dennoch hinaus. Unerträglichkeit hat etwas so Süßes.

Als sich unsere Lippen berühren, fühlt es sich einen Moment so sanft und weich an, wie ich es nie für möglich gehalten hätte. Aber dann wird Lennas Kuss fordernd, hungrig. Und ich lasse es nicht nur zu, ich erwidere es wie in einem Reflex. Meine Zunge schmeckt ihre Lippen, ihre Zunge. Meine Finger fahren durch ihr Haar, ihre

Arme ziehen mich näher. Ihre Hände auf meiner Bluse und auf der Jeans verursachen ein sehnendes Kribbeln, das wie ein Schauern über meine Haut fließt und sich in meinem Nacken sammelt. In meinen Brüsten. Und in meinem Schoß.

Ich schiebe ihr meinen Blazer von den Schultern, bis er zu Boden fällt. Berühre sie dort, wo zwischen dem Hosenbund und ihrem Top ein winziger Streifen Haut frei liegt. Spüre ihren Atem durch ihre Brüste an meinen.

»Du bist heiß, Bossgirl«, flüstert sie an meinem Mund, und in jedem anderen Moment hätte ich beschämt gelacht. Heiß? Bossgirl? Nichts dazu passt zu mir, Kristin.

Aber heute Abend, in diesem Moment, da bin ich alles, was sie in mir sieht. Alles, was sie von mir will.

Heiß. Ein Bossgirl. Und Kristin. Und alles davon fühlt sich großartig an.

Meine Hände rutschen unter den Stoff, finden ihren Weg nach oben. Sie trägt keinen BH. Mein Daumen streift ihre Brust wie aus Versehen. Sie dreht sich leicht und ihr Nippel streift meinen Daumen. Kein Versehen.

Wir seufzen beide leise auf.

Lenna öffnet meine Bluse, Knopf für Knopf.

Kurz blicke ich auf und sehe mich um. Doch wir sind allein an diesem Strand und durch das üppige Unterholz wird sich auch niemand hierher verirren, außer der Entenfamilie auf dem Wasser, die sicheren Abstand zu uns wahrt.

»Wir sind hier ganz allein«, bestätigt Lenna. Sie senkt den Kopf in mein Dekolletee. Ihre Lippen streifen über meinen Brustansatz. Mit der Zunge malt sie mir ein Zeichen auf die Haut und mir werden unvermittelt die Knie so weich, dass ich das Gleichgewicht verlieren würde, säßen wir nicht ohnehin.

Wir rutschen noch enger zusammen, so dicht, dass wir unsere Beine miteinander verschränken müssen. So dicht, dass sich weder unsere Hände von der Haut der anderen, noch unsere Lippen vom Mund der anderen lösen müssen. So dicht, als könnten wir uns nie wieder voneinander lösen.

Das Morgen verschwindet im Abendrot dieses Tages. Der letzte Tag und seine Enttäuschungen sind längst weit fort. Das Zwielicht der Dämmerung umfängt uns und schafft einen völlig neuen Raum, losgelöst von der Zeit und der Realität.

Es gibt nur noch uns beide.

Nur noch Lenna, die darüber lacht, meinen BH erst nach einigem Gefummel öffnen zu können. Nur noch mich, die ihr das Shirt über den Kopf zieht. Nur noch Lenna, die meine Brüste küsst, meine Brustwarzen leckt und sich zwischendurch selbst auf die Lippe beißt, weil meine Hand zwischen ihre Beine gleitet. Auf und ab und mit stärker werdendem Druck. Nur noch mich, die immer lauter atmet.

Verdammt, ich spüre selbst durch die Jeans, dass sie feucht wird, und es macht mich so sehr an, dass alle Grenzen der Erträglichkeit neu definiert werden.

»Zieh das aus.«

Lennas Lachen ist leise und rau. »Klar, Bossgirl.« Sie braucht eine gefühlte Ewigkeit, bis sie sich aus ihrer engen Jeans geschält hat. Darunter wartet ein simpler schwarzer String. Ich zeichne seine Linien mit den Fingern nach, während Lenna die Knöpfe meiner Hose öffnet und sie mir von den Hüften zieht.

»Sexy, hm?«, kommentiere ich meine Unterwäsche. Weiß und geblümt. Größe 42. Es gibt schicke und einfachere Slips. Aber das, was ich trage, ist nichts anderes als eine *Unterhose*.

Lenna sagt bloß »Ja«. Sie ignoriert meinen Sarkasmus, ignoriert meinen Zweifel. Sie schiebt ihre Hand unter den Stoff, berührt mich und wischt alles weg. Die Unsicherheit, die Scham, die Welt um uns herum.

Ich atme den Duft ihres Körpers. Ihrer Haut, ihrer Haare, ein Anflug von Schweiß ist dabei. Und Lust. Ich will mehr von diesem Geruch, will ihn an mir kleben haben.

Lenna schiebt mich auf den Rücken und beugt sich über mich, um mich zu küssen. Sie schiebt ihr Bein zwischen meine Schenkel. Berührt mich zart mit ihrem Oberschenkel und lächelt, weil meine Hüften zucken. Weil ich nicht mehr stillliegen kann, weil ich mehr spüren will, weil ich sie näher spüren will und fester. Ich reibe mich an ihr und sie schließt die Augen und gibt einen hinreißenden Laut von sich, als würden meine Bewegungen sie ebenso anmachen wie mich selbst. Mit geschlossenen Augen bewegen wir uns. Sanft und weich, dazwischen kräftiger, und dann wieder langsamer, um den Höhepunkt weiter hinauszuzögern. Alles ist feucht, ihr Oberschenkel, meine Vulva, die Innenseite meiner Schenkel. So feucht, dass wir ineinanderzufließen scheinen.

Ich ziehe Lenna tiefer zu mir hinab, rolle sie auf die Seite. Jede ihrer Bewegungen ist geschmeidig wie die einer Tänzerin. Eine winzige streichende Bitte meiner Hand reicht aus, und sie öffnet ihre Beine weiter für mich. Ich gleite mit zwei Fingern in sie und sie greift mir in die Haare.

Sie ist weich, fest, seidig und an einer gewissen Stelle leicht rau, wenn ich darüberreibe.

Ihr Atem geht schneller. Ihr Atem wird lauter. Ich lecke ihr unverständliche Worte von den Lippen, während ich die Finger auf und ab bewege und dabei ihre Klit mit dem Daumen massiere.

Dass sie kommt, spüre ich in der Hand, bevor ich es an ihrem Aufkeuchen höre.

»Verdammt, Bossgirl«, sagt sie, lacht heiser auf und drückt mich auf den Rücken, um sich über mich zu beugen. Um meine Brüste zu umfassen. Meine Nippel mit ihren Lippen zu streicheln. Mit ihrer Zunge.

Sie treibt mich in einen Zustand, als wäre ich in einem Vakuum. Nichts existiert mehr außer meinem Körper, der mir enger und enger zu werden scheint. Ich halte es kaum mehr aus, ich brauche … ich muss jetzt …

Ich greife nach ihrer Hand, schiebe sie zwischen meine Beine.

Doch Lenna versteift sich, und versteckt ein Lachen zwischen ihren Küssen auf meine Brüste. »Vergiss es, Kristin. Ich würde gern etwas anderes tun.«

Was immer sie will. Ich glaube, ich will es auch.

Sie rutscht tiefer, zieht dabei beiläufig den letzten Stoff von meinem Körper. Ich spüre ihren Atem zwischen meinen Beinen.

»Darf ich dich küssen?«, flüstert sie und ihr Finger umkreist meine Klit. »Genau hier?«

»Bitte«, hauche ich. Und bitte schnell, denn ich denke nicht, dass ich es noch lange aushalte.

Lenna allerdings macht sich nichts daraus, was Leute denken.

»Wir müssen uns wieder anziehen, Bossgirl«, flüstert Lenna irgendwann in die Stille.

Ich schmiege mich näher an sie. »Mir ist nicht kalt.« Und ich will hier auch nicht weg. Ich will hier einfach liegen bleiben, berauscht von etwas Bier und sehr viel von ihr.

»Trotzdem. Sonst fressen uns die Mücken, wenn wir einschlafen.«

Aber darüber kann ich nur lachen. Als ob ich schlafen könnte in dieser Nacht!

Irgendwann muss ich dann doch eingenickt sein, denn plötzlich kitzeln mich Sonnenstrahlen wach. Noch bevor ich die Augen öffne, wundere ich mich, wie ich bei dem Lärm überhaupt habe schlafen können. Unzählige Vögel machen mit ihrem Gezwitscher einen solchen Radau, dass ich nicht einmal mehr das Rauschen der Strömung vernehme. Ich drücke mich vom harten, kalten Sandboden hoch und versuche, den schmerzhaften Protest in meinen Nackenmuskeln vorsichtig aufzudehnen. Neben mir liegt die letzte Bierflasche. Umgekippt, an ihren Resten berauscht sich eine Wespe.

So romantisch eine Nacht am Flussufer auch ist – der Morgen danach ist es nicht.

Ich sehe mich nach Lenna um, aber sie ist fort. Einerseits hatte ich genau das erwartet. Andererseits tut es mir leid, dass sie gegangen ist. Wir haben nicht über den Morgen gesprochen. Wie wir über so vieles nicht gesprochen haben. Ich hatte trotzdem meine Hoffnungen. Dumm, sie verschwiegen zu haben. Nun ist es zu spät.

Oder? Ich schlüpfe barfuß in meine Schuhe, raffe Socken, Decke und den zerknitterten Blazer zusammen. Er riecht nach ihr, sie hat ihn als Kopfkissen benutzt und ich kann es mir gerade noch verkneifen, die Nase in den Stoff zu drücken, um noch einen Hauch der Nacht darin zu finden.

Ich laufe zum Auto, und bis ich ankomme, ist da immer noch ein wenig Hoffnung, sie könnte da sein.

Aber nein.

Sie ist weg.

Ich stoße die Luft aus, blinzle mehrmals und pfeffere meinen Kram in den Kofferraum. Dann gehe ich noch mal zurück. Lustlos, müde und irgendwie verkatert. Von anderem als dem Bier. Aber unseren Müll am Ufer liegen zu lassen, kommt auch nicht infrage, so verlockend es klingt, einfach nach Hause zu fahren und den Tag zu verschlafen.

Und dann bin ich plötzlich hellwach und die Bierflasche, die ich gerade aufgehoben habe, fällt mir aus der Hand und zerbricht. Denn auf der Rückseite der Pappschachtel steht etwas geschrieben.

Was echt ist. Das wolltest du wissen.
Nichts.
Ich heiße Lea, und arbeite nicht auf dem Bau, sondern bei Lidl an der Kasse. Das Bier war für mich. Ich habe so was wie gestern auch noch nie gemacht. Und nein, mir ist nicht egal, was andere denken. Aber manchmal tu ich so.
Tu so, als wäre nicht ich das Problem, aus dem alles immer scheitert. Tu so, als wäre ich stark. Als wäre ich Lenna.
Nichts war echt.
Aber schön war es. Sehr schön.
Ich wünschte nur, wir wären wirklich ans Meer gefahren.
Und nur für den Fall ...
    L.

In der rechten unteren Ecke steht sehr klein, fast scheu eine Telefonnummer. Sie bringt mich zum Lächeln. Meine Müdigkeit schleicht sich zurück und nimmt mich für sich ein. Diesmal aber auf eine ausgelaugte, zufriedene Weise, die einen schönen Traum verspricht.

Nichts war echt. Nicht mal unser Meer. Aber was soll's?

Unser Wasser, da hatte es doch recht, das Mädchen von der Tankstelle, dessen Telefonnummer ich sanft an meine Brust drücke, ist heute schon dort.

Und wir vielleicht ... irgendwann auch.

***Tobias Steinfeld** wurde 1983 in Osnabrück geboren. Er lernte einen handfesten Beruf, studierte und jobbte als Inklusionshelfer an einer Förderschule. Heute leitet er Schreibwerkstätten und schreibt Jugendromane. Sein Debüt »Scheiße bauen: sehr gut« wurde unter anderem mit dem Mannheimer Feuergriffel-Stipendium ausgezeichnet. Er lebt in Düsseldorf.*

Tobias Steinfeld

Vincent

Herr Niermann kommt in den Chemieraum. Das ist immer unangenehm, aber heute besonders. Weil er vorhin im Vorbeigehen vielleicht mitgekriegt hat, wie mir einer von Furkans vorpubertären Sprüchen rausgerutscht ist. »Herr Ona-Niermann« habe ich gesagt. Furkan ist 17. Und er sagt zu Frau Talbach »Frau Genitalbach«.

Alle finden das offiziell peinlich, auch wenn ich glaube, dass einige es heimlich doch witzig finden.

Hoffentlich habe ich Glück gehabt und Herr Onaniermann hat nichts gehört. (Furkan sagt: »Runterholen macht schwerhörig.«)

Herr Niermann pfeift.

Die Melodie kommt mir bekannt vor. Vielleicht ein Kinderlied? Oder was Weihnachtliches? Erst mal tief durchatmen. Und an Dinge denken, die wichtiger sind.

An Samira. Egal, wo mein Kopf ist: Samira ist drin. Und jeden Abend, bevor ich einschlafe, schicke ich ihr in Gedanken Worte meiner Verehrung zu.

Gestern habe ich Samira eine richtige Nachricht geschrieben. Besser gesagt: gesendet. Geschrieben hatte ich sie vorher zigtausendmal. Es geht darum, dass ich mit Samira zusammen sein will, auch wenn das so nicht in der Nachricht steht.

Samira hat nicht geantwortet.

Ich schaue zu ihr rüber.

Von ihrem Platz glotzt mich Liam aggro an. Zeigt mir seinen Mittelfinger.

Samira ist krank. Hoffentlich nicht wegen der Nachricht.

Herr Niermann hält etwas Gläsernes in der Hand und will von uns wissen, was das ist.

»Petrischale«, ruft Furkan, ohne aufzuzeigen.

Herr Niermann nickt. Und fragt dann etwas anderes. Er nimmt Fabi dran.

Fabi meldet sich fast nie. Zumindest seit der Sache mit Daria ist er ruhiger geworden. Sie wollte was von ihm, aber er nicht von ihr oder irgendwie so.

Furkan hat sich gewundert und meinte, zu Daria kann man gar nicht Nein sagen.

Gerade wundere ich mich, warum Herr Niermann einer zehnten Klasse Sechstklässlerfragen stellt.

Als Nächstes schraubt er einen Kolben aus einer Versuchsanordnung. Seltsam grinsend hält er den Kolben in die Luft. »Und das?« Jetzt schaut er mich an.

»Erlenmeyerkolben«, sage ich.

»Falsch.« Herr Niermann schüttelt den Kopf. »Das ist ein Standkolben.« Dann pfeift er wieder.

Jetzt erkenne ich die Melodie. Und dabei fühle ich mich, als stünde ein Bunsenbrenner mitten in meinem Kopf. Ich bete, dass Herr Niermann sofort aufhört zu pfeifen.

Er räuspert sich.

Der Bunsenbrenner in meinem Schädel feuert am Anschlag.

Herr Niermann fängt an zu singen:

»Vincent kriegt kein' hoch, wenn er an Mädchen denkt,
er hat es oft versucht und sich echt angestrengt.«

Die ganze Klasse lacht sich schrott. Das liegt nicht daran, dass Herr Niermann total schief einen Sarah-Connor-Song singt – das liegt daran, dass ich Vincent bin.

Seit Chemie bin ich offiziell krank und liege im Bett. Bin sogar kurz eingeschlafen und habe geträumt, dass ich meinen Penis verloren hätte. Ich habe ihn an der Bushaltestelle, im Gebüsch, unter der Couch und im Briefkasten gesucht.

Jetzt bin ich wach und fühle sofort nach. Ist noch da. Schlaff wie ein eingelegter Spargel im Glas.

Ich werde panisch. Was, wenn ich wirklich keinen mehr hochkriege? Was, wenn Herr Niermann mich mit einem Fluch belegt hat? Mit Bunsenbrenner und Erlenmeyerkolben einen Zaubertrank gebraut hat, alles gut vermischt, und während er ihn in die Petrischale tröpfelte, hauchte er einen guten Schuss Sarah-Connor-Musik dazu und schon kriegt Vincent keinen mehr hoch.

Ich spüre Kampfgeist. Wollen wir doch mal sehen! Mit der Kraft meiner Gedanken werde ich mir einen astreinen Ständer herbeizaubern.

Also Hände auf die Bettdecke. Dabei an Samira denken. An dieses Mädchen, das so schön ist – sie müsste nicht mal Schminke benutzen. Benutzt sie überhaupt welche?

Jetzt stelle ich sie mir im Schwimmunterricht vor. Im Bikini, auch wenn sie immer nur Badeanzug trägt.

Ich lege gedanklich nach, stelle mir vor, dass Samira nur das Bikiniunterteil trägt.

Lege noch mal nach. Wir sind alleine im Schwimmbad.

Vielleicht sollte ich besser doch nicht an Samira denken. Was, wenn ich in der nächsten Schwimmstunde unkontrolliert 'nen Ständer kriege? Ob Frau Talbach das dann ins Zeugnis einträgt?

»Vincent zeigte sich im Schwimmunterricht zeitweise übermotiviert.«

Ich denke besser an Samiras Schwester. Die benutzt sicher Schminke.

Oder lieber an die beste Freundin von Samiras Schwester? Aber von der weiß ich zu wenig.

Samiras Schwester hat letztes Jahr Abi gemacht. Arbeitet jetzt bei Rituals. Das ist ein Duftladen.

Also los: Ich betrete den Shop, da streitet Samiras Schwester sich mit ihrem Verlobten.

Der zischt mit Motorradhelm unterm Arm wutschnaubend ab.

Samiras Schwester steht im knallengen Kleid da, befeuchtet ihre Lippen mit der Zunge, fixiert mich mit ihrem Blick, zieht spielerisch ihren Verlobungsring vom Finger. Sie kommt auf mich zu. Kommt mir viel zu nahe. Ihre riesigen Brüste. Sie umgreift eine längliche Duftflasche mit ihren Fingern und künstlichen Nägeln und fährt sie entlang. Auf und ab. Und auf und ab. Samiras Schwester dreht sich. Reibt ihren Hintern an meinem Schoß.

Ich lese die Schrift auf der Flasche: Duschschaum.

Der Spargel steht wie eine Eins.

Sie dreht sich wieder. Öffnet meinen Gürtel. Die Knöpfe meiner Jeans. Sie greift mir in die Boxershorts …

… meine Hände sind nicht mehr da, wo sie vorhin waren und ich spritze von unten gegen die Bettdecke.

»Geht es dir besser?«

»Mama …«

»Du glühst ja!«

»Nicht anfassen!«

»Wir messen am besten Fieber, zieh schon mal die Hose –«

»RAUS!«

»Ich hab bloß Sorge, dass du heute Abend nicht zur Verni–«

»BITTE!«

Sie verschwindet.

Ich ziehe mein Oberbett ab.

Zumindest wäre jetzt bewiesen, dass Vincent doch einen hoch-kriegt, wenn er an Mädchen denkt. Höher geht kaum. Ein bisschen früh gekommen ist Vincent, aber das steht ja zum Glück nicht zur Diskussion. Außerdem ist es beim Runterholen auch nicht so wich-tig. Da ist man ja alleine und niemand will was von einem.

Jetzt fällt mir auf, dass ich gerade eben auch ein Onaniermann war und dann denke ich darüber nach, was das für eine üble, vor allem aber, gerissene Nummer von dem war. Er wollte sich rächen, das ist klar – aber als 50-Jähriger einen Zehntklässler so zu verar-schen, ist schon hart. Wenn ich damit zur Direktorin gehen würde, der würde Ärger ohne Ende bekommen. Er weiß ganz genau, das werde ich nicht tun, weil es peinlich ist.

Mir wäre lieber gewesen, er hätte mich Nachsitzen oder mich hundertmal an die Tafel schreiben lassen:»Ich darf meinem Che-mielehrer keine obszönen Spitznamen geben.« Oder etwas päda-gogisch Wertvolles mit Lerneffekt. Vielleicht ein Referat zum Thema Selbstbefriedigung.

Die Chance mein – als Zwölfjähriger ergoogeltes – Fachwissen anzubringen. Es ist nämlich so: In der Bibel gab es mal einen Ty-pen, der hieß Onan. Ohne Spaß. Und der sollte der Frau von seinem Bruder ein Kind machen, weil der Bruder das nicht konnte. Aber Onan wollte das nicht und hat sein Ding immer vorher rausgezo-gen und heimlich auf den Boden gespritzt. So steht es angeblich in der Bibel. Und daher kommt das Wort»Onanieren«.

Irgendwie unbefriedigend. Und irgendwie erinnert mich das an meine Rituals-Fantasie mit Samiras Schwester. Weil ich da ja auch (fast) intim mit einer Person war, die einer Person nahesteht, die mir nahesteht. Kompliziert. Und jetzt fällt mir auf, dass ich – genau genommen – mein Ziel verfehlt habe. Nicht so wie Onan, sondern anders. Denn genau genommen ist Samiras Schwester gar kein Mädchen. Sie ist eine wahnsinnig heiße, erwachsene Ritualsverkäuferin. Und es war niemals die Rede davon, dass Vincent keinen hochkriegt, wenn er an wahnsinnig heiße erwachsene Ritualsverkäuferinnen denkt. Es war die Rede von Mädchen.

Hätte ich doch besser an Samira denken sollen?

Eigentlich interessiert mich Samiras Schwester gar nicht. Zumindest nicht so, wie Samira. Aber Samiras Schwester ist … wie soll ich sagen? Sie ist halt älter. Und Ritualsverkäuferin. Das reicht doch als Erklärung. Dann fällt mir auf: In meiner Vorstellung ist Samiras Schwester ein bisschen so wie die Frauen auf porny. Und ich glaube, meine Fantasie gerade war ein bisschen wie die meisten Videos auf porny – zumindest am Anfang: Eine Frau mit perfekten Brüsten streitet sich mit ihrem Freund. Ein anderer Typ kommt zum Trösten. Sie öffnet seinen Gürtel. Dann eine Viertelstunde Blasen. Dann Reiten. Dann von hinten. Noch mal Blasen. Das war's.

Ich frag mich, wie die Typen das so lange durchhalten.

Mama hat mich mal gefragt, ob ich glaube, dass das den Frauen gefällt. (Sie hatte meinen Browserverlauf gecheckt.)

Ich hab Nein gesagt, weil ich das Gespräch möglichst schnell beenden wollte. Obwohl die Frauen in den Videos nicht wirklich unglücklich aussehen. Aber wer weiß, was da los ist, wenn die Kamera aus ist?

»Alles klar, Vincent?« Liam hat geschrieben. Das macht der eigentlich nie und kann nichts Gutes heißen.

Ich: Nö!

Liam: Willste wissen, was wir aufhaben?

Ich: Nö!

Liam: Wir sollen für Deutsch rausfinden, was unser Name bedeutet.

Ich: Wieso das denn?

Liam: Onomastik.

Ich fühle schon wieder den Bunsenbrenner im Kopf, aber Fehlalarm. Onomastik heißt bloß Namensforschung.

Ich: Okay, bis dann!

Liam: Willste wissen, was Liam heißt?

Ich: Nicht unbedingt.

Liam: Liam = Der Standhafte.

Ich mache mein Handy aus.

»Heute hol ich die komplette Jahresmiete rein«, flüstert Mama, als sie mich durch den Eingang schiebt.

Auf der Vernissage komme ich mir wieder vor wie im Porno. Überall Frauen mit zu weiten Ausschnitten, zu hohen Schuhen und zu kurzen Kleidern. Männer in Anzügen. Sekt.

Wenn hier jemand das passende Pulver in die Gläser kippt, geht's wahrscheinlich rund.

Ein süßer, schwerer Duft kriecht mir in die Nase. Rituals!, denke ich.

»Sex?« Vor mir steht die beste Freundin von Samiras Schwester. Die ist genauso heiß wie Samiras Schwester. Sie hat ein Tattoo am Hals und ist offensichtlich Kellnerin.

Jetzt ganz ruhig bleiben. Vielleicht ist heute doch mein Glückstag. Ich nicke, grinse lässig und sage:»Klar!«

Sie lächelt mich an.

Ich glaube, ihre Lippen sind aufgespritzt.

Der Spargel pumpt sich auf.

»Der hier ist alkoholfrei!«, sagt sie.

»Okay«, sage ich und nehme das Glas von ihrem Tablett.

Ob sie irgendwas aus der Schule gehört hat? Vielleicht hat Daria Samira die Hausaufgaben gebracht und von Niermanns Sarah-
Connor-Performance erzählt. Samira hat das dann an ihre Schwester weitergegeben und so wie bei Stille Post hat sich der Inhalt ver-
selbstständigt. Samiras Schwester hat es dann ihrer besten Freundin gesagt und die hat eigentlich Bock auf mich, sorgt sich jetzt
aber darum, dass ich vielleicht keinen hochkriege, und denkt, dass
Alkohol mein Stehvermögen noch weiter gefährden könnte.

Entschlossen stelle ich das Glas zurück und nehme ein anderes.

»Lieber mit«, hauche ich mit möglichst sinnlicher Stimme.

Die beste Freundin von Samiras Schwester nimmt mir den Sekt
weg und stellt ihn zurück. »Nanana. Nichts für kleine Jungs.« Sie
drückt mir einen Saft in die Hand und dreht sich um. Dann tippt
sie einem Anzugträger auf die Schulter.

Ich schaue ihr auf den Hintern.

»Sekt?«, fragt sie ihn. Von Sex ist hier gar keine Rede.

Vielleicht hat Furkan recht: Runterholen macht schwerhörig.

Wahrscheinlich hat aber Mama recht: Männer denken mit dem
Schwanz. Das behauptet sie zumindest über meinen Vater.

Ich kenne ihn nicht gut genug, um das zu beurteilen.

Momentan sieht es jedenfalls so aus, dass der Apfel, also ich,
nicht weit vom Stamm, also meinem Vater, fällt. Wobei mein Vater angeblich auf jüngere Frauen steht und ich offenbar auf ältere.

Wahrscheinlich sind die Frauen aber in Wirklichkeit gleich alt.

Ob es auch Männer gibt, die behaupten, Frauen würden mit ihren Geschlechtsteilen denken? Womit würden die denn dann denken? Mit ihren Brüsten? Quatsch. Mit ihrer Muschi, würde man wahrscheinlich sagen. Was genau ist eigentlich die Muschi? Die Scheide? Die Vagina? Oder die Vulva? Vielleicht auch die Klitoris? Und was ist das eigentlich alles? Wobei die entscheidende Frage sowieso eine ganz andere ist. Nämlich: Würde eine Frau, die mit ihrer Muschi denkt, überhaupt einen Gedanken an mich verschwenden? Und wie ist das eigentlich bei den Menschen, die weder Mann noch Frau sind? Womit denken die untenrum?

An der Theke bestelle ich so selbstbewusst wie möglich ein Bier. Ein Typ, ähnlich alt wie Samiras Schwester und ihre beste Freundin, zapft es ohne Widerrede. Er zwinkert mir zu.

Ich zwinkere zurück und nehme einen Schluck.

Er lächelt. »Ich bin Tolga.«

»Vincent«, sage ich und gehe an den Stehtisch zurück, um da weiter wie Falschgeld herumzustehen.

Ein Raunen geht durch die Menge. Applaus. Vereinzeltes Pfeifen. Jubeln.

»PM«, höre ich einen Mann im Vorbeigehen nuscheln und auch die anderen, die an mir vorbeitigern, erwähnen es jetzt immer und immer wieder:

»PM.«

»PM?«

»PM!«

Ich nicke zufrieden. Den Titel fand ich von Anfang an gut.

Dann ist die ganze Pseudopornocrew weg. Nur noch Mama und ich sind da. Und das Personal.

Tolga hebt eine Flasche Champagner über die Theke. »Noch eine?«, ruft er zu uns rüber.

Mama nickt. Heute ist ihr Glückstag. »50 000 Euro, das sind fünf Jahresmieten!« Sie gibt mir einen Kuss auf die Stirn und strahlt mich an. Winkt dann kopfschüttelnd ab. »Wenn die wüssten!«

Ich weiß nicht, was sie meint.

»Was denkst du, sieht man auf dem Bild?«, fragt sie mich.

Neulich hat sie mir noch einen Vortrag über ihre Kunst und ihren Stil gehalten. Mamas Bilder beruhen nämlich auf dem Prinzip der Aleatorik. Sie entstehen mehr oder weniger zufällig.

»Ich dachte immer, es geht nicht darum, was auf deinen Bildern –«

Sie unterbricht mich: »Anders: Wie habe ich das Bild hergestellt?«

»Gemalt«, sage ich. Bevor wir uns jetzt hier tiefgründiger mit Kunst beschäftigen, versuche ich mein Glück mal anderweitig. »Sag mal, Mama, du hattest doch nicht mit 50 000 gerechnet, oder? Also wenn du mir zum Beispiel 1000 Euro gibst, hast du immer noch 49.«

»Wir machen ein Quiz«, sagt sie. Dann ext Mama ihr Glas. »Wenn du errätst, was PM heißt oder was auf dem Bild zu sehen ist oder wie ich es gemacht habe, dann kriegst du 1000 Euro. Du hast drei Versuche.«

Ich kriege schwitzige Hände. »Nachmittags«, sage ich. »Also PM wie Past Midday.«

Sie lacht laut. »PM, also nachmittags, heißt nicht Past Midday, sondern post meridiem. Zweiter Tipp. Du hast zehn Sekunden.«

»Aber –«

»Fünf, vier, drei –«

»Penismatsch!«

»Das ist wirklich verstörend, Vincent.«

»Du hast selbst gesagt, in der Kunst geht es um Stö–«

»Letzter Versuch!«

Ich beschließe, die Abkürzungsraterei zu lassen und über das Motiv nachzudenken. Vielleicht ein Bonsaibaum. Ein Elefant? Ein Fluss, der im Meer mündet …

Immerhin zählt Mama jetzt nicht von zehn runter. Das liegt daran, dass Tolga neben ihr steht und ihr lässig seinen Ellbogen auf die Schulter gelegt hat. Flirtet er die gerade an? Und hat er mich vorhin auch angemacht? Vielleicht ist er ja bi. Oder er will bloß was von der Kohle haben. Tolga fragt sie gerade, wo sie ihr Atelier hat.

Ich denke: Scheiße! Hätte ich ihr doch nur ein einziges Mal beim Kunstmachen zugeschaut. Nur eine Tür hat uns getrennt, manchmal sogar offen. Und ich saß da und hab gezockt …

Tolga redet über Plastikmüll, ich habe nicht mitbekommen, warum, denke dann: PM gleich Plastikmüll. Rät Tolga mit?

Meine Mutter spielt mittlerweile mit einer Locke in Ohrnähe und ist total interessiert, wenn er von irgendwelchen Komposthaufen erzählt.

Mir wird das zu doof. »Ich möchte lösen!«, sage ich.

Die beiden schauen mich erwartungsvoll an.

Und ich sehe vor meinem inneren Auge einen Komposthaufen und muss jetzt irgendwas sagen und sage: »Du hast ein paar Regenwürmer vom Komposthaufen gesammelt, sie in Farbe getunkt und dann über Leinwand kriechen lassen.« Ich hätte auch sagen können »über eine Leinwand«, aber das klingt weniger künstlerisch.

Tolga schaut sie begeistert an. »Echt? Das ist ja krass! Du bist genial!«

Mama sagt: »Mein Sohn hat mehr von mir, als ich dachte. Das ist Aleatorik pur.«

Die Antwort ist trotzdem falsch.

Tolga runzelt die Stirn »Das ist dein Sohn?«

Mama lacht. »Was denkst du denn?«

Tolga zuckt mit den Schultern. »Ich muss noch aufräumen.«

Mama lächelt mich an. »Ich glaub, er mag dich.«

»Kann sein«, sage ich. »Und was heißt PM?«

»Placenta Multicolorum.«

Mama hat eine Plazenta in Farbe getunkt und gegen eine Leinwand gedrückt. Damit 50 000 Euro verdient.

Tolga umarmt meine Mutter. Nach meinem Geschmack etwas zu lange. Dann umarmt er mich. Auch zu lange. »Schönen Abend«, sagt er.

»Ey, du bist doch Willi!?« Samiras Schwester zeigt mit dem Finger auf mich. Ihre Armreifen klimpern am Handgelenk. Sie ist gekommen, um ihre beste Freundin abzuholen.

»Vincent«, sagt meine Mutter.

»Ist morgen keine Schule?«, fragt Samiras Schwester.

Ich kann ihr nicht in die Augen sehen, wegen der Fantasie.

Alle Fenster sind oben. Samiras Schwester und ihre Freundin ziehen an E-Zigaretten. Riecht so ähnlich wie Rituals.

Tolga, Mama und ich hocken zusammengequetscht hinten drin.

Durch den Nebel erahne ich, wie Samiras Schwester mit ihren Fingern den Schaltknüppel umspielt. Es geht gerade um ihren Verlobten. »Der will immer morgens!«, sagt sie. »Abends, wenn ich geduscht hab, alles abgewaschen, dann können wir diskutieren, ob ich's ihm besorg. Aber morgens am Arsch!«

Ihre Freundin sagt vom Beifahrersitz: »Am Arsch kriegt er es morgens!«

Mama und Tolga rufen beide auch »Am Arsch!« nach vorne.

Und Samiras Schwester sagt: »Weißt du, der denkt sowieso nur mit seinem …« Sie zieht an der E-Zigarette. Pustet dicken Qualm aus. »Lass mal erst Willi nach Hause bringen, bevor der Albträume kriegt.«

Zum Abschied macht sie noch ein Foto von uns auf der Rückbank. Zur Erinnerung, weil sie noch nie eine richtige Künstlerin transportiert hat. Mama und Tolga knutschen mir vor Freude rechts und links auf die Backen.

Im Bett mache ich mein Handy an. Ich muss wissen, ob Samira geantwortet hat. War meine Nachricht irgendwie doof? »Ich muss dir was sagen!« Wenn ich ihr geschrieben hätte, was ich ihr sagen will, würde das da halt schwarz auf weiß stehen. Und wenn sie mir dann eine Abfuhr gibt und das weiterleitet oder jemandem zeigt, wissen alle Bescheid.

Samira hat immer noch nicht reagiert.

Dafür hat Liam noch mal geschrieben. Hat mir einen Link geschickt: »Erektile Dysfunktion: Erkennen und behandeln«.

Der will mich fertigmachen. Oder zumindest verarschen.

Bevor ich mich zu sehr aufrege, google ich meinen Vornamen.

Vincent heißt »Der Sieger«. Immerhin etwas. Liam und Niermann und allen anderen werde ich schon zeigen, was los ist.

Ich werfe mir die Bettdecke über den Kopf, weil aus Mamas Atelier Stimmen kommen.

Tolga steht jedenfalls nicht ausschließlich auf Männer, wenn ich das richtig höre.

Ich muss mich irgendwie ablenken. Google »Plazenta«. Lese

»Mutterkuchen«, lese »Nachgeburt« und erweitere die Reihe gedanklich um »Aleatorisches Druckwerkzeug meiner Mutter«.

Es muss so gewesen sein: Meine Eltern hatten Sex. Ich bin in meiner Mutter gewachsen. Die Plazenta auch. Die Plazenta hat mich mit Nährstoffen versorgt. Ich war per Nabelschnur mit ihr verbunden. Ich wurde geboren. Kurz darauf die Plazenta. Kurz darauf ist mein Vater abgehauen. Meine Mutter hat die Plazenta 16 Jahre im Gefrierfach aufbewahrt. Währenddessen sind wir dreimal umgezogen. Mama hat die Plazenta aufgetaut. In Farbe getunkt und …

Dabei gehört die Plazenta genau genommen mir und ich bin ungefragt mit einer Schere von ihr getrennt worden. Mir stehen viel mehr als 1000 Euro zu. Mindestens 25 000.

Irgendein Yuppie hängt sich jetzt den Abdruck meines ehemaligen Versorgungsorgans über die Couch, und Mama meint, Penismatsch wäre verstörend.

Tolga und meine Mutter werden lauter.

Ich stelle mir vor, den Streit mit Mama vor Gericht auszufechten. Das würde bestimmt für Schlagzeilen sorgen: »16-JAHRE-NACH-GEBURT: Mutter malt ungefragt Plazenta des Sohnes an und wird reich!«

Das Stöhnen wird noch lauter. Dann stoppt es, dann ist es wieder da. Stille, Stöhnen, Stille, Stöhnen.

Ich könnte reingehen, so wie sie heute Nachmittag und sagen: Du glühst ja! Sollen wir Fieber messen, die Hose ist ja schon unten.

Ist da noch jemand dabei? Sind die zu dritt? Das Geld ist ihr wohl zu Kopf gestiegen.

Ich reiße die Tür auf, traue meinen Augen nicht.

Mama steht mitten im Atelier. In der einen Hand hält sie einen Pinsel, in der anderen eine Fernbedienung. Sie ist komplett angezogen. Auf der großen Leinwand läuft ein Porno, Mama stoppt

ihn, malt mit dem Pinsel etwas auf die Leinwand. Über das Stand-
bild. Zeichnet sie da die Pobacken nach? Sie lässt den Film weiter-
laufen, drückt wieder Pause, pinselt jetzt die Nase des Schauspie-
lers nach.

»Was machst du da?«

Mama lässt den Pinsel fallen. »Vincent … ich … schläfst du gar
nicht?«

»Bei dem Lärm?«

»Oh«, sagt sie und stellt den Ton aus.

Tolga ist gar nicht da und Mama hatte bloß einen Inspirations-
schub.

Ich verstehe nur einzelne Fetzen. »Feministische Aleatorik.«
»Pornodiktatur.« Solche Sachen.

Mir fallen tonnenweise Steine vom Herzen. Auch wenn mir lieber wäre, ich hätte sie erwischt, wie sie Kompostwürmer in einer
Farbwanne badet. »Gute Nacht!«, sage ich.

Und Mama sagt auch »Gute Nacht!«.

Bevor ich die Tür zuziehe, sehe ich, wie Mama kopfschüttelnd
eine Schwanzkontur nachmalt. »Was für ein Mordsteil!«, rutscht es
ihr raus.

Schlafen kann ich immer noch nicht. Das liegt vor allem an Liams
Nachricht.

Vielleicht sollte ich auch unter die Künstler gehen. Ich könnte
meinen Penis anpinseln und auf Leinwand drücken. Nennen würde
ich das »Penis auf Leinwand (steif)«. Oder ich nehme mir Eimer und
Pinsel mit und drücke meinen Penis (steif) an verschiedenen Stellen auf dem Schulgelände ab.

»Wasn das?«, würden die Leute fragen.

»Vincents Ständer.«

»Ach so.«

Dann würde keiner mehr auf die Idee kommen, dass ich 'ne erektile Dysfunktion habe. Wobei das bestimmt gar nicht so leicht ist, auf dem Schulhof nachts mit Dauerständer rumzulaufen. Penismatsch, denke ich.

Vielleicht sollte ich es eher so wie im Kindergarten machen: Statt Schattenscherenschnitt vom Kopf im Profil, ein Schattenscherenschnitt vom Schwanz (steif). Und den dann als Flugblatt verteilen. Unterschrieben mit »Vincent, der Sieger«.

Obwohl: Dann würden die Leute erst recht denken, dass bei mir etwas nicht stimmt.

Mama meinte neulich, dass einige Typen auf den Ausstellungen Minderwertigkeitskomplexe hätten. Je teurer der Anzug oder je dicker die Uhr, desto größer der Komplex.

Ob sie damit meinte: Desto kleiner der Schwanz? Oder desto schlapper?

Auf jeden Fall bringt mich das auf eine Idee. Mein Plan für morgen früh steht.

»Ey Leute, der hat voll den Schlappen!« Das ruft Daria, als ich den Schulhof betrete.

Die Mädchen um sie herum lachen.

Mein Plan ist nach hinten losgegangen.

Furkan kommt mit kritischem Blick auf mich zu, fährt mir durchs Haar. »Gel aus?«, fragt er.

Ich schiebe mein Gefährt in den Fahrradständer.

»Wasn das überhaupt für 'ne Schrottmühle?«, fragt Furkan.

»Ganz altes Teil«, sage ich. »Original Holland.«

Wir schauen den Vorderreifen an.

»Hast du Flickzeug?«, frage ich.

Furkan schüttelt den Kopf und geht zu Daria und den anderen Mädchen, begrüßt sie mit Küsschen rechts und links.

Sie gehen Richtung Eingang.

Da steht Samira und unterhält sich mit Fabi. Samira und Fabi umarmen sich.

Dann umarmen sich alle nacheinander.

Sogar Daria und Fabi.

Furkan zeigt in meine Richtung, bevor er reingeht.

Was für eine bescheuerte Idee, irgendjemand würde auf den Gedanken kommen, mich als »Sieger Vincent« zu feiern, wenn ich ohne Haarstyling und mit Schrottmühle auf den Schulhof gurke. Kein Mensch denkt: Wow, der Junge hat's drauf! Oder: Wow, Vincent hat's nicht nötig mit 'nem aufgemotzten Doppelendrohr-moped vorzufahren, also hat er keinen Minderwertigkeitskomplex. Jetzt denken alle bloß: Vincent ist ein Spinner! Genau genommen ein Spinner mit 'nem Schlappen!

Wäre ich wenigstens nicht durch die Scherben gefahren!

Mathe ist vorbei. Geschichte auch.

In der Pause rede ich kurz mit Liam. »Was sollte der Scheiß mit der Erek–«

»Stopp!« Liam geht zwei Schritte zurück. »Abstand halten!«

»Aber –«

»Ich lass dich in Ruhe und du mich!«

Denkt der, ich bin irgendwie ansteckend? Weil ich nach Hause bin gestern? Hauptsache, er lässt mich.

Sieht ganz so aus, als hätten weder Darias laute Feststellung über meinen Fahrradreifen heute, noch Herrn Niermanns Ge-sangseinlage für irgendwelche anhaltenden Gerüchte über mich gesorgt. Alle Befürchtungen waren umsonst. Jetzt bin ich froh, dass ich bloß die Fahrrad- und Frisursache durchgezogen habe und keine anderen Aktionen.

Vielleicht wird heute ja noch mein persönlicher Glückstag. Wer weiß?

In Kunst haben wir neuerdings eine Referendarin. Die hat sich überlegt, dass wir »heute mal frei arbeiten. Alle ganz so, wie sie wollen.«

»Ohne jede Regel?«, fragt Furkan.

Sie nickt.

Und Furkan meint: »Schwören Sie!«

»Ich schwöre«, sagt sie.

Wenn die wüsste, welche Auswüchse die freie Kunst in meiner Familie so annehmen kann, hätte sie sich das bestimmt zweimal überlegt.

In unserer Klasse sitzen jetzt jedenfalls alle mit dem Smartphone da und tippen darauf herum.

Einige sagen: »Zur Recherche.«

Andere behaupten, sie zeichnen auf dem Handy oder machen Collagen.

Die Referendarin traut sich nicht, die Handys zu verbieten, immerhin hat sie geschworen.

Ich kriege eine Nachricht. Samira.

Sie sitzt vorne links.

Ich hinten rechts.

»Ich freue mich sehr!«, schreibt sie.

Wie meint sie das? Weil ich ihr geschrieben habe? Dass ich ihr etwas sagen muss?

Ich schicke ein Fragezeichen zurück.

»Für euch!«

Ich schicke noch ein Fragezeichen.

»Ich weiß Bescheid«, schreibt sie.

Ob sie weiß, was ich ihr sagen will? Dass ich immer an sie denken muss? Mit ihr zusammen sein will? Aber warum freut sie sich dann »für euch«?

Ich schicke noch ein Fragezeichen.

»Samira sendet eine Mediadatei«, steht oben im Display.

»Chattest du etwa?« Vor mir steht die Referendarin.

Ich überlege kurz, Nein zu sagen und sage dann: »Ja.«

Während sie mir das Handy aus der Hand nimmt, erhasche ich einen Millisekundenblick auf die »Mediadatei«. Es ist ein Foto. Samiras Schwester hat es gemacht. Als Erinnerung. Meine Mutter und ich auf der Rückbank.

Und jetzt wird mir klar, wozu Samira mir gratuliert. Zu den 50 000, die meine Mutter gestern Nacht abgeräumt hat.

Ich lächle zu ihr rüber.

Samira zwinkert mir zu.

Wenn meine Mutter mir doch noch was abzwackt, werde ich Samira piekfein zum Essen ausführen.

Die Referendarin sagt: »Es enttäuscht mich, dass du meine Großzügigkeit, euch im Unterricht so viele Freiheiten zu lassen, für deine privaten Zwecke ausnutzt.«

Ich glaube, dann würde sie am liebsten noch meinen Namen hinterherschieben, aber der fällt ihr nicht ein.

»Ich nutze das nicht aus«, sage ich. »Mein Kunstprojekt steht ganz im Zeichen der Aleatorik. Es geht um die bildliche Übersetzung von Chatverläufen.« Mir fällt ihr Name auch nicht ein.

Sie schüttelt den Kopf und gibt mir nach der Stunde das Handy wieder. Akku leer.

Beim Schwimmen mache ich spontan nicht mit. Ich war ja gestern schon offiziell krank.

Die anderen ziehen sich gerade um, als ich durch die Kabine gehe.

»Kannst hier ruhig durchgehen, kein Problem«, sagt Liam. Es klingt, als würde er das Gegenteil meinen.

»Halt die Fresse, Liam!«, sagt Furkan. »Keiner von den Jungs hat was dagegen.«

»Okay«, sage ich und nicke. Wo soll ich auch sonst durchgehen? Wohl kaum durch die Mädchenumkleide, und die Lehrer wollen ja nicht, dass wir oben im Café sitzen, sondern immer schön auf der Bank am Beckenrand.

Auf der sitzen jetzt genau zwei Menschen.

Samira und ich.

»Auch erkältet?«, frage ich.

»Tage«, sagt sie.

»Oh«, sage ich.

Sie zwinkert mir zu. »Dir kann ich's ja sagen.«

»Du kannst mir alles sagen!« Ich überlege, ihre Hand zu nehmen. Die anderen spielen Wasserball und Frau Talbach spielt mit, eigentlich die Gelegenheit.

»Ich hatte dir ja geschrieben, dass ich dir was sagen muss!«

Sie lächelt. »Ist nicht nötig. Ich weiß es.«

Wir schweigen eine Weile.

Dann nehme ich meinen Mut zusammen. »Und? Was sagst du dazu?«

Jetzt nimmt sie meine Hand.

Mein Herz springt los.

»Es ist nicht so einfach, aber …« Sie atmet tief durch. »Ich freue mich.«

Kreuz und quer springt mein Herz. Als wäre mein Körper innerlich eine Hüpfburg.

»Dann freue ich mich auch«, antworte ich. Ob wir uns jetzt küssen sollen? Ich mache besser nichts. Hand in Hand mit Samira da-
sitzen. Es könnte schlechter sein.

Die Jungs rennen in die Dusche.

Die Mädchen in die andere.

Samira und ich schauen uns an.

»Bis später«, sage ich.

Sie sieht aus, als würde sie überlegen, sagt dann: »Okay.«

Nachdem ich, ohne auszurutschen, durch die Kabine gestapft bin,
höre ich Applaus und Jubeln von drinnen. Hat das mit Samira und
mir schon die Runde gemacht?

Dann höre ich Sprechchöre:»Fabi! Fabi! Fabi!«

Geht also nicht um mich. Besser, ich stell mir nicht vor, was die
da jetzt nackt in der Umkleide machen.

Samira und ich laufen nebeneinander.

Meine Hände baumeln hilflos an meinen Armen herunter.

Samiras Hände stecken professionell in ihren Manteltaschen.
Wie in einem Film, in dem zwei Erwachsene beim Spazieren eine
Freundschaftskrise ausräumen.

Dabei gehen wir beiden ja nebeneinander, weil wir ein Paar
sind oder zumindest fast. Wir wollen uns gleich küssen und dann
zu ihr oder zu mir gehen.

Erst mal gehen wir zu Rituals.

Samira stupst mich an.»Ich würd dir gern was schenken.« Sie
gibt ihrer Schwester einen Begrüßungskuss.

Ich frage mich, ob es da einen Beziehungsstartgeschenkbrauch gibt, den ich nicht kenne. Abgesehen davon wusste ich gar nicht, dass Rituals auch Männerartikel führt.

»Hast du einen Tipp?«, fragt Samira ihre Schwester.

Die schiebt sich an mir vorbei, streift mit ihrem Hintern im knallengen Kleid meinen Schoß, zieht eine Duftflasche aus dem Regal. »Wie wär's mit Duschschaum?«, fragt sie und zwinkert uns zu.

»Einverstanden«, sage ich. Am besten gehen wir gleich zu Samira. Unser Badezimmer kann man nicht abschließen.

Draußen atmet sie wieder so tief durch. Dann legt sie ihren Arm um meine Schultern.

Wir laufen weiter.

»Oh Mann!«, sagt sie.

»Was?«

»Dass du … ist jetzt halt so.«

Mir ist das zu viel. Besser gesagt: zu wenig. Wir haben zwar heute ewig Händchen gehalten und sie hat mir was geschenkt und so weiter, aber geküsst haben wir uns bisher nicht und so richtig gesagt, dass wir uns ganz toll finden, haben wir auch nicht. Das ändere ich jetzt. »Ich hab dir ja diese Nachricht geschrieben und …«

»Ja?«

»Das, was ich dir sagen will, ist …« Jetzt atme ich tief durch. »Ich will mit dir zusammen sein!«

Samira ist stehen geblieben. Sie nimmt ihren Arm weg. Spricht viel zu laut. »Warum sagst du das?«

Hätte sie es lieber unausgesprochen gelassen? Meint sie, zwischen uns braucht es keine Worte?

Ich brauche Worte. »Weil ich dich –«

»Stopp!« Ihre Stirn wirft Falten. »Mach bitte keinen Rückzieher!«

Wer hier gerade wohl einen Rückzieher macht? »Aber es stimmt.« Ich nehme ihre Hand.

Sie will das nicht. »Ohne dich hätte sich Fabi nicht getraut und du lässt ihn hängen. Das ist echt …«

Ich hab keinen Schimmer, wovon sie redet. »Wieso denn Fabi?«

Samira schüttelt den Kopf, guckt ungeduldig in den Himmel, zückt dann ihr Smartphone. Dann zeigt sie mir das Foto aus unserem Chat. Darauf sind Tolga und ich. Hinten im Auto. Mama ist abgeschnitten und Tolga küsst meine Backe. »Alle finden das mutig von dir. Und Fabi hätte sonst nicht verkündet, dass er auch auf Jungs steht, weißt du?« Sie schaut mir eine Zeit in die Augen, als würde sie darin lesen. Fragt dann: »Oder wusstest du das noch gar nicht?«

»Ich weiß gar nichts!«

Sie liest weiter in meinen Augen. Dann sagt sie: »Ja, also, heute nach dem Schwimmen in der Umkleide, hat er es den Jungs gesagt und die haben ihn voll unterstützt. Außer vielleicht Liam …« Sie rollt mit den Augen. »… aber der ist sowieso ein Arsch. Und bei dir haben ja auch alle gut reagiert.«

»Bei mir hat überhaupt keiner reagiert«, sage ich. »Und woher wissen die anderen überhaupt, dass ich …«

Samira beginnt zu reden: Das Foto würde ja eigentlich alles sagen, aber trotzdem fängt sie von vorne an. Daria hat ihr die Hausaufgaben gebracht und meinte … und Furkan meinte auch … und Liam meinte sowieso, aber dann war er sich ganz sicher, dass … und dann eben dieses Foto mit Tolga und ihre Schwester hat auch was gesagt und die beste Freundin und außerdem habe ich Samira ja auch die Nachricht geschrieben und mein neues Styling und das Fahrrad und mein Sinn für aleatorische Kunst und ist ja auch ganz normal, dass man dann noch mal kalte Füße kriegt und

Schiss hat, dass man gemobbt wird, aber dass das gar nicht passiert ist und alle hinter mir stehen, außer Liam und zwei, drei andere, und und und. Von Herr Niermann sagt sie nichts. Von Sarah Connor auch nicht.

Und ich hab gedacht, die anderen würden denken, mein Schwanz würde nicht hart werden. So ganz grundsätzlich.

Ich weiß nicht, was ich tun soll, also fange ich an zu husten. Ganz leicht. Dann immer doller. Bis ich wirklich husten muss.

Irgendwann hustet Samira auch.

Irgendwann hören wir beide auf damit.

Ich grinse kurz und unbeholfen.

»Was ist witzig?«, fragt sie.

»Alles«, sage ich. »Und nichts.«

»Okay?«, drückt sie fragend heraus. Samira traut sich nicht, mir in die Augen zu sehen.

Dann fällt mir etwas ein, das ich sagen kann und was ich wirklich so meine. »Ist doch gut für Fabi«, sage ich.

Sie nickt.

»Und weißt du noch was?«, frage ich und warte ihre Antwort nicht ab. »Manche Sachen sind ganz anders, als viele denken.«

Sie nickt wieder.

Ich bezweifle, dass sie weiß, was ich meine und frage: »Weißt du das wirklich?«

»Klar weiß ich das, ich hab zum Beispiel auch nicht meine Tage heute.« Sie schaut auf den Boden, dann mich an. »Ich wollte bloß neben dir auf der Bank sitzen.«

Ich kriege Gänsehaut. Überlege kurz. Zücke mein Smartphone.

Meine Mutter hat einen neuen Status.

Samiras Augen wackeln hin und her, als sie Tolga, Mama und mich sieht. Ob sie gerade kapiert, was los ist?

Und ob ich ihr sagen soll, dass ich bi bin? Auch wenn das gar nicht stimmt? Wäre ja sonst irgendwie scheiße für Fabi. Oder nicht?

Ich schaue Samira in die Augen.

Samira schaut mir in die Augen.

Und ich frage mich, ob es nicht egal ist: Bi. Schwul. Nicht bi. Wichtig ist doch nur, dass es sich richtig anfühlt. Ich bin kurz stolz auf meine Erkenntnis, dann fällt mir ein, wie beschissen es ist, wenn man denkt, die anderen reden über einen. Reden über Sachen, die sie nichts angehen, was in deiner Hose passiert oder nicht passiert. Dann ist das nämlich nicht mehr egal. Ob es sich für Fabi richtig anfühlen kann, zu lieben, wie er will, wenn Liam ihm Sprüche drückt?

Wahrscheinlich nicht.

Ganz sicher ist aber: Für mich fühlt sich das hier gerade richtig an: Samira und ich.

Extrem vorsichtig fange ich an zu grinsen.

Samira fängt noch vorsichtiger an zu grinsen.

»Hast du eigentlich Schwimmsachen dabei?«, frage ich.

»Ja.« Ihr Lächeln wird unvorsichtiger. »Du?«

»Ja«, sage ich. »Inklusive Duschschaum.«

Wir fassen uns an den Händen und laufen zurück Richtung Schwimmbad.

Kathrin Schrocke *wurde 1975 in Augsburg geboren. Nach ihrem Germanistik- und Psychologiestudium war sie als Pressereferentin im Verlagswesen tätig, arbeitete als Journalistin sowie als Dozentin in der Erwachsenenbildung. Seit 2005 ist sie als freischaffende Autorin tätig und widmet sich vor allem dem realistischen Jugendroman. Für ihre Bücher betreibt sie oft eine langjährige Recherche.*

Kathrin Schrocke

Freiheitsstatue

11 Uhr

Daria weiß im ersten Moment überhaupt nicht, worum es geht. Gestern Abend sind sie drei doch noch zusammen in der Disco gewesen, haben die halbe Nacht miteinander getanzt und jede Menge Wodka Shots getrunken. Arm in Arm sind sie durch die menschenleeren Straßen nach Hause gegangen, haben »Back to Black« von Amy Winehouse gegrölt und sich gegenseitig bestätigt, die beste Wohngemeinschaft aller Zeiten zu sein. Jetzt aber hocken Martin und Sassi mit betroffenen Gesichtern in der Gemeinschaftsküche, als hätte Daria etwas Unverzeihliches getan. Nur: Daria weiß nicht im Geringsten, was sie ihr vorwerfen. Seit sie alle in ihre jeweiligen WG-Zimmer verschwunden sind, hat Daria tief und selig geschlummert.

»Es hat vorhin geklingelt und das hier wurde für dich abgegeben!« Martin hält Darias knallrotes Portemonnaie in die Höhe.

Fassungslos starrt sie es an. Ihr ist heute Nacht überhaupt nicht aufgefallen, dass es verschwunden ist. Offenbar hat sie es auf dem Tresen liegen lassen, nachdem die letzte Runde auf sie gegangen ist. Oder es ist ihr an der Garderobe aus der Jackentasche gefallen.

»Der aufdringliche Typ von der Bar hat es vorbeigebracht. Der, der dich eh schon die ganze Zeit angestarrt hat. Er wohnt nur zwei Straßen weiter.«

»Aha …« Daria muss ihre müden Gedanken erst einmal ordnen. Hat der Kerl ihr das Portemonnaie etwa geklaut? Sie überschlägt im Geiste den Inhalt. Ein zerknitterter 20-Euro-Schein. Die EC-Karte von der Stadtsparkasse. Ihr Personalausweis mit ihrer neuen Adresse, die Mitgliedskarte des Fitness-Vereins. Auf einmal schwant ihr Übles. »Hoffentlich ist noch alles da …«, sagt sie mit seltsam brüchiger Stimme. Ihr Hals ist plötzlich trocken, der Raum um sie herum wirkt stickig und eng. Es fühlt sich so an, als würden sich die Küchenwände Zentimeter um Zentimeter nähern. Wirklich, sie hat es Martin und Sassi sagen wollen. Vielleicht nicht gerade heute, aber irgendwann im Lauf der nächsten zwei Wochen. Martin und Sassi sind nett, und Daria wollte das WG-Zimmer um jeden Preis haben. Zur Uni sind es nur fünfzehn Minuten mit dem Rad, und sie hat sich auf Anhieb mit Martin, dem angehenden Grundschullehrer und Sassi, der schlagfertigen BWL-Studentin mit den moosgrünen Augen, verstanden. Sie hat ja nicht gelogen. Nur ein paar Details ausgeklammert. So what?

»20 Euro sind drin«, sagt Martin und klappt Darias Portemonnaie auf. »Hat den Kerl aber nicht interessiert. Dafür hat er mit deinem *Hurenpass* vor meiner Nase herumgewedelt und gefragt, was du die Stunde so nimmst.«

Das Wort *Hurenpass* hängt in der Küche wie ein penetranter, unangenehmer Geruch. Als hätte jemand eine Stinkbombe geworfen. Jetzt ist das Wort da, mitten in ihrer WG, und es ist unmöglich, zurück auf Los zu gehen und alles zu leugnen.

»Scheiße«, murmelt Daria, sie ringt nach Atem. »Ich wollte es euch in einer ruhigen Minute erzählen. Hätte ich den blöden Geldbeutel nur nicht liegen lassen! Ich bin so dumm.«

Jetzt lacht Sassi hysterisch auf. »Das ist es, was du gerade denkst? Wie schade es ist, dass deine Lüge geplatzt ist? Mir wäre lieber, du würdest bereuen, dass du nicht von Anfang an offen und ehrlich mit uns warst. Wir hatten 37 Bewerbungen für das Zimmer.«

»38!«, korrigiert Martin und sieht Daria mit kalter Enttäuschung an. Tatsächlich kommt es ihr auf einmal zugig im Raum vor. Sie zieht den Gürtel ihres Morgenmantels fester.

»Deine Vormieterin war Kleptomanin und hat uns übelst beklaut!«, fällt Sassi noch dazu ein. »Und die Mieterin davor hat Ecstasypillen in den Blumentöpfen gehortet. Wegen ihr hatten wir sogar eine Razzia im Haus!«

»Und jetzt …«, sagt Martin und schüttelt ungläubig den Kopf. »Jetzt wohnen wir mit einer Nutte zusammen.«

*

Die Stimme von Paulines Mutter kippt. Es klingt, als wüsste sie nicht, ob sie lachen oder weinen soll. Dann entscheidet sie sich für Letzteres. »Auf keinen Fall«, sagt sie, wischt sich demonstrativ über die Augen und ihr Nein schneidet so scharf durch den Raum wie das Messer durch Benedikts Geburtstagtorte. Sie haben den Kuchen schon zum Frühstück angeschnitten, einfach weil es Tradition ist, dass die Familie das Geburtstagskind morgens mit einem prächtigen Frühstück überrascht. Die Torte ist aus Haselnusscreme und mit Schokoguss – in der Mitte prangt eine knallrote 18. Ihr kleiner Bruder Felix schiebt sich an Pauline vorbei. »Streitet ihr?«, fragt er ängstlich.

»Wir diskutieren nur!«, fährt ihn die Mutter aufgebracht an. »Geh bitte rüber zu den Jungs und schau, was sie Benedikt schenken!« Das lässt sich Felix nicht zweimal sagen.

Aus Benedikts Zimmer dringt Gejohle. Mittags soll es Gegrilltes auf der Terrasse geben, und fast alle Mitglieder des Tauchclubs sind da. Später kommt noch Hakim, Benedikts bester Freund. Dann gibt es noch mal eine Geburtstagstorte, eine mit der Freiheitsstatue aus Marzipan darauf. Hakim wird sie aus der Konditorei mitbringen. Benedikt liebt New York und es ist sein Lebenstraum, dorthin zu reisen. Pauline hat so sehr gehofft, dass ihre Eltern ihm diese New-York-Reise schenken. Aber es wird eine Reise nach Hamburg werden. Alles andere wäre zu teuer gewesen. »Absolut nicht im Budget«, wie der Vater es pragmatisch formuliert.

»MC Diver! MC Diver!«, hören sie die anfeuernden Rufe aus dem angrenzenden Raum. Pauline hat diesen albernen Spitznamen schon immer gehasst. Nur weil Benedikt mit 14 den Vereinsrekord im Tauchen aufgestellt hat. Aber das ist lange her und das Tauchen Geschichte. Wenn sich Pauline richtig erinnert, hat ihr Vater das komplette Equipment auf eBay verkauft. Um *das Budget aufzubessern*. Natürlich.

»Die Taucher haben ihm ein Disney+-Jahresabo geschenkt!« Felix steht im Türrahmen und klingt außer sich vor Freude. Im Geiste geht er wahrscheinlich schon all die Pixar-, Marvel- und Star-Wars-Produktionen durch, auf die er nun dank seines älteren Bruders Zugriff hat. Das perfekte Geschenk für einen achtjährigen Jungen. Nur, dass Benedikt zehn Jahre älter ist. Felix verschwindet mit roten Backen wieder rüber zu den Großen, die einen Hip-Hop-Song aufgelegt haben und laut dazu singen.

»Noch ein Streaming-Anbieter ist das, was Benedikt am allerwenigsten braucht«, entfährt es Pauline gehässig.

Ihre Mutter sieht sie aus müden Augen an. »Warum musst du immer aussprechen, was alle anderen nur denken?«, sagt sie kopfschüttelnd. »Sie haben es sicher nur gut gemeint.«

»Das nennt man Ehrlichkeit«, sagt Pauline. Sie sieht ihre Mutter flehend an. »Alles, worum ich euch bitte, ist, heute Abend wie abgemacht mit mir und Felix ins Restaurant zu gehen. Zwei Stunden

Pizzaessen. Mehr verlange ich nicht. Du kannst dir doch eine Aspirin einschmeißen.«

Eigentlich war alles perfekt geplant gewesen, um Benedikt einen freien Abend zu verschaffen. Aber dann hat sich ihre Mutter beim gestrigen Spaziergang verkühlt, hat Kopfschmerzen und keine Lust, abends mit der Familie auszugehen. »Es stört doch wohl niemanden, wenn ich mich ins Schlafzimmer verziehe und dort still und leise lese. Bitte geht ohne mich. Ist sowieso besser, wenn ich daheim bin.«

Irgendwann hat Pauline notgedrungen mit der Sprache rausrücken müssen. Dass sich Hakim und sie für Benedikt ein ganz besonderes Geburtstagsgeschenk ausgedacht haben. Das Geschenk heißt Daria und ist für 19 Uhr hierher bestellt. Sie haben sich gemeinsam im Internet auf die Suche gemacht – es sollte ja auch nicht irgendwer sein, sondern zu Benedikt passen. Die eine hatte ein unglaubwürdiges Pseudonym und operierte Brüste, die wie bedrohliche Sprengköpfe wirkten. Nein, *Destiny* flog wegen mangelnder Authentizität augenblicklich raus. Eine andere hatte ein Foto in Lack und Leder und mit Peitsche ins Netz gestellt. »Das gibt's zum 20. Geburtstag«, hatte Hakim ironisch gemurmelt und schnell weitergeklickt. Dann waren sie auf Darias Profil hängen geblieben. Sie sah sympathisch aus, sportlich und natürlich. Der Typ Frau, der Benedikt garantiert gefällt. Außerdem ist sie jung, sie studiert noch. Und am allerwichtigsten: Sie kommt zu den Kunden nach Hause. Aber jetzt hängt alles davon ab, dass die Eltern und Felix das Haus auch verlassen und Benedikt und Daria alleine sind.

13 Uhr
Daria merkt plötzlich, dass sie keine Lust mehr hat, zu diskutieren. Es geht nicht darum, dass sie sich schämt. Normalerweise geht sie

recht offen mit ihrem Nebenjob um, schließlich macht sie ihn schon seit über zwei Jahren. Aber sie ist allergisch auf *Hurarchie* ... so nennen es die Prostituierten, wenn sie miteinander verglichen werden. Als wäre die eine ein besserer Mensch als die andere, als wäre jene verdorbener als diese. Als gäbe es eine Hierarchie unter Sexarbeiterinnen. Nein, auf diese Moral-Olympiade hat Daria einfach keinen Bock. Es geht Martin und Sassi auch überhaupt nichts an, womit sie ihr Geld verdient. Solange es legal ist und kein Mensch zu Schaden kommt. Im Notfall muss sie sich eben doch ein anderes WG-Zimmer suchen. Will sowieso nicht mit Leuten zusammenleben, die derart engstirnig sind.

Seit über einer Stunde sitzen sie nun schon bei ihrem rasch anberaumten Krisengespräch in der Küche, haben den zweiten Liter Tee aufgebrüht und kommen zu keinem Ergebnis. Auch, weil Daria inzwischen nur noch einsilbige Antworten gibt, was Martin und Sassi noch mehr aufregt.

»Dass eines klar ist!«, sagt Martin zum wiederholten Mal. »Du bringst keine Freier in unsere Wohnung.«

Daria verdreht die Augen. Diese Erfahrung hat sie hinreichend gemacht: Dass die Fantasie ihrer Gesprächspartner immer krasser und ausufernder ist als die Realität. Was stellt Martin sich bitte schön vor? Dass Daria wilde Sexorgien in der gemeinsamen Altbauwohnung feiert, während er über einer »Deutsch Didaktik«-Klausur hockt und Sassi in der Küche Sauerteig ansetzt?

»Wie gesagt, mache ich sowieso nur Hausbesuche«, wiederholt sie, hörbar genervt. »Ich hatte nie vor, jemanden hierher mitzubringen.«

Sassi schaufelt mit einer steilen Falte auf der Stirn Zucker in ihren lauwarmen Tee. »Du fällst der feministischen Bewegung damit voll in den Rücken!«, sagt sie. »Es darf einfach nicht sein, dass wir Frauen käuflich sind. Ein Körper darf nicht zur Ware werden.«

Am liebsten würde Daria genau darauf etwas sagen. Nämlich, dass es auch ein Luxus ist, diese Haltung haben zu dürfen. Bei Sassi stehen Jungs wie Mädchen Schlange. Das hat Daria gestern mit eigenen Augen gesehen. Vom hoch gewachsenen DJ mit coolem Tattoo auf dem Oberarm bis zur vollbusigen Brünetten mit Schlafzimmerblick: Sassi kann sie alle haben. Auf dem Markt der Möglichkeiten hat sie freie Auswahl. Ob alt oder jung, groß oder klein, Mann oder Frau … und vermutlich auch alle Geschlechter dazwischen. Sassi ist ein Magnet und wird womöglich nie in ihrem Leben in die Verlegenheit kommen, sich Nähe, Zärtlichkeit oder Sex kaufen zu müssen.

»Ich mache das absolut freiwillig«, sagt Daria, um sich zumindest ein bisschen zu verteidigen. »Eine Frau, die am Fließband steht, macht sich im Übrigen auch den Rücken kaputt. Aber in dem Fall ist ihr Körper offenbar keine Ware?« Sie sieht Sassi streitlustig an.

Sassi knibbelt an ihrem absplitternden Nagellack. Ein sanfter Nieselregen aus roten Partikeln segelt auf die Tischplatte hinab. »Prostitution ist würdelos«, zischt sie. »Es macht Frauen zu bloßen Objekten.«

»Sag das einer Frau, die für dreizehn Euro die Stunde die Klos am Bahnhof putzt«, sagt Daria und verschränkt die Arme. »Glaube mir, ich entscheide sehr genau, was ich machen will und was nicht. Noch keine Sekunde habe ich bei meinem Job das Gefühl gehabt, Objekt oder eine *Ware* zu sein. Es sind immer nur Leute wie du, die mir dieses beschissene Gefühl einimpfen möchten. Aber nie meine Kunden. Die schätzen und mögen mich für meine Arbeit.«

»Ficken ist keine Arbeit«, sagt Martin wütend, und das ist der Moment, als sich Daria erhebt. Zeit, das unerfreuliche Gespräch zu beenden.

»Und wir haben dich ganz naiv für eine völlig normale Sozpäd-Studentin gehalten!«, ruft Martin ihr noch hinterher.

Aber da ist Daria schon in ihrem Zimmer verschwunden.

*

Lauter gestählte Taucher auf der Terrasse. Und dazwischen Benedikt und sein Daueranhängsel Sarah, die ihm eine gegrillte Traube in den Mund schiebt, als wäre er ein Kleinkind. Manchmal wird Pauline richtig wütend auf Sarah. Dabei ist es toll, dass Benedikt Sarah hat. Und natürlich weiß Pauline, dass sie projiziert. Aber sie steht einfach nicht auf Abhängigkeitsbeziehungen. Wenn sie beobachtet, wie Sarah Benedikt ein Haar aus dem Gesicht schiebt, möchte sie am liebsten laut schreien. Dabei gilt ihr Zorn etwas völlig anderem. Aber im Moment hat Pauline sowieso ganz andere Sorgen. Die Lage ist zu ernst und sie hat absolut keine Lust, Daria kurzfristig abzusagen. Während die Eltern leise in der Küche diskutieren, verzieht sie sich ins Bad, sperrt ab und ruft Hakim an.

»Ich dachte schon, dass du dich gar nicht mehr meldest, Liebste. Wie läuft die Party bis jetzt? Passt es, wenn ich um 17 Uhr komme?« Ein warmes Gefühl schwappt von Paulines Haarspitzen hinunter zu ihren Füßen. Dass sie und Hakim zusammengekommen sind, ist wie ein Wunder. Aber klar, er verbringt so viel Zeit mit Benedikt … wahrscheinlich war es unausweichlich, dass auch sie beide sich näherkamen. Vor drei Monaten hat sie ihn abends mit dem Auto nach Hause gebracht und vor dem Aussteigen hat er sie ganz plötzlich geküsst. Ihr gestanden, dass er seit der fünften Klasse heftig verliebt in sie ist. Da hat Pauline laut lachen müssen. Etwas mit dem besten Freund des kleinen Bruders anzufangen, wäre ihr bis dahin nicht im Traum eingefallen. Warum eigentlich hat sie sich diesen Gedanken immer verboten? Weil Hakim zwei Jahre jünger ist als sie? Vielleicht. Vielleicht auch, weil seine Eltern aus Syrien stammen. Irgendein hartnäckiges Vorurteil hat ihr eingeflüstert, dass er eine Muslima zur Freundin will – und ganz bestimmt keine zwei Jahre ältere Feministin.

Dass sie zusammen sind, haben sie weder Benedikt noch ihren Eltern gesteckt. Die Situation ist kompliziert genug, aber durch die neu entstandene Vertrautheit kamen sie endlich ins Reden. Mal über die wirklich wichtigen Themen. Zum Beispiel Benedikts 18. Geburtstag und seinen sehnlichsten Wunsch. Erst da hat Pauline kapiert, dass New York in Wahrheit nur zweite Wahl ist. Dass es etwas ganz anderes ist, das ihr Bruder möchte.

Gemeinsam mit Hakim hat sie dann Daria gesucht – und gefunden.

»Ich musste es meiner Mutter beichten«, erklärt Pauline zerknirscht. »Sie hat Kopfschmerzen und den Restaurantbesuch für heute Abend abgesagt. Also ging es nicht anders, als sie in unseren Plan einzuweihen. Leider.«

»Scheiße!« Hakim schweigt betroffen. Wahrscheinlich geht ihm in diesem Moment die Frage durch den Kopf, wie er Benedikts Eltern in Zukunft begegnen soll. Schließlich war es *seine* Idee, ihm zum 18. Geburtstag Sex zu schenken. Pauline scheint seine Gedanken lesen zu können. »Ich habe übrigens behauptet, dass die Idee von uns beiden kam!«, tröstet sie ihn. »Aber irgendwie macht es das auch nicht besser.«

»Wie haben sie reagiert?«, fragt Hakim beklommen.

Pauline ringt sich ein unglückliches Lachen ab. »Meine Mutter hat mich für verrückt erklärt und gefragt, ob wir auch Sarah eingeweiht haben«, sagt sie. »Ich zitiere: Ich dulde keine Prostituierte in meinem Zuhause.«

»Und euer Vater?«, fragt Hakim. Bei ihm läuft leise arabische Musik, Pauline kann es ganz deutlich hören.

»Keine Ahnung. Mama diskutiert gerade mit ihm in der Küche. Auf keinen Fall kann Daria herkommen, wenn meine Mutter im Nebenzimmer Nele Neuhaus liest. Das funktioniert einfach nicht. Da geht doch jede Erotik augenblicklich flöten.«

»Wer ist Nele Neuhaus?«

»Vergiss es. Es geht um ihre bloße Anwesenheit. Eltern sind ein natürlicher Libido-Killer.«

Sie schweigen nachdenklich. Sie beide hatten ihr erstes gemeinsames Mal kurz nach Hakims Kuss, in Paulines Wohnheimzimmer. Ein ganzes Wochenende lang sind sie nicht aus dem Bett gekommen. Im gleichen Bett haben sie den Plan mit dem Geschenk für Benedikt ausgeheckt.

15 Uhr

Daria betrachtet ihren Körper im Spiegel, während sie über imaginäre Anhöhen joggt. Sport ist ihr wichtig, sie geht fast jeden Tag aufs Laufband. Sie braucht Bewegung als Ausgleich für das viele Herumgesitze an der Uni. Und natürlich will sie sich für ihre Kunden in Form halten. Sie möchte, dass sie sich gut anfühlt und ein schöner Anblick ist. Langsam läuft ihr der Schweiß über den Rücken. Danach wird sie noch in die Sauna gehen. Heute Abend hat sie einen Termin, Wohngegend in der Südstadt. Vermutlich wird sie die Öffentlichen nehmen. Ihr fällt Martins hartes Urteil ein. Er war fast noch strenger mit ihr als Sassi. Dabei sind es vor allem Männer, die nach den Diensten von Daria und ihren Kolleginnen fragen. Vielleicht ist es das Testosteron. Ein Kunde hat ihr beschrieben, dass er zuletzt gar nicht mehr normal denken konnte. Als hätte sich etwas in ihm angestaut, das endlich ein Ventil finden musste. Klar, romantisch ist das nicht, hier geht es rein um biologische Fakten. Aber natürlich gibt es auch die anderen Kunden. Die gar nicht unter Hormonstress leiden, sondern einfach nur menschliche Nähe möchten. Offen für Experimente sind, ihre unentdeckten erogenen Zonen erforschen wollen. Damit kennt Daria sich bestens aus, es gibt unzählige hochsensible Stellen am Körper. Die meisten wissen überhaupt nichts davon. Als ginge es nur um rein und raus. Wer diese Vorstellung von Erotik hat, ist bei Daria sowieso an der falschen Adresse.

Ihr Handy geht. Hoffentlich keine Absage für heute Abend. Aber es ist ihre Mutter. Daria hat ihr nach dem Streit mit der WG direkt eine Nachricht geschickt, aber erst jetzt kommt diese dazu, zurückzurufen.

»Entschuldige, Papa und ich waren bis eben auf dem Markt.«

Daria stoppt das Laufband. »Dieser bescheuerte Hurenpass!«, sagt sie leise. »Das ist einfach voll stigmatisierend. Die beiden sind regelrecht ausgeflippt.«

Natürlich heißt der bürokratengrüne Wisch nicht wirklich Hurenpass, sondern *Anmeldebescheinigung für das Prostitutionsgewerbe.*

»Sie haben so übel reagiert«, erzählt Daria. »Kann sein, dass ich eine neue Bleibe brauche.«

»Konntest du es ihnen nicht erklären?«, fragt ihre Mutter und klingt wie früher, als sie Daria getröstet hat, wenn diese Zoff mit ihren besten Freundinnen hatte. »Das sind doch junge, aufgeklärte Menschen.«

Daria schnappt sich ihr Handtuch und geht zum Wasserspender hinüber. »Ich hatte einfach keine Lust, mich zu rechtfertigen, Mama. Selbst wenn ich in meiner Freizeit ein Domina-Studio betreiben würde, könnte es denen egal sein. Das ist einfach meine

Sache, und solange ich pünktlich die Miete bezahle, geht es sie gar nichts an, was ich beruflich so mache.«

»Hast du am Wochenende denn Kundschaft?«, fragt ihre Mutter.

Daria beugt sich über den Wasserspender und trinkt. Erst danach beantwortet sie die Frage. »Ja. Heute Abend in der Südstadt. Ein junger Mann feiert seine Volljährigkeit!«

Die Mutter macht ein überraschtes Geräusch. »Alle Achtung. Die lassen es ja krachen. Bist du etwa ein Geschenk?«

Daria lacht. »Sozusagen. Die ältere Schwester und der beste Freund zahlen. Morgen am späten Nachmittag bin ich übrigens ganz bei euch in der Nähe. Ein Kunde in der Kiebitzstraße. Kann ich danach zum Abendessen vorbeischauen? Guckt ihr Tatort?«

»Papa und ich freuen uns! Es gibt Spaghetti Bolognese. Viel Erfolg heute Abend. Den Geburtstag wird der Junge bestimmt niemals vergessen.«

Daria legt auf. Die lieben Worte ihrer Mutter haben gutgetan. Plötzlich ist der ganze Ärger verschwunden. Sie freut sich auf einmal richtig auf den heutigen Abend. Ist doch toll, ein heiß ersehntes Geschenk zu sein. Und Benedikt wirkte am Telefon unglaublich sympathisch. Kurz haben sie vorgestern miteinander gesprochen, er weiß also Bescheid. Und ganz bestimmt kann er heute an nichts anderes denken.

17 Uhr

Schon wieder hat sich die halbe Familie in der Küche versammelt. Als sei das der neue Ort für Krisengespräche. Hakim steht mit etwas schuldbewusstem Gesicht da und Pauline kratzt die Reste des Kartoffelsalats aus der Schüssel. Wenn sie aufgebracht ist, muss sie essen. Seit heute Morgen futtert sie sich hemmungslos durch den Tag.

»Wann überreichen wir eigentlich die Torte und unseren Gutschein für die Reise?«, fragt Paulines Vater, als wolle er das leidige
Thema elegant wechseln. Bedrückt starren alle vier auf die Freiheitsstatue. Noch hat Benedikt das Konditoren-Kunstwerk nicht gesehen. Sie haben vereinbart, dass sie die Torte gemeinsam überbringen.

»Wo sind denn überhaupt Felix und Sarah?«, fragt Hakim.

»In Benedikts Zimmer. Sie schauen zusammen Thor«, erzählt
Pauline.

Hakim ist über die offene Terrassentür ins Haus geschlichen. Benedikt hat noch gar nicht mitbekommen, dass sein bester Freund
da ist. Ja, sie sollten mal langsam die Kerzen auf der Torte ent-
zünden und ihm sein Geschenk überreichen. Wie bescheuert, eine
Hamburg-Reise zu bekommen, wenn auf dem Kuchen die Freiheitsstatue thront. Hoffentlich hält sich Benedikts Enttäuschung
in Grenzen.

»Thor? Ich dachte, der ist ab 12?«, sagt Hakim. »Bekommt Felix
da keine Albträume?«

Paulines Mutter schüttelt resigniert den Kopf. »Das auch noch.
Mein jüngster Sohn schaut mit seinem Bruder Filme, die nicht für
sein Alter freigegeben sind. Und meine Tochter verwandelt mein
Elternhaus in ein Bordell. Zum Glück müssen Oma und Opa das
nicht mehr erleben.« Sie sieht Pauline vorwurfsvoll an und lässt
sich erschöpft neben ihren Mann auf die Küchenbank fallen. Die
Großeltern sind vergangenes Jahr kurz hintereinander gestorben.
Sie haben sehr damit gehadert, dass das komplette Haus in den
letzten paar Jahren von Paulines Eltern von Grund auf umgebaut
wurde. Aber natürlich hatten sie Verständnis dafür. Bei jemandem
wie Daria hätte aber vermutlich auch die Toleranz der Großeltern
ihre Grenzen.

»Sagst du Felix, dass er den Film nicht anschauen darf?« Paulines Mutter legt für einen kurzen Augenblick ihre Hand auf das Knie des Vaters. Wie auf Befehl steht er auf.

Pauline nutzt den Moment, um wieder das Thema zu wechseln. Sie müssen das jetzt ein für alle Mal klären. In zwei Stunden steht Daria vor der Tür. Dann können sie sie unmöglich wieder nach Hause schicken.

»Ach ja, Papa. Und Benedikt kannst du dann direkt auch mitteilen, dass er den heutigen Abend doch alleine verbringen wird. Dass wir Daria wegen euch wieder ausladen müssen.« Dann versucht sie es eben mit emotionaler Erpressung. Das hat auch funktioniert, als sie für ein halbes Jahr als Au-pair nach Frankreich wollte.

»Daria?«, sagt der Vater und setzt sich wieder. Er sieht irgendwie fertig aus. Als hätte er seit Jahren nicht mehr richtig geschlafen.

Endlich hat Benedikts Geschenk einen Namen, aus seinem Zimmer hören sie Sarah laut lachen.

Pauline zückt ihr Handy. Sie öffnet die Internetseite von Daria. Es gibt dort ein Foto von ihr. Sie sieht hübsch, aber durchschnittlich aus, unspektakulär, ein bisschen wie die nette Bedienung in der Eisdiele, vorn an der Ecke.

»Oh, da hatte ich aber ein ganz anderes Bild vor Augen ...«, gibt Paulines Mutter unumwunden zu. Sie schiebt sich interessiert die Brille auf die Nase. Liest Darias Selbstbeschreibung. Was sie anbietet und was nicht. »150 Euro die Stunde?« Sie sieht erst ihre Tochter an, dann Hakim. »Da habt ihr aber ganz schön tief in die Tasche gegriffen.«

Hakim wird rot. Pauline weiß, er hat dafür mehrere Extraschichten an der Tanke gemacht. Nur um seinem besten Freund das erste Mal zu spendieren.

Auch Paulines Vater beugt sich jetzt über die Seite. »Sieht doch ganz adrett aus«, ist das Einzige, was ihm dazu einfällt.

Ein kurzes Schweigen entsteht im Raum. Jeder ist in seinen eigenen Gedanken, Widersprüchen und Wünschen gefangen. »Komisch«, sagt Paulines Mutter auf einmal. Sie starrt die Freiheitsstatue auf der Torte an. »Irgendwie erinnert mich das an einen Phallus.«

Fassungslos schauen Pauline und Hakim auf. Dann flutet kollektives Lachen die Küche. Es ist Pauline gar nicht aufgefallen, aber ihre Mutter hat recht. Irgendwie passt die Deko auf völlig absurde Weise zum Thema des Tages. »Ihr habt mich überredet«, sagt Paulines Mutter mit einem Seufzen. »Ich nehme jetzt eine Ibuprofen, und dann überbringen wir diese Torte. Danach erklärt ihr mir, wie der weitere Abend verläuft. Und vor allem, was wir mit Sarah machen.«

*

Daria steht vor ihrem Kleiderschrank. Benedikt hat ihr am Telefon gesteckt, dass er eine natürliche Ausstrahlung mag. Also nicht zu viel Schmuck, und nicht zu viel Make-up. Sie entscheidet sich für Jeans und ihre weiße Lieblingsbluse. Ihr langes, flachsblondes Haar bindet sie zu einem Knoten zusammen.

Es klopft zaghaft. Sassi schiebt sich durch die angelehnte Türe.

Schweigend setzt sie sich auf Darias Bett, starrt sie minutenlang einfach nur an, während Daria ihre Frisur noch einmal neu richtet. Zu streng. Lieber ein Pferdeschwanz und ein bisschen Lipgloss.

»Ich könnte das nicht«, sagt Sassi. Es klingt gleichzeitig bewundernd und wie ein Vorwurf.

»Das musst du ja auch nicht«, sagt Daria und dreht sich zu ihr um. Geht in die Knie, jetzt sind sie wieder auf Augenhöhe. Für einen Moment spiegelt sich Daria in Sassis moosgrünem Blick. »Dafür gibt es ja mich. Ich mag Menschen und Körper und Nähe. Und ich liebe diesen Job. Wenn ihr findet, dass ich deshalb ausziehen soll, bitte.«

Sassi kaut auf ihrer Unterlippe herum. »Weißt du, ich war auf so vielen Demos gegen Sexarbeit. Es ist einfach schrecklich, wenn Frauen so etwas machen müssen.«

Daria nickt. »Ja, wenn sie es machen *müssen*, ist das wirklich schlimm«, macht sie ein Zugeständnis. »Aber akzeptiere, dass das Leben nicht nur aus schwarz-weiß besteht. Sonst fallen Frauen wie ich nämlich durch dein sehr enges Raster.«

»Ich muss drüber schlafen«, sagt Sassi verwirrt. »Wäre echt blöd, wenn du deshalb wieder ausziehen würdest.«

Daria nickt. »Finde ich auch. Aber ich bleibe nur, wenn Martin sich bei mir entschuldigt. »*Ficken ist keine Arbeit?* Hallo? Und das sagt einer, der viel mehr als sechs Wochen bezahlten Urlaub hat!«

Jetzt müssen sie beide doch noch laut lachen.

18 Uhr

»Felix, du lässt Benedikt und Sarah jetzt noch ein bisschen alleine!«, zitiert Paulines Mutter den kleinen Bruder zu sich. »Außerdem musst du dich noch umziehen. In dem Fußballshirt nehmen Papa und ich dich nicht mit zum Italiener.«

Pauline bemerkt, wie irritiert Benedikt seine Mutter mustert. Wahrscheinlich checkt er in diesem Moment, dass sie es weiß. Im Wegrennen lässt Felix einen Luftballon platzen. Auch Hakim steht wie auf Kommando auf und fegt die Krümel der Torte zusammen.

Nur noch ein kümmerlicher Rest ist übriggeblieben. Darauf prangt stolz und erhaben die Freiheitsstatue. Daneben der Gutschein des Stage Theaters am Hamburger Hafen. Die ganze Familie wird dort »Der König der Löwen« gucken. Außerdem liegt auf dem Tisch der Prospekt vom Stadthaushotel. Nicht ganz das Plaza in New York. Aber wegen des *Budgets* muss man eben Abstriche machen. Die Freiheitsstatue kommt Pauline auf einmal völlig deplatziert vor. Hätten sie besser mal die Elbphilharmonie in Auftrag gegeben. Aber sie kann sich nicht erinnern, dass Benedikt jemals von Hamburg geträumt hat. Sarah verschwindet aufs Klo.

»Geht ihr jetzt etwa alle?«, unterbricht Benedikt Paulines Gedanken. Auf einmal wirkt er nervös. »Es hieß doch, sie würde erst um 19 Uhr kommen!«

Pauline lächelt. Es rührt sie, dass Benedikt seit heute Morgen so aufgeregt ist. Sie weiß nicht, ob auch die anderen es wahrgenommen haben. Seit er vor zwei Tagen das kurze Telefonat mit Daria hatte, ist er wie ausgewechselt, wie elektrisiert. Ihr kommt es so vor, als könnte sie seinen beschleunigten Herzschlag als Widerhall an den Wänden spüren.

»Du hast doch keine Angst?«, fragt Hakim unsicher.

Benedikt runzelt die Stirn. »Was mache ich, wenn es krampfig wird oder wir uns doch nicht verstehen?«

Pauline zuckt mit den Schultern. »Dann schickst du sie wieder nach Hause. Ihr Geld bekommt sie so oder so.« Sie lächelt. »Aber im Ernst. Das ist doch das Gute: Wenn du merkst, dass die Chemie zwischen euch beiden nicht stimmt, dann brich es ab. Alles deine Entscheidung.«

»Ja«, beteuert Hakim. »Du musst dich nicht genötigt fühlen, uns zuliebe lebensverändernden Sex zu haben. Aber wehe, du schickst sie weg, um ungestört Thor zu Ende zu gucken. Das würden wir dir niemals verzeihen.«

Pauline sieht sich im Raum um. Sie hat extra Kerzen und eine Duftlampe gekauft, außerdem eine Playlist mit Benedikts Lieblingsliedern gebastelt. Gehört alles zu ihrem Geschenk.

»Welches Duftöl willst du lieber?«, fragt sie ihn. »Moschus oder Vanille?«

»Vanille«, murmelt Benedikt. »Moschus wird aus dem Sekret von Hirschen hergestellt. Das setzt mich nur unnötig unter Druck. Gib es besser Hakim, er wirkt in letzter Zeit irgendwie *brünftig*.«

»Sehr witzig!« Hakim wirft Pauline einen ertappten Blick zu. Ahnt Benedikt womöglich etwas?

Sarah kommt zurück und räumt ein paar der Luftschlangen zur Seite. Die Jungs vom Tauchclub haben Luftballons und Girlanden in Benedikts Zimmer verteilt. Komplett über die Längsseite des Raumes hängt ein riesiges Banner: »MC Diver – endlich 18!« steht in fetten roten Buchstaben darauf, daneben Benedikts Silhouette. Pauline findet das geschmacklos. Aber Benedikt hat darüber gelacht und will nicht, dass sie es wieder abmacht.

*

Daria macht sich auf den Weg, auch wenn sie zu früh ist. Sie wird noch eine Runde durch den Stadtpark drehen, die Enten am Wasser füttern und den aufdringlichen Duft der Rosen einatmen. Die stehen gerade in voller Pracht. Sie ist erleichtert, dass Sassi einen Schritt auf sie zu gemacht hat. Vielleicht scheitert ihre WG ja doch nicht an diesem albernen Hurenpass. Sowieso würde sich Daria selbst niemals als Hure bezeichnen.

19:30 Uhr

Hakim ist vor Verlegenheit knallrot geworden und Felix kichert.

»Wie habt ihr es gemerkt?«, fragt Pauline und knabbert an ihrer Pizza Calzone.

»Also, so blind sind wir nun auch wieder nicht«, sagt ihre Mutter kopfschüttelnd.

»Ihr jungen Leute glaubt wohl wirklich, wir Alten sind alle bescheuert«, fällt ihrem Vater nur dazu ein. »Auf jeden Fall schön, dass ihr beide ein Paar seid. Habt ihr es Benedikt schon gebeichtet?«

Pauline sieht Hakim schuldbewusst an. Nein, bislang war ihre Liebe ihr Geheimnis. Sie wollten Benedikt nicht irritieren. Keiner von beiden weiß, wie er die Neuigkeit aufnehmen wird. Könnte sein, dass er Angst hat, Pauline oder Hakim oder beide zu verlieren. Trotzdem: Pauline ist mega erleichtert, dass die Eltern es wissen. Endlich hat das Versteckspiel ein Ende, und morgen sagen sie auch Benedikt Bescheid. Sie fand es toll, dass ihre Mutter vorhin kurzerhand entschieden hat, dass Hakim und auch Sarah mit zum Italiener kommen. Daria hat zugesichert, dass niemand von ihnen im Haus bleiben muss. Sie hat die Handynummer der Eltern für Notfälle – in weniger als zehn Minuten können sie zu Hause sein. Aber Pauline ist sicher, dass kein Anruf kommen wird. Benedikt und Daria werden ihre zwei Stunden genießen.

Wirklich nett hat Daria gewirkt. Nett und erfahren. Sie hat Sarah direkt alle wichtigen Fragen gestellt, wusste sowieso umfassend Bescheid, ist mit erstaunlicher Selbstverständlichkeit auf Benedikt zugegangen. Auf einmal hat sich alles völlig normal angefühlt. Sogar ihre Eltern haben sich respektvoll über Daria geäußert und ihr im Treppenhaus kurz die Hand gereicht.

Unter dem Tisch tastet Hakim nach Paulines Fingern. *Das haben wir gut hingekriegt*, sagt seine Berührung. Und ja, das findet Pauline auch.

*

Daria lässt ihre weiße Bluse zu Boden gleiten und zieht ihren fliederfarbenen BH sehr langsam aus. Schlüpft aus Jeans und Slip, ihr Haar fällt ihr über die Schultern. Nackt steht sie jetzt neben Benedikts Bett, die letzten dreißig Minuten haben sie sich erst mal ein bisschen kennengelernt und miteinander gesprochen. Benedikt war zu Beginn noch ziemlich aufgeregt, aber inzwischen wirkt er absolut entspannt und sieht sie sehnsüchtig an. Er liegt erwartungsvoll da, mit einem ungläubigen Lächeln. Daria steigt zu ihm ins Bett, gleitet unter die Decke, schmiegt sich warm an ihn, und ihm entweicht ein erleichtertes Seufzen. Ihre eine Hand wandert über seine Brust, die andere betastet sanft seinen Nacken. Schön ist das mit den Kerzen, die seine Schwester überall aufgestellt hat. Richtig romantisch. Es riecht außerdem wie in einer Konditorei. Nach Vanille und Geborgenheit. Die Jalousien sind heruntergezogen, die Abendsonne taucht alles in ein goldenes Licht. Im Hintergrund läuft Musik, Alicia Keys singt davon, wie magisch New York ist.

»Bist du New-York-Fan?«, fragt Daria leise. Ihr Blick fällt auf die Reste einer Torte. Eine Freiheitsstatue ragt daraus empor.

Benedikts Augen leuchten. »Ja, ich wollte immer dahin. Aber das ist einfach zu aufwendig und teuer. Dafür fahren wir in ein Hotel nach Hamburg und schauen uns ein Musical an.«

»Klingt doch auch gut!« Einer von Darias anderen Kunden war kürzlich ebenfalls in Hamburg. Im Stadthaushotel, bestimmt haben das Benedikts Eltern auch gebucht. Überall in Benedikts Zimmer hängen Girlanden und Luftballons herum – und ein auffälliges Banner. »MC Diver – endlich 18!« Man sieht die Silhouette eines Jungen in einem Rollstuhl – beide im Sturzflug. Ganz klar soll das Benedikt sein. Als wäre er ein Superheld und mit seinem Rollstuhl verwachsen.

Benedikt bemerkt ihren Blick. Erzählt ihr ziemlich gefasst, dass es ein Sprung von den Klippen war, der vor knapp vier Jahren drei seiner Halswirbel zertrümmert hat. Querschnittslähmung, er ist seither vom Hals abwärts gelähmt, kann noch nicht mal die Hände bewegen. Seitdem verbringt Benedikt viel Zeit in diesem speziellen Krankenbett, wird rund um die Uhr von der Familie und 24-Stunden-Pflegekräften wie der 40-jährigen Sarah umsorgt, hat hier große Teile seiner Pubertät verlebt und wird in solch einem Spezialbett altern. Außer, die Medizin macht Fortschritte, die ihn in ein aufrechtes Leben zurück katapultieren. Daria fängt an, Benedikts Schultern sanft zu massieren. Sie küsst seine Schläfe. Erkennt Verlangen in seinem Blick. Daria denkt an den hässlichen Streit heute Morgen zurück. Dass Martin sie Nutte genannt hat. *Sexualassistentin* ist die geläufige Bezeichnung für ihren Job. Sie selbst nennt sich gerne *Berührerin*, weil es das ist, was sie in erster Linie macht. Sie spricht und streichelt und berührt, versucht ihren Kunden für ein, zwei Stunden ein bisschen Normalität zu verschaffen. Das Bedürfnis zu befriedigen, ein fühlender Mensch zu sein mit einem natürlichen Begehren, wie jeder andere auch. Körperlich behindert sind all ihre Kunden – darauf hat sich Daria spezialisiert. Die Sehnsucht nach Zärtlichkeit und menschlichem Kontakt ist bei allen völlig intakt und kennt keine Behindertengrade.

Daria legt sich sachte auf Benedikt, weil er sie darum gebeten hat. Ihr Kopf ist auf seine Brust gebettet, sie hört sein Herz galoppieren. Dann rückt sie ein Stück höher und knabbert sanft an seinem Ohr. Daria hat es selbst erlebt, dass Kunden Orgasmen hatten, weil sie am Ohr berührt wurden. Das Gehirn kann umprogrammiert werden und Gerüche, Musik, visuelle Reize können zu psychogenen Erektionen führen. Die nächste Stunde werden sie zwei nutzen, um herauszufinden, worauf Benedikt reagiert. Er seufzt tiefenentspannt. Darias Lippen streifen jetzt seine Stirn, wandern an seiner Schläfe hinab und küssen seine Halsbeuge. Er riecht gut, Daria stützt sich auf ihrem Ellenbogen ab. Für einen intensiven Moment treffen sich ihre Blicke.

»Nett von deiner Schwester und deinem Freund, dir das hier zu schenken«, flüstert Daria und ihre Fingerspitzen berühren wieder Benedikts Brust.

»Hakim ist doch dein Freund? Oder der deiner Schwester?«

»Beides«, murmelt Benedikt und klingt ganz weit weg. Als würde er sich innerlich auf einen fernen Planeten beamen, auf dem es unbegrenzte Möglichkeiten und keine Barrieren gibt. Er schließt die Augen. »Aber sie wissen nicht, dass ich es weiß. Ich muss also total überrascht tun, wenn sie es mir demnächst eröffnen.« Sie und Benedikt lachen befreit. Daria schließt ebenfalls die Augen. Sie wird auch überrascht tun, wenn Sassi und Martin ihr morgen eröffnen werden, dass sie trotz ihres Jobs weiter bei ihnen wohnen darf. Und dann wird sie sich an Benedikts Lachen erinnern.

Benni Cullen ist Podcaster, Buchblogger und Lehrer. Wenn er nicht gerade in der Schule ist, um seine Schüler:innen fürs Lesen zu begeistern oder in seinem Podcast »Schule, Bücher & Wir« über Leseförderung und -motivation zu sprechen, versinkt er selbst gerne in romantische, lustige, fantasievolle und packende Geschichten. Er lebt mit seinem Mann und seinen Katzen Coco und Louis in Nürnberg.

Benni Cullen

Let's go home together

1. Let's go

»Bitte sag mir, dass du nicht zum fünfhundertsten Mal über *Romeo und Julia* und die wahre Liebe nachdenkst.« Ertappt drehte ich mich um. Meine beste Freundin Franzi stand im Türrahmen meiner Mini-Schneiderei, die gefüllt war mit allen möglichen Kostümen der letzten Jahre, dabei aber nur ein winziges Kellerfenster hatte, durch das kaum Luft in den Raum drang. Aber ich liebte diesen Geruch nach Kostümen von längst vergangenen Stücken. Ich saß gerade auf dem Boden und durchwühlte meine Skizzen für die neue Inszenierung des queeren Theaters. Immerhin war ich alleine für die Kostüme verantwortlich.

»Julian, dein Engagement in allen Ehren, aber es ist Samstagabend, die Vorstellung heute ist längst vorbei und du bist gerade 18 geworden. Findest du nicht, wir sollten mal raus und na ja … feiern?«

»Was denn feiern? Ich habe immer noch nicht *die* Idee für das Julia-Kostüm.«

»Und das ist schlimm, weil …?«, wollte Franzi wissen.

»Julia quasi in zwei Wochen nackt dasteht, wenn mir nichts einfällt.«

»Oh.« Franzi spitzte die Lippen und zog die Augenbrauen nach oben. Sie tappte mit ihren Füßen auf den Boden und schien mich endlich zu verstehen. »Das ist natürlich … bedauerlich.« Bedauerlich. Bei dieser Beschreibung musste ich lachen.

Ich arbeitete seit drei Jahren ehrenamtlich für das queere Theater unserer Stadt. In meiner Ausbildung zum Maßschneider musste ich oft klassische Modelle entwerfen und schneidern. Hier im Theater war das anders: Ich durfte meiner Kreativität freien Lauf lassen. Dirk, der Regisseur und Leiter der Inszenierungen, ließ mich völlig frei arbeiten. Nur selten hatte er wirklich konkrete Vorstellungen, meistens vertraute er meinen Einfällen. So auch beim Stück für die kommende Saison: Romeo und Julia.

Mich faszinierte die Geschichte seit jeher, auch wenn mein kitschiges Herz nach einem Happy End dürstete – aber gab es eine Liebesgeschichte mit perfektem Happy End überhaupt? Und wäre man mit einem solch perfekten Ende wirklich glücklich bis in alle Ewigkeit?

Ich verlor mich erneut in meinen Gedanken und Franzi warf mir wissend einen vorwurfsvollen Blick zu. Immerhin merkte ich es diesmal selbst. Ich grinste sie entschuldigend an. Es war wohl an der Zeit, wieder zum eigentlichen Thema zurückzukehren: dem Julia-Kostüm.

Okay, ganz so dramatisch, wie ich es Franzi verkauft hatte, war es nicht: Ich hatte immerhin eine Grundlage. Diese sah aber bisher eher mau aus: Der untere Teil bestand aus einer beigen Hose, die ballonartig auf den Boden fiel und schmaler wurde. Zwischen Hüfte und Füßen war so viel Stoff, dass es aus manchen Winkeln wie ein opulentes Kleid wirken konnte, was ich als passend für Julia empfand. Darüber platzierte ich ein Korsett, das nach oben hin in einen Halbkreis überging. Für das Oberteil hatte ich eine Art Rollkragenpullover genäht, der hauteng saß. Leider wusste ich nicht, was ich noch hinzufügen sollte, um Julia gerecht zu werden. Und genau das ärgerte mich: Denn ich war mir sicher, dass ich wissen würde, was fehlte, wenn ich es sehen würde. Diese eine Inspiration. Dieses gewisse Etwas. Ich nahm meine Unterlagen, stand auf und ging zu meinem Arbeitstisch.

»Die Idee kommt dir aber mit Sicherheit auch nicht in diesem Loch«, riss mich Franzi aus meinen Gedanken.

Ich schnappte entsetzt nach Luft.

Franzi hob beschwichtigend die Hände und machte ein paar Schritte auf mich zu. »Sorry, natürlich in diesem wunderschönen, glitzernden und absolut hinreißenden Loch. Aber Inspiration kommt nicht einfach so – man muss sie finden, richtig? Und was ist da besser als eine Nacht im coolsten Club der Stadt?«

»Ich weiß nicht«, stöhnte ich. Ja, ich liebte tanzen, mochte es, das Pulsieren der Beats in meinem Körper zu spüren, aber die Menge an verschwitzten Menschen, der Lautstärkepegel und der Alkoholdunst, der in der Luft lag – das alles war einfach absolut nicht mein Ding.

»Ach, komm, wir waren schon Ewigkeiten nicht mehr tanzen.« Franzi wackelte mit den Augenbrauen und grinste. »Außerdem lernst du dort ja vielleicht mal wieder jemanden kennen.« Ich sah Franzi zweifelnd an.

Das mit den Männern war etwas kompliziert bei mir. Es war nicht so, als gäbe es keine Möglichkeiten. Allerdings waren die meisten von denen, die ich kennenlernte, eher auf eine schnelle Nummer und zwanglosen Sex aus. Das war okay und ich wollte es auch nicht verurteilen, aber es war eben nichts, was ich mir wünschte. Andererseits würde ich auch niemanden für meine eigene Liebesgeschichte kennenlernen, wenn ich nicht auch hin und wieder rausging. Ich seufzte und richtete meine Aufmerksamkeit auf das Energiebündel vor mir. Ich spürte, wie etwas in mir nachgab.

»Na gut, aber nicht zu lang. Morgen ist Probe und ich muss die Kostüme noch anpassen.«

Franzi zog mich in eine stürmische Umarmung. »Danke, danke, danke! Du wirst es nicht bereuen, versprochen. Und du wirst schon sehen: Du findest deine Inspiration für das Julia-Kostüm – ganz sicher!«

Ich lachte auf. »Wer's glaubt …«

»… wird selig. Gut für mich.« Selbstbewusst zwinkerte sie mir zu. »Da wäre allerdings noch was …«, sagte sie und trat auf der Stelle.

»Was denn jetzt noch?«, fragte ich.

»Meinst du, es wäre möglich, dass wir uns ein paar der Teile hier ausleihen? Dieses Kleid da schreit quasi nach mir.« Sie zeigte auf einen schwarzen Zweiteiler, den ich für eine Rockabilly-Night im Sommer entworfen hatte. Ich grinste.

»Dann mal los.«

2. Home

Draußen empfing uns die kalte Novemberluft. Das queere Theater lag am Rande der Innenstadt und war nur wenige Gehminuten vom PRISM entfernt. Der Club galt als Safe Space für die Community und bestand schon seit mehreren Jahrzehnten.

»Ich fasse es einfach nicht, wie gut wir aussehen«, schwärmte Franzi und schaute an sich herab. Der schwarze Zweiteiler stand ihr wie eine Eins. Mit ihren lockigen braunen Haaren, den silberglitzernden High Heels und der Statementkette wirkte sie wie ein Superstar. Ich hatte mich ebenfalls für Schwarz entschieden. Meine Schlaghose umspielte meine Beine, der Clou war aber der Gürtel, der bis unter die Brust reichte und extravagant gewickelt war. Dazu trug ich ein schwarzes Hemd mit Krawatte und schwarze Boots mit Absatz. Meine kurzen blonden Haare hatte ich wie immer nach oben gestylt und meine Augen schwarz umrandet. Meine schlichte Crossbody-Tasche komplettierte das Outfit.

In großen Leuchtbuchstaben empfing uns das PRISM und strahlte dezent bunt – wie ein Prisma, das durch die Lichtreflexion kleine Regenbögen erzeugte.

Als wir dem Türsteher unsere Ausweise zeigten, konnte man schon die schallende Partymusik hören: ein Mix aus treibenden Beats und aktuellen Charthits. Ein Kribbeln machte sich in mir breit. Drinnen angekommen war es voll, die Stimmung war mitreißend und gar nicht so abstoßend, wie ich es noch vor einer Stunde befürchtet hatte. In der Mitte stand das kreisförmig aufgebaute DJ-Pult, um das die Menschen ausgelassen tanzten. In den Ecken befanden sich kleine Bars. Die Musik zog mich in ihren Bann und ich bewegte mich in Richtung Tanzfläche. Da spürte ich, wie mich etwas zurückhielt. Ich drehte mich um und sah Franzi, die mich zufrieden angrinste.

»Und du wolltest mir weismachen, dass das nicht dein Ding ist.« Ich lächelte sie schief an. Da hatte mich wohl jemand zum zweiten Mal an diesem Abend ertappt. Franzi grinste. »Ich hole uns was zu trinken, stürz dich doch schon mal in die Menge und hab Spaß.« Sie drückte meine Hand und war im nächsten Moment verschwunden.

Auf der Tanzfläche versuchte ich all meine Gedanken um das Julia-Kostüm in die hinterste Ecke meines Kopfes zu verdrängen. Ich schloss die Augen und genoss den Beat. Dieser zuckte regelmäßig durch meinen Körper und brachte mich in Bewegung. Augenblicklich konnte ich spüren, wie ich mich entspannte. Die Stimme der

Sängerin ging mir bis ins Mark. Ich sang mit, ohne darüber nach-zudenken, wer mich hören konnte oder wie ich aussah. In diesem Moment gab es nur mich und die Musik. Ich riss die Arme nach oben, bewegte sie zum Rhythmus des Dance-Tracks, drehte mich im Kreis und shuffelte leicht mit meinen Beinen.

Irgendwann – ich konnte nicht sagen, wie viel Zeit vergangen war – öffnete ich die Augen. Am Rande erkannte ich einen Jungen, der ebenfalls tanzte, mich aber zu beobachten schien. Ich drehte mich zu ihm und erstarrte. Mein Blick verfing sich in seinem und ich hörte sofort auf zu tanzen. Mein Herz rutschte eine Etage tie-fer. Der Blick des Jungen war freundlich und warm. Gleichzeitig aber auch … verführerisch. Konnte das sein? Ich spürte meine Wangen rot werden, als mir bewusst wurde, dass ich einfach nur da stand und ihn direkt ansah. Unsicher blickte ich mich um.

Lächelnd machte der Junge einen Schritt auf mich zu. »Äh, hi. Sorry, ich wollte dich nicht beim Tanzen stören. Du tanzt nämlich wirklich gut.« Das Kompliment kribbelte in meinem Bauch. Unsi-cher schaute ich auf den Boden. Plötzlich spürte ich eine sanfte Berührung auf meinem Handrücken. Ich sah auf. Für einen kurzen Moment war ich überwältigt und verlor mich in seinen Augen. Au-gen, die in allen Farben des Meeres leuchteten, in das ich tief ein-tauchen und mich treiben lassen konnte. Gleichzeitig versuchte ich mit aller Kraft ein Wort, irgendeinen Satz herauszubringen, was mir einfach nicht gelingen wollte.

Nach ein paar Sekunden grinste mich der Junge amüsiert an. »Ich heiße Ramon … und du?«, rief er mir über die Musik zu und drückte dabei sanft meine Hand.

»Äh, Julian …«, antwortete ich verlegen.

Ramon lächelte. Sein Haar schimmerte in den unterschied-lichsten Brauntönen und seine Locken umrahmten sein Gesicht.

Er hatte einen Drei-Tage-Bart und das schönste Lächeln, das ich jemals gesehen hatte. Er war groß, hatte ein breites Kreuz und trug eine dunkle Jeansjacke. Darunter konnte ich ein T-Shirt mit filigranen Stickereien erkennen, die seinen athletischen Körper betonten. Die Stickereien bestanden aus goldenen Fäden, die leicht schimmerten. Bevor ich mich aber weiter darauf konzentrieren konnte, beugte sich Ramon zu mir herunter. Ich spürte seinen heißen Atem an meinem Ohr.

»Schön, dich kennenzulernen, Julian. Darf ich mit dir tanzen?« Ramon rückte noch etwas näher und sofort umhüllte mich sein markanter, aber dennoch süßlicher Geruch nach Sandelholz. Ich spürte seine Finger an meinem Arm und lächelte unsicher.

Ramon zog mich näher an sich. »Tanz einfach so weiter, wie du es vorher gemacht hast. Ich bin gar nicht da«, flüsterte er mir wieder ins Ohr, was einen angenehmen Schauer auf meinem Rücken auslöste. *Wenn das nur so einfach wäre*, hätte ich am liebsten gesagt, doch ich versuchte mich darauf einzulassen. Ich begann, mich erneut zum Beat der Musik zu bewegen. Das Stück war etwas langsamer als das vorherige, weshalb ich nur allmählich in Bewegung kam. Ramon passte sich meinem Tempo an und verstand es, mir genug Raum zu geben, aber trotzdem ausreichend Nähe herzustellen, sodass ich ihn deutlich neben mir spürte. Gemeinsam bewegten wir uns im Einklang zum Beat, während Ramons Duft meine Sinne flutete.

Als ein neues Lied einsetzte, hob ich meinen Blick und tauchte sofort wieder in das Meer seiner Augen ein. Diese strahlten freundlich, waren aber auch voller Leidenschaft und Lust. Unsere Gesichter waren nur Millimeter voneinander entfernt. Ganz langsam strich ich mit einer Hand über seine Wange. Ramon legte einen Arm auf meine Hüfte und drückte unsere Unterkörper näher zusammen.

Mit der anderen Hand umfasste er meinen Kopf. Unsere Nasenspitzen berührten sich und ich merkte, wie er wartete, dass ich den nächsten Schritt machte. Ich nahm all meinen Mut zusammen und überwand die letzten Millimeter, bis sich unsere Lippen endlich berührten. Ramon seufzte erleichtert auf und erwiderte den Kuss. Ich spürte seine Bartstoppeln auf meinem glatten Gesicht und war wie berauscht. Wir flossen ineinander, für einen Moment vergaß ich alles um mich herum: die Musik, die Menschen, die Beats. Es gab nur noch Ramon und mich, mich und Ramon. Lodernde Hitze regte sich in meinem Inneren. Ramon fuhr zart mit den Lippen über meine. Eine Gänsehaut breitete sich über meinen ganzen Körper aus.

Viel zu schnell löste er sich von mir und ich blieb atemlos zurück. Ich hätte ihn am liebsten nie mehr losgelassen, doch dann drang die Musik wieder zu mir und ich blickte mich um. Franzi grinste mich zufrieden an und prostete mir mit zwei Getränken in der Hand zu. Neben ihr standen zwei Menschen, die ich nicht kannte, die mich aber ebenfalls anlächelten. Etwas beschämt sah ich Ramon an.

»Ich glaube, wir hatten Zuschauer:innen«, stellte er belustigt fest, schnappte sich meine Hand und ging auf Franzi zu. Ich wäre am liebsten im Erdboden versunken. Ich hatte gerade mit einer wildfremden Person mitten auf der Tanzfläche herumgemacht. Nicht, dass das im PRISM etwas Ungewöhnliches gewesen wäre, für mich war es das aber schon.

Ramon blieb vor den dreien stehen.

Franzi nahm mich in die Arme. »Als ich gesagt habe ›hab Spaß‹, dachte ich nicht, dass du es gleich so krachen lässt«, kommentierte sie mit einem Grinsen und drückte mir ein Getränk in die Hand, an dem ich nippte. Es schmeckte nach Zitrone und hatte eine bittere

Note. Moscow Mule. Unser Lieblingsgetränk. Ich nahm gleich einen größeren Schluck.

»Wir haben es gar nicht … also … das war nicht so …«, stammelte ich vor mich hin.

»Du brauchst euch nicht erklären, das war sehr offensichtlich …«, sagte die Person neben Ramon und grinste. Sein Blick war warm und freundlich und seine pinke Mütze fiel mir gleich auf. Das restliche Outfit war schlicht: Jeans und ein weißes T-Shirt. Ich mochte ihn sofort.

»Mein Name ist Jan, ich bin Ramons Mitbewohner. Meine Pronomen sind er/ihm.« Jan gab mir seine Hand, die ich schüchtern schüttelte.

»Ich bin Julian und das ist Franzi«, sagte ich und deutete auf meine beste Freundin.

»Oh, ja, wir haben uns gerade schon etwas unterhalten. Ich bin Luca und wohne ebenfalls mit Ramon zusammen. Ich benutze keine Pronomen.«

»Hi, schön dich kennenzulernen. Ich liebe dein Outfit«, antwortete ich und bestaunte den klassischen Anzug, der mit Artpop-Schriftzügen versehen war. Im Anschluss erklärte mir Franzi, wie sie auf der Suche nach mir auf Ramons Mitbewohner:innen traf und sie automatisch ins Gespräch kamen. Während der Erzählung sah ich mehrmals verstohlen zu Ramon. Ich sehnte mich nach seinen starken Armen und – ich gebe es ja zu – den rauen Küssen auf meinen Lippen. Ihm schien es ähnlich zu gehen.

Als ob Ramon Gedanken lesen könnte, fragte er: »Wollen wir kurz rausgehen?«

»Ja«, antwortete ich erleichtert und gab Franzi meinen inzwischen halbausgetrunkenen Moscow Mule.

Ramon ergriff meine Hand. Draußen angekommen gingen wir

zu einer kleinen Gasse direkt gegenüber dem Eingang. Wir lehnten uns entspannt an eine Hauswand.

»Das war … weird«, stellte er fest und konnte dabei sein Lächeln nicht verbergen.

»Das war's«, stimmte ich zu und schaute dabei überallhin, nur nicht in seine Augen – ich musste gerade Sätze herausbringen, da konnte ich mich nicht in seinem Blau verlieren. »Normalerweise mache ich so was nicht.«

»So was?«, hakte er nach.

»Na ja, so mit einem wildfremden Mann in einem Club rummachen«, versuchte ich mich zu rechtfertigen.

»War dir das zu viel? Das war nicht meine Absicht, ich wollte nicht, dass du dich …«

»Nein, es war mir nicht zu viel«, unterbrach ich ihn. »Es war genau richtig. Ich hab's mehr als genossen und würde es immer wieder tun.« Ich spürte, wie bei diesem Satz meine Wangen glühten.

»So, würdest du das?«, fragte Ramon grinsend. Ich nickte.

Er stieß sich von der Wand ab, lehnte sich mit einer Hand dagegen und baute sich vor mir auf. Mit der anderen berührte er zärtlich meine Wange und kam näher. Unsere Körper zogen sich an wie zwei Magnete. Langsam trafen sich unsere Lippen. Ich legte meine Hände um seinen Nacken und die Welt schien in den Hintergrund zu rücken. Der einzige Anker war Ramon und sein harter Körper, der mir Halt gab. Ich zog ihn näher an mich, falls das überhaupt möglich war. Die Küsse wurden fordernder, gieriger. Ein Stöhnen drang aus meinem Mund.

Plötzlich öffnete sich die Clubtür und eine lachende Menge trat heraus. Sofort wurde mir meine Umgebung wieder bewusst. Ich rückte von Ramon ab und sah ihn entschuldigend an. »Vielleicht suchen wir uns einen ruhigeren Ort?«, presste ich heraus.

Ramon schaute sich um und richtete sich etwas auf. Auch er schien seine Umgebung erst jetzt wieder wahrzunehmen. »Wir können natürlich zu mir, wenn du magst. Oder aber zu dir. Aber, also, fühl dich nicht gezwungen.« Unsicher blickte er von mir auf den Boden und griff sich in den Nacken.

Mein Puls trieb es bei dem Anblick in die Höhe. Ich dachte darüber nach. Ich hatte Ramon vor nicht mal einer Stunde kennengelernt. Vielleicht ließen wir es zumindest etwas langsamer angehen.

»Wir können gerne zu dir ... können wir davor aber etwas rumlaufen und ... ich weiß nicht ... quatschen?«, fragte ich verlegen.

»Klar, bis zu mir laufen wir eh etwas länger«, erklärte er erleichtert, als ob er froh war, dass mich seine Direktheit nicht komplett verschreckt hatte. »Außerdem tut uns wohl etwas Abkühlung ganz gut«, stellte er belustigt fest.

Die Erinnerungen an unsere Küsse lösten ein Kribbeln auf meiner Haut aus und ein wohliger Schauer überzog meinen Körper.

»Ist dir kalt? Hier, damit du nicht frierst.« Er zog seine Jacke aus und legte sie mir um die Schultern.

»Aber jetzt wird dir doch kalt«, gab ich zu bedenken und blickte auf seine nackten Arme, da er nur noch ein T-Shirt trug. Erneut fielen mir die filigranen Stickereien auf. Interessant. Diese Stickereien sahen aus wie ...

»Ich kann einiges ab, das macht mir nichts«, versicherte er mir und beendete damit meine abschweifenden Gedanken. Ich versuchte mich auf das Hier und Jetzt zu konzentrieren – da fiel mir ein, wo wir zuvor stehen geblieben waren.

»Ich würde gerne noch Franzi Bescheid geben, bevor wir gehen«, brachte ich geistesgegenwärtig hervor.

»Das ist eine gute Idee. Luca und Jan wollen bestimmt auch wissen, wohin ich gehe.«

Doch noch bevor wir loslaufen konnten, kamen uns die drei bereits lachend entgegen.

»Hey, da seid ihr ja«, sagte Jan und pikste Ramon in die Seite. »Wir wollen den Club wechseln, wollt ihr mit?«

»Ehm, also, wie soll ich sagen ...«, fing ich an, wusste aber nicht, wie ich den Satz beenden sollte: *Also, eigentlich wollen wir rummachen und eventuell sogar noch mehr und da ist so ein Club echt blöd für?* Das schien mir keine Aussage zu sein, die ich unbedingt treffen wollte.

Doch Ramon kam mir zu Hilfe. »Wir wollten etwas spazieren gehen. Ich bringe Julian dann nach Hause, wenn er mag.« Ramon sah mich fragend an.

Ich nickte.

»Spazieren gehen, so, so«, witzelte Luca.

Ramon blickte verlegen auf den Boden.

»Spazieren gehen, genau«, stimmte ich leise zu. Ob man mein rotes Gesicht wohl als Ampel benutzen konnte? Zumindest fühlte es sich so an.

»Na, dann habt mal viel Spaß«, sagte Franzi und nahm mich in den Arm. »Pass auf dich auf, Julian. Und melde dich, sobald du daheim bist«, flüsterte sie mir ins Ohr.

»Das mache ich. Dasselbe gilt für dich, okay?« Ich drückte sie noch einmal fest an mich. Franzi, Luca und Jan riefen sich ein Uber und winkten uns zum Abschied.

Ich sah Ramon an, der mir die Hand entgegenstreckte.

»Bereit?«, fragte er.

Noch nie fiel mir die Antwort auf diese Frage so leicht wie in jenem Moment.

Wir nahmen die kleine Gasse Richtung Innenstadt und gingen schweigend nebeneinanderher. Dabei waren unsere Hände ineinander verschränkt und ich trug immer noch Ramons Jacke, die intensiv nach ihm roch.

»Was machst du, wenn du nicht gerade im Club mit Typen rummachst?«, fragte er und stieß mich dabei leicht in die Seite.

Ich musste lachen. »Ich mache eine Ausbildung zum Maßschneider bei einer Schneiderei. Allerdings bin ich auch für die Kostüme im queeren Theater verantwortlich.«

»Cool, da war ich letztes Jahr und habe mir diese Krimikomödie angesehen. Und da hast du die Kostüme gemacht?«, fragte er erstaunt.

»Genau«, antwortete ich stolz. »Mit wem warst du dort?«, wollte ich wissen.

»Mit Kolleg:innen. Ich studiere Wirtschaftswissenschaften und arbeite nebenbei in einer Marketingagentur. Nicht so aufregend wie dein Job, aber mir macht es Spaß.«

»Das finde ich supercool! Ihr entscheidet ja quasi, wie ihr Dinge bewerbt – das hört sich für mich sehr interessant an.«

Diesmal stieß ich ihn leicht in die Seite.

Die Straße, auf der wir uns befanden, war durchzogen mit einzelnen Bäumen, die zu dieser Jahreszeit bereits alle Blätter verloren hatten. Wir blieben unter einem stehen, der mit Lichterketten behangen war. Unsere Blicke verfingen sich ineinander und ich spürte ein Kribbeln in meinem Bauch.

»Ich weiß noch etwas, das viel interessanter ist.« Ramon drückte mich sanft an den Baum und kam mir näher. Mein Mund öffnete sich wie von selbst und erneut trafen sich unsere Lippen. Erst zärtlich, dann immer intensiver und fordernder. Seine Finger lösten sich von meinem Gesicht und umfassten meine Taille. Ich schmiegte mich an seinen harten Körper. Jetzt, wo wir unbeobachtet unter einem Baum in einer Seitengasse standen, wurden unsere Küsse wilder, die Berührungen deutlicher. Er strich mit seiner Zunge über meine Lippen, knabberte an ihnen und suchte seinen Weg weiter von meinen Lippen, über meinen Hals und wieder zurück.

Ich nahm Ramons Gesicht in meine Hände. Wir sahen uns lange und intensiv an.

»Julian …«, flüsterte Ramon.

»Ramon …«, antwortete ich und küsste ihn erneut. Diesmal traute ich mich etwas mehr und tastete mich vor, berührte seine muskulösen Arme, strich über seinen Oberkörper, hinunter zu seinem Bauch, wo ich kurz verweilte.

»Darf ich?«, presste ich zwischen unseren Küssen hervor. Ich hob sein Shirt an.

Ramon nickte stumm und erschauderte, als meine Hände seine Haut berührten. Ich wanderte vom Bauch aus über seinen Rücken und erforschte seinen Oberkörper. Unsere Finger wollten nicht aufhören, den anderen zu entdecken.

Plötzlich hörten wir etwas zerspringen. Wir zuckten sofort zusammen und blickten hoch. Erst war nichts zu erkennen, doch im nächsten Moment kamen ein paar Typen lärmend und grölend aus einer angrenzenden Straße. Manche von ihnen blickten in unsere Richtung. Hoffentlich würden sie uns einfach ignorieren – erst kürzlich wurden queere Jugendliche in unserer Stadt angegriffen. Bei dem Gedanken erschauderte ich. Dort, wo ich vorher Wärme und Lust verspürte, breitete sich eisige Kälte aus.

Unsicher löste ich mich etwas von Ramon. »Vielleicht sollten wir wieder zum Spazieren zurückkehren.«

Ramon nickte. Fast wirkte es so, als ob er ähnliche Gedanken hatte wie ich. Er sah zu den Typen, die sich mittlerweile abgewendet hatten, und dann wieder zu mir. In seinem Blick schien ein Plan Gestalt anzunehmen. »Spazieren ist langweilig – lass uns lieber rennen«, sagte er und schnappte sich meine Hand. Überrascht lachte ich auf. Ramon zog mich durch die Straßen und ließ mich den Schreck sofort vergessen. Bunte Lichter, mal von Wohnungsfenstern, mal von der bereits installierten Weihnachtsbeleuchtung der Stadt, rauschten an uns vorbei. Wir lachten und Ramon entschied sich scheinbar völlig wahllos für die nächste Straße, in die wir dann einbogen. Dabei ließ er meine Hand nicht einmal los und blickte immer wieder zu mir. Vor uns lag ein steiler Weg, der zu einer Aussichtsplattform führte, die die Stadt überragte.

»Sag mir nicht, dass du da jetzt hochrennen willst?«

»Und wenn?«, fragte er amüsiert. »Wer als Erster oben ist.« Ramon ließ meine Hand los und beschleunigte sein Tempo.

Das wollte ich nicht auf mir sitzen lassen. Ich setzte mich ebenfalls in Bewegung und hatte nur ein Ziel: Ramon überholen.

»Mach schneller, du lahme Schnecke«, stachelte er mich an.

Ich beschleunigte noch einmal. Dabei lachte ich laut auf. »Du bist wahnsinnig.«

»Du willst ja nur nicht verlieren«, schrie er, doch ich war ihm dicht auf den Fersen.

Kurz vor der Treppe, die zur Plattform führte, schnappte ich Ramons Arm, zog ihn hinter mich und nahm die erste Stufe. »Gewonnen«, rief ich und reckte meine Faust in die Höhe.

»Aber nur, weil du geschummelt hast. Körperkontakt gilt nicht«, merkte Ramon süffisant an.

»Körperkontakt gilt immer«, gab ich ihm zu verstehen und schnappte nach Luft. Wir lehnten an den zwei Seiten des Treppengeländers und versuchten unseren Atem zu beruhigen.

»Und wohin geht's jetzt?«, wollte ich nach einigen Minuten durchatmen wissen.

»Na, nach oben«, antwortete Ramon absolut selbstverständlich.

»Echt? Warum? Warst du noch nicht oben?«, fragte ich erstaunt.

»Doch schon. Aber warst du dort schon einmal nachts?« Ich kramte in meinen Erinnerungen, aber es regte sich nichts.

»Nein – passiert da was Besonderes?«, hakte ich nach.

»Das wirst du jetzt mit eigenen Augen sehen«, sagte er und ging in Richtung Treppenaufgang. Ich schloss zu ihm auf und gemeinsam liefen wir zur Aussichtsplattform.

Oben angekommen griff Ramon nach meinem Arm und zog mich zu sich.

»Warte. Schließ die Augen«, forderte er mich auf und bedeckte sie zusätzlich mit seiner rechten Hand. »Gleich wirst du sehen, was du all die Jahre verpasst hast.« Er führte mich langsam über den Platz. Wenig später kamen wir zum Stehen. Vor mir spürte ich die kühle Mauer der Aussichtsplattform, hinter mir Ramon.

»Da wären wir. Bist du bereit?«

Ich nickte.

»Na dann. Drei …« Ramon drückte seinen Oberkörper gegen meinen Rücken,

»… zwei …«, legte den linken Arm um mich,

»… eins …«, und zog seine Hand zurück.

Ich öffnete die Augen und war sprachlos.

Die gesamte Stadt unter uns funkelte in einem warmen Weiß, die modernen Hochhäuser im Hintergrund ragten stolz in die Luft empor. Einzeln konnte man die kleinen Clubs erkennen, die mal mehr, mal weniger bunt strahlten und sogar das Logo des queeren Theaters konnte man in den Regenbogenfarben leuchten sehen. Doch das Beeindruckendste war die Stille, die die Stadt ausstrahlte.

Es schien, als wären keine Menschen unterwegs. Ramon lehnte seinen Kopf an meinen und verstärkte seinen Griff um meine Taille.

»Das ist also deine Masche?«, fragte ich amüsiert. »Typen in die Nacht entführen und ihnen diese Aussicht zeigen?«

»Funktioniert sie denn?« Ich konnte das Lächeln in seiner Stimme hören.

Ich zog die Augenbrauen nach oben. »Na ja, irgendwie schon«, sagte ich und musste lachen. Ramon stimmte mit ein.

»Wobei ich das Gefühl habe, dass ich in nächster Zeit keine Masche mehr brauche«, sagte er plötzlich ganz ernst, was mein Herz augenblicklich zum Flattern brachte. Ich drehte mich um und legte die Arme um seine Hüften, während er mein Gesicht in seine Hände nahm. Mein Körper kribbelte überall und von einem Moment auf den anderen wurde mir heiß. Mein Herz machte einen Satz. So standen wir da – Sekunden, Minuten, Stunden ... ich weiß es nicht. Ich legte meine Hände auf seine Brust. Unter meinen Fingern spürte ich Ramons Herzschlag. Er sah mich intensiv an, wild und entschlossen zugleich.

»Lass uns zusammen nach Hause gehen, okay?«, fragte er. Seine Stimme klang heiser.

Ich lächelte, beugte mich vor und zog ihn in Richtung Treppe.

3. Together

Nach endlosen Treppenaufgängen blieb Ramon endlich stehen. Schnell kramte er in seinen Hosentaschen nach dem Schlüssel. Er öffnete die Tür, nahm meine Hand und zog mich in einen kleinen Flur. Dort machten wir weiter, wo wir draußen aufgehört hatten. Wir stießen gegen eine Kommode und lachten. Ich genoss jede seiner

Berührungen und nahm kaum etwas anderes wahr. Alles, was ich spürte, waren seine Lippen auf meinen und seine Finger, wie sie mich eindringlich, aber zärtlich berührten. Auch ich ging auf Entdeckungsreise und berührte jede Stelle an ihm: seine breiten Schultern, den definierten Rücken und schließlich seinen wohlgeformten und strammen Po. Jede Berührung durchzuckte mich wie ein Blitz.

Ramon löste sich von mir und nahm meine Hand. Mit verschränkten Händen gingen wir den Flur entlang. An der hintersten Tür blieb er stehen und öffnete sie mit einem leichten Stoß. Vor mir lag ein dunkles Zimmer, nur die Straßenlaterne beleuchtete es in einem fahlen Orange. Direkt gegenüber von uns war eine riesige bodentiefe Fensterfront. Davor befand sich ein großer Schreibtisch, der überquoll mit Zetteln, Arbeitsmaterialien und Ordnern. Neben der Tür stand ein großes Bett aus weißem Holz mit dunkler Bettwäsche. Hier und da waren Bilderrahmen an den Wänden angebracht, von den Decken hingen einige Pflanzen herunter und ein Schrank stand vor uns.

»Nichts Besonderes, aber für mich reicht's«, sagte Ramon, schlenderte zu seinem Bett und setzte sich langsam hin – ohne dabei den Blick von mir abzuwenden. Ich nahm all meinen Mut zusammen, zog meine Boots aus, legte meine Tasche neben den Schrank, nahm die Krawatte ab und öffnete die ersten Knöpfe meines Hemds. Meine Hose wickelte ich auf und ließ sie auf den Boden fallen. Nur in Boxershorts und Hemd bekleidet fühlte ich mich unsicher, doch Ramons einnehmender Blick bestätigte mich und ließ mich selbstbewusster werden. Im fahlen Licht der Straßenlaterne sah ich, wie er sich auf seine Unterlippe biss und seine Haut leicht schimmerte. Ramon zog hastig sein T-Shirt aus und schmiss es achtlos auf die Seite. Langsam ging ich auf ihn zu und schlang meine Beine um ihn. Seine Brustwarzen waren gehärtet und die feinen Härchen auf seinem Bauch stellten sich auf. Der Anblick seiner behaarten Brust löste heiße Wellen in meinem Körper aus. Ich küsste ihn von seinen Lippen abwärts, streifte seinen Hals, wollte mit meinem Mund jede Stelle seines Körpers entdecken. Ich biss zärtlich in seine linke Brustwarze, was ihn stöhnen ließ.»Julian …«, flüsterte er.

Ich spürte eine Art der Begierde in mir aufsteigen, die ich so vorher noch nie erlebt hatte. Ich wollte kein Stück Stoff mehr zwischen uns spüren und machte Anstalten, mein Hemd gänzlich auszuziehen.

Doch Ramon unterbrach mich schnell.»Stopp, das will ich machen.« Langsam knöpfte er es auf. Ramon küsste mich entlang meiner Halsbeuge und das leichte Kratzen seiner Bartstoppel auf meiner Haut erregte mich nur noch mehr. Bei meinen harten Nippeln angekommen, biss er ebenfalls zärtlich zu, was mich wahnsinnig machte. Ich hielt mich an seinen Schultern fest und genoss jeden seiner Küsse. Ramon knöpfte mein Hemd gänzlich auf und schmiss es auf den Boden. Er berührte die Seiten meines Oberkörpers und strich zärtlich nach oben. Seine Hände glitten fieberhaft über meinen Rücken. Instinktiv rieb ich mich an ihm und merkte, wie auch er in Bewegung kam. Da packte er mich plötzlich und drehte mich auf das Bett. Seine Augen verfinsterten sich und ich erkannte unbändige Lust in ihnen. Ramon öffnete seine Hose und zog sich vor mir aus. In meinem Kopf explodierte es, als ich ihn nackt vor mir stehen sah. Er griff an den Saum meiner Boxershorts, hielt jedoch kurz inne und sah mir in die Augen.

»Darf ich?«, fragte er leise, beinahe ehrfurchtsvoll. Ich meinte zu spüren, dass er tatsächlich für einen Moment befürchtete, ich würde etwas anderes als Ja antworten. Ich nickte entschlossen.»Ich will dich«, flüsterte ich und war über meine eigenen Worte erstaunt.

Ramons Blick wurde sofort wilder.»Wenn das so ist«, gab er zurück und zog vorsichtig an meiner Boxershorts. Ich blickte nach unten und sah Ramons definierten Rücken. Seine Muskeln bewegten sich im Rhythmus seiner Bewegungen. Der Anblick sorgte für ein wohliges Ziehen in meinem Bauch. Er liebkoste meine sensibelste Stelle und küsste die Seite meiner Oberschenkel, was mir ein Stöhnen entlockte. Ramon hielt einen Moment inne und blickte auf meinen Körper. »Du bist so schön«, sagte er, was ein angenehmes Gefühl in mir auslöste. Er bückte sich zu mir herunter und fing an mich zu verwöhnen. Mein Bauch zog sich zusammen. Ramon atmete laut aus und steigerte seinen Rhythmus. Ich krümmte mich und legte meine Hand auf seinen Kopf. »Oh, Ramon …«, stöhnte ich, was ihn nur noch mehr antrieb. Mit seinen Händen streichelte er sanft von meinem Bauch über meine Brust und wieder zurück. Ich drängte mich seinen Händen bei jeder Berührung mehr entgegen. Unterhalb meines Bauchnabels entstand ein brennender Punkt, der heißer und heißer wurde, je mehr Ramon mich liebkoste. Keuchend vor Lust hielt ich mich abwechselnd an der Bettwäsche und seinen Haaren fest. Ich konnte keinen klaren Gedanken mehr fassen. Das Einzige, das ich spürte, war Ramon. Mein Herz raste und mein Kopf war wie leer gefegt. Ramon erfüllte all meine Sinne. Sein herber Geruch drang stoßweiße zu mir. Das Brennen unterhalb meines Bauchnabels breitete sich immer weiter aus, steigerte sich ins Unermessliche und schien jeden Moment zu explodieren.

»Ramon … i-ich k-komme gleich …«, presste ich hervor. Er blickte zu mir auf und ich erkannte hemmungslose Entschlossenheit in seinen Augen. Ramon beugte sich zu mir hoch und gab mir einen wilden Kuss. Ich schmeckte ihn, aber auch mich, was mich nur noch mehr in den Wahnsinn trieb. Mit seiner Hand hörte er nicht auf, das Pulsieren in meinem Unterkörper voranzutreiben. Ich hatte das Gefühl, Sterne vor meinen Augen tanzen zu sehen.

Im nächsten Moment zog sich alles in mir zusammen und ein Feuerwerk entzündete sich in meinem Körper.

»Ramon«, schrie ich und gab mich ihm vollkommen hin. Mein Körper erzitterte und stieß die aufgebaute Hitze Stück für Stück aus. Die Welt um mich herum war dunkel und von Lust erfüllt. Diese Auflösung all der angestauten Energie fühlte sich so befreiend an! In Ramons Armen entspannte ich mehr und mehr, vom Höhepunkt völlig ausgelaugt. Wo ich vorher Hitze verspürte, trat ein wohlig-warmes Gefühl. Ramon küsste zärtlich meine Halsbeuge. Seine andere Hand lag verklebt auf meinem Bauch. Ich sah ihn an und er grinste zufrieden. Sanft streifte er mit seinem Mund über meine Lippen.

»Du kommst ziemlich schön«, flüsterte er mir ins Ohr.

Ich lachte laut auf. »Das hat mir auch noch niemand gesagt«, gluckste ich.

»Hätte man mal tun sollen«, stellte er fest und küsste mich erneut. Ramon bewegte seine Hand, die auf meinem Bauch lag, zu meinem Gesicht, hielt dann jedoch inne.

»Oh. Moment« Er kletterte vorsichtig über mich und öffnete die Schublade seines Nachtschränkchens. Er griff nach einer Taschentuchbox, die er mir ebenfalls gab. Ich blickte an mir herunter und spürte Scham in mir aufsteigen. Was für eine dumme Reaktion. Es sollte mir ja wohl nicht unangenehm sein, das Resultat zu sehen – schließlich hatte Ramon einen großen Anteil daran. Schnell nahm ich ein paar Tücher und wischte alles von meinem Bauch. Ich sah zu Ramon hinüber, der grinste und die letzten Stellen seiner Hand säuberte. Etwas schüchtern lächelte ich zurück. Ramon kletterte wieder über mich, setzte sich zu meiner Linken und legte den Arm um mich. Die andere verschränkte er mit meiner. Wir saßen angelehnt am Kopfteil seines Bettes und sahen uns an.

»Danke …«, murmelte ich. »Das war schön.«

»Das habe ich gemerkt«, erwiderte er.

»Du musst wissen … ich habe so was noch nicht oft gemacht«, gab ich zu.

Ramon runzelte die Stirn. »Wie meinst du das?«

»Na ja … also, klar, es gab schon Typen. Und Petting. Aber das. So was habe ich noch nie erlebt«, gestand ich schüchtern.

Ramon spannte sich merklich an. »Was?« Sein Blick verhärtete sich.

Seine plötzliche Anspannung ließ mich unsicher werden. »Ich meine … ich habe noch nie … also, ich hatte noch nie … Sex«, brachte ich beschämt heraus und lachte nervös. »Also, so richtigen. Was auch immer das ist.« Ich versuchte meine Nervosität mit Humor zu überspielen, aber Ramon ging nicht darauf ein.

»Du bist … quasi … Jungfrau?« Ramon löste seinen Griff und sah mich verwirrt an. Ich versuchte ihm in die Augen zu schauen, aber er wich meinem Blick aus.

»Ist das ein Problem?«, fragte ich verunsichert. Warum schockierte ihn das so? Es gab schließlich viele verschiedene Arten mit einer Person intim zu werden. Ab wann galt man denn nicht mehr als Jungfrau? Gab es da eine feste Definition? Ich hatte eben noch nicht viel Erfahrung. Das war doch nicht schlimm, oder? Ich fühlte mich wieder wie in der Schule. Alle redeten während unseres Abschlussjahres über ihre ersten Erfahrungen, ihren ersten Kuss, ihren ersten Blowjob, ihren ersten Sex. Nur ich stand da und konnte dazu nichts beitragen. Als einziger offen geouteter Schüler war es nun mal schwer, solche Erfahrungen zu machen. Ich fühlte mich ausgeschlossen und schämte mich für mein nicht vorhandenes Sexleben. So wie in diesem Moment auch.

»Ein Problem? Nein. Aber du solltest jetzt gehen«, entgegnete er kalt, ohne mich anzusehen. Er nahm eine Decke und wickelte sie sich um seinen Unterkörper, dabei ging er zum Fenster. Hatte er wirklich gesagt, ich soll gehen?

»Ramon, wie meinst du das?«, fragte ich verwirrt, nahm mir ebenfalls eine Decke und ging auf ihn zu.

Ohne sich umzudrehen, antwortete er mir:»Ich habe gesagt, du sollst gehen«, entgegnete er steif. »Das hier war ja … ganz nett, aber halt auch nicht mehr. Und jetzt sind wir ja fertig, also kannst du gehen.«

War das sein Ernst? Er schickte mich weg? Einfach so? Ich spürte, wie sich meine anfängliche Unsicherheit langsam auflöste und der Wut und Enttäuschung in mir Platz machte.

»Ich werde aber nicht gehen, solange du mir nicht erzählst, was los ist. Wir hatten heute einen unglaublichen Abend. Bis gerade eben warst du der netteste Kerl überhaupt. Und jetzt schickst du mich einfach weg? Von jetzt auf gleich? Ist das dein Ernst?«

Ramon schnaubte und drehte sich zu mir um. Sein Blick schien wie ausgewechselt und das Blau, das mich zuvor an sanfte Wellen erinnert hatte, schien jetzt kalt wie Eis.

»Ja, mein voller Ernst. Du sollst gehen, habe ich gesagt. Mach kein Drama draus. Ist ja auch nichts Großes passiert. Du wirst merken, dass das viele so machen. Nett sein, eine Nummer schieben und weg. So läuft das nun mal.«

Ist ja auch nichts Großes passiert. Der Satz hallte in meinem Kopf nach. Alles in mir spannte sich an. Was hatte ich falsch gemacht? Was steckte hinter diesem plötzlichen Umschwung? Alles nur weil ich unerfahren war? Echt jetzt?

Ramon ging durch das Zimmer, sammelte meine Klamotten auf und drückte sie mir in die Hand. »Hier, bitte schön«, sagte er und wendete sich sofort wieder ab.

Ich spürte heiße Tränen in mir aufsteigen. Nein, das durfte ich nicht zulassen – er würde mich auf keinen Fall weinen sehen.

»Okay, wie du willst. Ich kann es nicht fassen, dass du mir das antust. Ich dachte, ich hätte endlich mal jemanden kennengelernt, der es ernst meint. Das war wohl ein Irrtum.«

»Das war es wohl«, antwortete er monoton.

Ich schmiss die Klamotten aufs Bett und zog sie hastig an. Anschließend ging ich zur Zimmertür, öffnete sie und knallte sie hinter mir zu. Unfassbar, was da gerade passierte. Ich stampfte im Dunkeln durch den Flur und kam an zwei weiteren Türen vorbei. Ich blieb stehen. Luca und Jan waren anscheinend immer noch mit Franzi unterwegs, denn ich vermutete, dass hinter den Türen ihre Zimmer lagen. Die Erklärungen blieben mir also erspart. Doch der Gedanke führte auch dazu, dass ich mich daran erinnerte, was ich Franzi versprochen hatte: Ich würde ihr schreiben, sobald ich auf dem Heimweg war. Ich wollte gerade das Handy aus meiner Tasche holen, als ich bemerkte, dass ich gar keine Tasche bei mir trug. Ich hatte sie in Ramons Zimmer liegen lassen. So ein Mist! Sollte ich jetzt wirklich umdrehen und mir die Blöße geben? Andererseits hatte ich gar keine andere Wahl: Nicht nur mein Handy befand sich darin, sondern auch mein Geldbeutel, mein Fahrticket, mein Ausweis – kurz gesagt: einfach alles. Ich machte auf dem Absatz kehrt und lief auf Zehenspitzen zurück. Was sollte ich nun tun? Einfach hineinstürmen oder klopfen? Mein Gedankenkarussell drehte sich und auch als ich vor Ramons Tür stehen blieb, hatte ich immer noch keine Antwort. Da hörte ich ein Schluchzen. War das Ramon? Blöde Frage, schließlich waren wir die einzigen Personen in der Wohnung. Ich lauschte weiter. Erneut konnte ich ein Schluchzen und hektisches Atmen wahrnehmen. Ich hielt es nicht mehr aus und klopfte, bevor ich eintrat.

Ramon lag auf dem Bett. »I-ich h-habe doch g-gesagt, d-du s-sollst gehen«, presste er unter Tränen hervor und setzte sich auf.

Beim Anblick von Ramons bebendem Körper wurde mein Herz ganz schwer. Ohne darüber nachzudenken, ging ich auf ihn zu und schlang meine Arme um ihn.

»Hör auf«, gab er von sich und versuchte sich dabei aus meiner Umarmung zu befreien.

»Hey, Ramon, es ist okay. Egal was ist, ich bin da«, versicherte ich ihm.

»Hör auf, du kannst doch nicht …«, setzte er an, doch dann merkte ich, wie er sich in die Umarmung fallen ließ. Ramon drückte sein Gesicht an meine Brust. Er weinte leise, während er sich an mich schmiegte. Ich strich mit den Fingern über seinen Rücken und gab ihm die Zeit, die er brauchte, um sich zu beruhigen. Meine Wut, jegliche Unsicherheit und alle bösen Gedanken, die ich bis eben noch hatte, fielen mit einem Mal von mir ab. Das hier hatte nichts mit mir zu tun. Da gab es etwas, das größer war als unser vorheriger Streit. Ich spürte, dass er das, worum es ging, in seinem Tempo verarbeiten musste – was auch immer es war, es war nur wichtig, dass ich ihm die Zeit gab, die er brauchte. Und das würde ich tun.

Nach einigen Minuten richtete sich Ramon auf. »Es tut mir leid, ich hätte dich nicht so anmachen dürfen«, presste er hervor und wischte sich die Tränen weg.

Ich streichelte ihm über seine Wangen. »Ist schon gut. Willst du darüber sprechen?«, fragte ich zögerlich. Ich wollte keinen Druck aufbauen.

Ramon seufzte. »Es ist kompliziert und die Geschichte ist lang.«

»Macht nichts, ich habe Zeit«, versicherte ich ihm. Ramon sah mich unsicher an. Ich merkte, wie es in ihm arbeitete und wie er mit sich rang.

»Du kannst mir alles erzählen. Vertrau mir, ich gehe nicht weg.« Und das meinte ich auch so.

»Versprich nichts, was du nicht halten kannst.« Er sagte das, als ob er dieses Gespräch schon einige Male hatte führen müssen und immer recht behalten hatte. Aber nicht heute. Ich würde für ihn da sein. Das spürte ich tief in mir.

Ramon stand auf und ging zur Fensterfront. Ich folgte ihm und nahm seine Hände in meine.

»Na gut, ich hätte es dir eh sagen müssen. Ich hätte es dir von Anfang an sagen müssen. Aber ich war überwältigt und du warst … also ich war … ich meine wir waren … es war einfach so neu. So nie da gewesen. Julian, ich …« Ramon nahm einen tiefen Atemzug. »Ich bin HIV-positiv.«

Meine Gedanken überschlugen sich. HIV. AIDS. Krankheit. Sexuell übertragbar. Weltaidstag. Tod. Doch dann besonders eins: behandelbar. Im queeren Theater gibt es einen Schauspieler, der ebenfalls HIV-positiv ist. Er lebt seit über 20 Jahren mit dieser Diagnose und ist in Behandlung. Er ist fit und hätte ich nicht gewusst, dass er positiv ist, wäre es mir überhaupt nicht aufgefallen.

Ramon blickte nach unten und ließ die Schultern hängen. Ich drückte seine Hände und wartete, bis er den Blick hob.

»Danke, dass du mir das erzählst, Ramon. Und ich möchte, dass du weißt, dass du immer noch du bist. Auch wenn du HIV hast. Das ändert nichts daran, was gerade zwischen uns passiert ist.«

»Es ändert alles«, sagte Ramon. »Du hättest gerade fast dein erstes Mal mit einem HIV-Positiven gehabt. Wer will das schon?«

»Ich kann deine Sorgen verstehen … Aber es ist nichts passiert.

Gar nichts. Weil du verantwortungsvoll gehandelt hast«, versuchte ich ihm klarzumachen.

»Hab ich das? Du wusstest gar nicht, auf was du dich einlässt«, presste er gequält hervor. »Ich hätte dir von vornherein sagen müssen, dass ich positiv bin. Ich bin so ein Idiot!« Ramon schüttelte traurig den Kopf.

»Ramon, es ist nichts passiert. Es ist alles gut. Und es gibt genug Möglichkeiten, Safer Sex zu haben, trotz dieser Diagnose. Das weißt du bestimmt besser als ich.« Mir fiel auf, dass ich das zwar wusste, allerdings nicht, was das genau bedeutete. Ich nahm mir vor, das herauszufinden.

»Du solltest dich mit so etwas gar nicht beschäftigen müssen. Du solltest sorgenfrei dein erstes Mal erleben«, stellte er traurig fest und drehte mir den Rücken zu. Draußen war absolute Ruhe, so als ob die Stadt gewusst hätte, dass wir in jenem Moment Klarheit und Stille gebraucht hatten.

Ich legte meine Hände an Ramons Rücken. »Ramon, ich bin für dich da«, flüsterte ich. »Und ich kann selbst entscheiden, mit wem ich mein erstes Mal habe.«

Ramon drehte sich um und schaute mich traurig an. »Du weißt nicht, was du da sagst. Du willst mein Chaos nicht in deinem Leben. Du willst diese Diagnose nicht in deinem Leben! Heute bist du vielleicht noch verständnisvoll. Morgen bist du dann weg«, gab er gequält von sich.

Ich hob sein Kinn an, damit er mir in die Augen sehen konnte. Unsere Gesichter waren nur Zentimeter voneinander entfernt. Sein Blick war unsicher, seine Arme hingen an der Seite, als ob jegliche Hoffnung zunichte gemacht worden wäre. Ich nahm sein Gesicht in meine Hände. »Ich werde nicht gehen. Ich bleibe. Versprochen.« Und das spürte ich in meinem Innersten. Ich zog ihn an mich und küsste ihn sanft. Ganz leicht. Zunächst blieb er wie eine Statue stehen, doch allmählich bemerkte ich, wie er den Kuss erwiderte. Ich schob meine Hände in seinen Nacken. Unser Kuss wurde intensiver, aber nicht stürmischer. Ich wollte ihn spüren lassen, dass ich da war. Ihn auffangen würde.

Langsam bemerkte ich, wie Ramon sich aufrichtete und mich fest in seine Arme schloss. Er berührte meine Wange und ich spürte seine Zunge in meinem Mund. Raum und Zeit spielten keine Rolle – es zählten nur wir in diesem Moment.

Langsam löste sich Ramon von mir. Wir sahen uns einfach nur an.

»Danke. Das habe ich gebraucht«, durchbrach er die Stille zwischen uns. »Und entschuldige für mein Verhalten vorhin. Das war ich nicht. Das war meine Angst.«

»Ich weiß, das habe ich gespürt«, versicherte ich ihm und nahm seine Hand. »Komm, lass uns wieder ins Bett gehen.« Dort nahm ich Ramon in den Arm und er schmiegte sich an meine Seite.

Eine Zeit lang sagte niemand von uns etwas. Wir genossen es einfach nur, in der Gesellschaft des anderen zu sein.

Dann begann Ramon zu erzählen: »Es war vor zwei Jahren. Ich bin mit 18 neu in die WG gezogen und wir sind viel unterwegs gewesen. Von Club zu Club, von Bar zu Bar und von Festival zu Festival …« Ich merkte, wie Ramon sich anspannte, traute mich aber nichts zu sagen. Ich hatte das Gefühl, dass es wichtig war, ihm zuzuhören, ohne Fragen zu stellen oder Kommentare abzugeben. »In meiner Schulzeit ließ ich quasi niemanden an mich ran. Ich konnte nicht. Hätten meine Eltern gemerkt, dass ich anders war … Na ja, auf alle Fälle kam ich dann hier her. In diese Stadt. Und hatte mit Jan und Luca die besten Mitbewohner:innen, die ich mir vorstellen konnte. Eines Tages gingen wir in diesen Club. Und da war ein

Junge … Mann, sollte ich wohl eher sagen. Er war etwas älter als ich und heiß. Unglaublich heiß. Er machte sich an mich ran, gab mir das Gefühl, besonders zu sein. Hätte man mich vorher gefragt, hätte ich gesagt, dass ich mit niemandem schlafen würde, wenn ich ihn nicht kenne. Doch eins kam zum anderen und wir gingen zu ihm. Es war unglaublich. Die beste Nacht meines Lebens.«

Bei den Ausführungen spürte ich ein Stechen und hätte mich im nächsten Moment dafür ohrfeigen können. Das war nicht der richtige Zeitpunkt für Eifersucht.

»Am nächsten Morgen verabschiedete ich mich und dachte, wir würden uns bald wieder sehen. Doch Fehlanzeige. Knapp zwei Wochen später wurde ich krank. Ich dachte, ich hätte eine Grippe. Ich ging zum Arzt, wurde behandelt und die Grippe klang ab. Einige Monate später hatte ich Fieber und ein übler Hautausschlag breitete sich auf meinem Körper aus. Wieder ging ich zum Arzt, doch diesmal war es anders. Er fragte nach meinen Sexualpartner:innen und schlug einen HIV-Test vor. Als er das sagte, hatte ich sofort den Typen aus dem Club im Kopf. Da wusste ich es. Das Ergebnis, das im Anschluss kam, war schockierend, aber nicht überraschend. Ich hatte es verbockt. Ich war so blöd. Ich dachte, meine Welt bricht zusammen. Wo sollte ich hin? Zu Eltern, die nicht mal akzeptieren konnten, dass ich bi war, geschweige denn, HIV-positiv? Ohne Luca und Jan hätte ich diese Zeit niemals überstanden.«

Zum Schluss wurde Ramons Stimme immer leiser.

Ich strich mit meinen Fingern über seine Wange, erneut konnte ich diese Verletzlichkeit in seinen Augen sehen. Ich holte tief Luft und sagte das, was mir auf dem Herzen lag. »Wenn ich etwas von dieser Geschichte mitnehme, dann was für ein starker Mensch du bist«, betonte ich und Ramon lächelte leicht. »Du warst unvorsichtig, ja. Aber das hätte jedem passieren können. Schau mich an. Ich hätte heute alles mit dir getan. Aber du hast es nicht so weit kommen lassen. Du hast es besser gemacht als dieser Kerl. Dabei musstest du schon früh und allein mit dieser Infektion umgehen.« Ramon hob langsam die Mundwinkel.

»Du kannst stolz auf dich sein – ich bin es«, ergänzte ich. Ramon strahlte bei diesem Satz. Ich gab ihm einen Kuss auf die Wange. Wir rutschten noch näher zusammen und lagen Stirn an Stirn da.

»Und dir macht es wirklich nichts aus, dass ich positiv bin?«, fragte er unsicher.

»Nein. Du bist positiv, aber deshalb nicht weniger wert. Ich gebe zu, ich weiß wahrscheinlich weniger, als ich wissen müsste. Aber wenn du bereit bist, mir alles zu erzählen, dann bin ich auch bereit zuzuhören und zu lernen.«

»Ich habe dir so viel zu erzählen und zu erklären, ich weiß gar nicht, wo ich anfangen soll. Aber dazu bin ich bereit.« Ramon sah mich bestimmt an.

Ich streichelte seinen Unterarm.

»Ich auch«, versicherte ich ihm.

Ramon legte eine Hand auf meine Wange und küsste mich sanft. Wir lagen noch einige Zeit so da und erzählten uns von unserer Schulzeit, unseren Freunden und unseren Träumen für die Zukunft. Ich spürte, dass das hier der Beginn von etwas war – was, das wusste ich noch nicht, aber ich konnte Ramon ansehen, dass es ihm so ging wie mir. Das hier war unsere Reise und wir würden sie zusammen gehen. Wo auch immer sie hinführte.

In der Nacht wachte ich irgendwann von einem Geräusch im Flur auf. Ich hörte Stimmen, wie sie leise flüsterten und erkannte, dass es wohl Luca und Jan sein mussten, die nach Hause kamen. Ich sah auf mein Handy. Es war kurz nach sieben – wie es schien, hatten sie eine wilde Nacht gehabt. Franzi hatte mir geschrieben, dass sie bereits in ihrem Bett lag. Ich antwortete, dass bei mir auch alles in Ordnung war. Sogar mehr als das. Neben mir schlief Ramon. Zärtlichkeit wallte in mir auf, als ich ihn schlafend da liegen sah. Auf seinen Lippen lag ein Lächeln – er sah aus, wie ich mich fühlte. Ich blickte zur Fensterfront und sah, dass die Sonne aufging. In ein paar Stunden musste ich im queeren Theater sein und die Kostümprobe organisieren. Sofort dachte ich an mein Julia-Kostüm, das ich völlig verdrängt hatte. Mein Blick strich über Ramons Zimmer und blieb an seinem T-Shirt hängen. Das T-Shirt, das er trug, als wir uns begegneten. Er hatte es achtlos auf einen Stuhl geworfen. Dort lag es nun und es sah so aus, als ob sich die Stickereien darauf um den Stuhl winden würden. Die Sonne ging langsam auf und das Shirt begann golden zu schimmern. Dabei wirkten die Stickereien wie zierliche Äste – ein Gedanke, den ich bereits vor dem Club hatte. Sofort sah ich es vor mir: An den Rollkragenpullover meines Julia-Kostüms würde ich in Handarbeit Äste mit goldenen Fäden einarbeiten. Ich hatte außerdem vor einiger Zeit kleine weiße Kirschblüten aus Perlen auf dem Flohmarkt entdeckt, die ich an die Äste nähen könnte. Sie würden im Bühnenlicht leuchten und dem Kostüm das gewisse Etwas verleihen, das noch fehlte. Franzi hatte recht behalten: Der Abend hatte mir tatsächlich die fehlende Inspiration für das Julia-Kostüm gegeben. Doch nicht nur das: Wie es schien, hatte ich auch jemanden gefunden, mit dem ich meine ganz eigene Liebesgeschichte schreiben konnte – und für beides war nur eine Person verantwortlich: Ramon. Unsere Geschichte war bestimmt nicht wie zu Shakespeares Zeiten. Und bestimmt auch nicht so perfekt wie in den unzähligen Liebesgeschichten in Büchern und Filmen. Aber vielleicht war das hier eine Art neue Liebesgeschichte. Nicht so eine inszenierte oder tragische, sondern eine echte, realistische.

Mit Höhen und Tiefen. Vertrauen und Unsicherheiten. Zuversicht und Sorgen. Liebe und Verständnis. Als hätte Ramon mich gehört, drückte er sich im Schlaf an mich, als ob er mir zustimmen wollte.

Ich lächelte.

Wer weiß? Vielleicht waren Ramon und ich ein Beispiel für genau so eine Liebesgeschichte. Das würde sich in der nächsten Zeit herausstellen – beim Gedanken daran breitete sich ein warmes Gefühl in mir aus.

E N D E ...

Deniz Selek lebt in Berlin und schreibt Geschichten für
Kinder, Jugendliche und Erwachsene. Als waschechte
Halbtürkin liebt sie Süßes und Saures, Maulbeeren und
Meeresbrise, Flieder und Flatterkleider, Pünktlichkeit und
Portulak, Kritzelkunst und Katzenschnurren und ganz
besonders Lesen, Lachen und lange Weile..

Deniz Selek

Irgendwo ist alles anders

Ich hasse mein Leben. Nicht erst seit heute, das geht schon länger. Alles ist belanglos und anstrengend geworden, die Schule, der Job, meine Freunde. Es passiert einfach nichts Schönes, ich bin leer, gestresst und gelangweilt gleichzeitig. Ich lerne, schreibe Klausuren, serviere Kaffee, gehe auf Partys, spreche mit Leuten, doch es kommt nichts bei mir an. Ich funktioniere, ich warte und weiß nicht auf was.

Meine Mutter ist zu ihrer Freundin an den Bodensee gefahren. Geldscheine hängen an einer Klammer am Schlüsselbrett, mit einem Herz aus roter Pappe.

Für ein bisschen was extra, steht darauf.

»Tut dir bestimmt gut, ein paar Tage ohne mich«, hat sie gesagt. Und obwohl ich mich im ersten Moment freute, die Wohnung mal für mich zu haben, war schon der erste Abend öde; keine gute Serie, kein Buch, das ich hätte lesen wollen.

Als am nächsten Morgen der Wecker klingelte, blieb ich liegen. Donnerstag. Statt zur Schule zu gehen, schlief ich wieder ein und träumte, ich würde mich im Zug mit einem Jungen unterhalten. Er saß hinter mir, ich konnte ihn nicht sehen, aber seine Stimme war angenehm. Er strich meine Haare beiseite und begann Küsse auf meinem Nacken zu verteilen. Langsam, weich, aufregend. Das kam völlig unerwartet und war das beste Gefühl seit einer Ewigkeit. In dieser kleinen Berührung schien alles zu liegen, was mir gerade fehlte. Sie schenkte mir Geborgenheit und wohlige Sehnsucht in einem.

Eine Stunde später stieg ich in den Zug nach Irgendwo, raus aus Berlin. Der Waggon war kaum besetzt, ich hatte einen Vierer mit Tisch für mich allein. Der Chai, den ich am Bahnhof gekauft hatte, schmeckte nach süßem Zimt und ich trank ihn in kleinen Schlucken, um länger etwas davon zu haben.

Strahlender Sonnenschein lockte mich in Hannover aus dem Zug. Ich bummelte durch die Innenstadt, aß Falafel und blieb vor einem Plakat stehen. Meer, Strand, eine Gruppe von Surfern und ein Satz: *Lass dich von Zandvoort verzaubern und erlebe ein unvergessliches Abenteuer an der Nordsee bei Amsterdam!*

Das war sicher ein bisschen mehr extra als meine Mutter gemeint hatte. Aber der nächste Zug fuhr schon in vierundzwanzig Minuten und ich musste mitfahren. Ich wollte da hin. Nach fünf Stunden und drei Umstiegen war ich am Meer, atmete salzige Luft und sah den Möwen beim Kreisen zu. So etwas hatte ich noch nie gemacht. Einfach losfahren, ohne Plan, allein. Ich war von mir selbst überrascht und das tat echt gut. Neugierig sah ich mich um.

Mitte September war es in Zandvoort wärmer als in Berlin und so anders. Der ganze Strand voll gut gelaunter Menschen, die in den Bars und Cafés saßen, die redeten, lachten oder schwimmen gingen. Auf der Promenade Gitarrenspieler, Skater und Künstler, die ihre Bilder anboten. Paare, die Arm in Arm spazieren gingen, Kinder mit Zuckerwatte oder Pommestüte, gebräunte Männer und Frauen, die barfuß mit nassen Haaren und halb angezogenen Surfanzügen ihre Boards herumtrugen. Überall spielte Musik, alles wirkte leicht und entspannt.

Ich setzte mich auf eine Mauer, mit Blick auf den Sunset. Je bunter der Himmel wurde, desto besser ging es mir.

Schräg vor mir saßen drei Jungs und zwei Mädchen im Sand. Zwei der Jungs schauten gleichzeitig zu mir rüber, einer hellblond, muskulös und sehr hübsch, der andere schlanker, mit lockigen braunen Haaren. Der dritte wurde von den Mädchen verdeckt. Ich sah nur, dass er als Einziger in langer Hose und Sneakern auf einem Handtuch saß.

Der Blonde tippte auf sein Handy und Deep House klang aus einer Box. Das Mädchen mit den langen Zöpfen sprang auf, zog die andere hoch und küsste sie. Sie legten die Arme umeinander und begannen im Sand zu tanzen. Sah schön aus. Ich mochte den Mix, mein Fuß wippte im Takt. Der Braunhaarige rief mir etwas auf Niederländisch zu. Lächelnd zuckte ich die Schultern und er kam zu mir.

»Hey«, sagte er auf Englisch, »du bist nicht von hier, oder?«

Schmales Gesicht, goldbraune Haut, dunkelbraune Haare mit hellen Strähnen, die Augen eine Mischung aus Zartbitter und Karamell.

»Nein«, antwortete ich, »aus Berlin.«

»Nice, wie heißt du?«

»Mavi.«

»Bist du Türkin?«

»Halb, mein Vater.«

»Ich auch, meine Mutter.«

Wir lachten, und ich sah, dass an seinem Schneidezahn eine Ecke fehlte.

»Komm«, sagte er, »trink was mit uns.«

»Okay«, sagte ich. Er gefiel mir.

»Jacco«, rief eins der Mädchen, »nun bring sie schon her!« Einladend schwenkte sie ihre Flasche. Und dann saß ich mit Jacco bei Henk, Willem, Mitzi und Liesbet. »Cheers!«

Sie alle wohnten in Zandvoord und gingen in Haarlem zur Schule. Ich erfuhr, dass Liesbet die jüngere Schwester von Jacco war und Mitzi aus Ungarn stammte. Willem konnte ich nicht einschätzen. Er sah mich nicht an, sprach nicht und hatte einen so unbeteiligten Gesichtsausdruck, dass ich nicht wusste, ob er sich von mir gestört fühlte. Dafür redete Henk umso mehr. Er wollte wissen, ob Berlin so cool sei, wie viele behaupteten, und ob im KitKatClub wirklich offen gevögelt würde. Ich nickte und erzählte von meinem einzigen Besuch; einem Abend, an dem sich einer meiner Freunde mit einem Pärchen im Pool vergnügt und ein anderer gestrippt hatte, bis ihn eine Frau auf der Tanzfläche verführte.

Mitzi zog Liesbet an sich und sagte: »Hey, da müssen wir auch unbedingt mal hin, was Lissy?«

»Auf keinen Fall«, gab Liesbet zurück, »das ist nichts für mich!«

Mitzi knabberte an Liesbets Hals und gurrte ihr etwas ins Ohr, worauf Liesbet sie kichernd wegschob.

Henk und Jacco beobachteten mich. Ich konnte die Neugier auf das, was ich selbst dort gemacht hatte, an ihren Gesichtern ablesen.

»Und bei euch?«, fragte ich. »Was ist das Besondere an Zandvoord?«

»Der Vibe«, sagte Henk, »die Menschen, das Internationale. Zandvoord ist der Place to be.« Er zwinkerte mir zu. »Du bist hier genau richtig.«

»Das Meer, der Strand«, ergänzte Jacco, »die Partys, Amsterdam nebenan. Die komplette Freiheit.«

»Bis auf das Meer hast du das in Berlin bestimmt auch«, sagte Mitzi und ich stimmte zu.

»Schon, aber Berlin ist trotzdem ganz anders.«

»Meistens ist es hier einfach nur laut und voll«, sagte Willem. »Die Touristen lassen überall ihren Dreck rumliegen, der stinkt.«

»Stimmt, besonders im Sommer«, sagte Liesbet. »Aber jetzt ist es doch gerade sauber, oder?«

Willem wich ihrem Blick aus und drehte an seinen Schnürsenkeln.

»Bist du allein unterwegs?«, fragte Henk.

»Ja.«

»Und dann landest du am coolsten Ort mit den coolsten Leuten der Welt.« Henk lächelte, schneeweiße perfekte Zähne, blaue Augen, volle Lippen. »Was für ein Glück für dich und für uns!«

»Pass auf«, sagte Mitzi zu mir, »den Ton kenne ich, er hat es auf dich abgesehen.«

»Hey«, Henk stieß sie an, »du musst mich nicht bloßstellen!«

»Schon in Ordnung«, sagte ich, »bin ja schon groß.«

»Wie lange bleibst du?« Liesbet hielt mir ein weiteres Bier hin, doch ich musste pinkeln und wollte den Druck nicht verstärken.

»Weiß nicht, vielleicht übers Wochenende?«

»Hast du schon eine Unterkunft?« Jacco zog ein Hoodie über, dabei rutschte das Shirt hoch und ich konnte ein Stück von seinem Körper sehen. Sehnig, straff, süßer Bauchnabel.

»Nein, könnt ihr mir was empfehlen? Möglichst nicht zu teuer?«

»Seinen Eltern gehört eine Pension«, sagte Jacco und wies auf Willem. »Habt ihr noch ein Zimmer frei?«

Willem nickte. »Die Dachkammer, nicht schick, aber günstig. Frühstück ist im Preis drin, willst du?«

»Gerne!« Ich freute mich. Und weil ich jetzt dringend musste, gingen wir los. Die Pension lag am Ende der Promenade in einer kleinen Seitenstraße mit alten Häusern und schön angelegten Gärten. Willems Vater war total nett. Er sagte, Freunde von Willem seien immer willkommen. Ich solle ihm einfach meine Tasche geben, er würde sie ins Zimmer bringen. Und frühstücken könnte ich, wann ich wollte.

Als Jacco vorschlug, essen zu gehen, merkte ich erst, wie hungrig ich war. Sie führten mich in eine typisch niederländische Snackbar, bestellten extrem viel und ich musste von allem probieren. Henk gab mir Bissen von seiner Gabel, Jacco bot mir Karamell-Waffeln an. Mitzi und Liesbet fütterten mich abwechselnd mit Mayo-Ketchup-Zwiebel- und Erdnusscreme-Pommes. Willem aß nicht.

Liesbet fuhr mit ihrem Zeigefinger durch den Ketchup, rief: »Küsschen!«, und tupfte damit Mitzi und mir auf die Nase, bevor sie auf dem Klo verschwand. Willem guckte weg, bis wir den Ketchup abgewischt hatten.

»Magst du gar nichts essen?«, fragte ich ihn.

Er schüttelte den Kopf. »Ich esse nur zu Hause.«

»Warum? Schmeckt es dir nicht?«

»Ich kann nicht woanders essen«, antwortete er, »Asperger, ich bin im Autismus-Spektrum.«

»Ah, okay.« Jetzt verstand ich Willems Art besser.

Ein Paar setzte sich an den Nachbartisch und begann Türkisch zu reden. In Berlin passierte das ständig, aber hier hatte ich es nicht erwartet. Jacco und ich warfen uns einen schnellen Blick zu, gleichzeitig hoben sich unsere Mundwinkel zu einem Schmunzeln.

»Was ist denn bei euch los?«, fragte Henk, doch Liesbet kam zurück an den Tisch und trieb uns zur Eile an, weil um Mitternacht das Feuerspektakel beginnen würde. Willem verabschiedete sich mit den Worten, er hätte heute eine soziale Überdosis genommen und müsse seinen Rausch ausschlafen.

Das Spektakel wurde von einem Club am Strand organisiert. Henk sagte, ich sei genau zur richtigen Zeit da, denn es fand nur einmal im Jahr an diesem einen Tag statt. Entsprechend voll war es, als wir ankamen. Donnernder Tech-House füllte die Atmosphäre und beschleunigte meinen Herzschlag. Sich einen Weg durch die vielen Menschen zu bahnen war nicht leicht, denn wir wollten wie alle anderen ins Zentrum. Jacco ging vor uns, und als mich jemand anrempelte, stieß ich gegen ihn, atmete goldbraunen Wildhonig, Sonne, Salz, Haut.

Henk legte schützend seinen Arm um meine Schultern. Ich löste mich von ihm und griff nach Jaccos Hand, der meine mit freudig überraschtem Blick drückte. Henk guckte erst irritiert, doch dann lachte er, warf mir einen Luftkuss zu und tauchte in der Menge unter.

Rund um ein riesiges Feuer steckten in einigem Abstand Fackeln im Sand. In diesem Zwischenraum bewegten sich knapp beklei- dete Tänzer, die einander brennende Keulen zuwarfen und jong- lierten. Der Club selbst bestand nur aus einer großen Bretterbude auf betonierten Stelzen. Davor hantierte der DJ an seinem Pult, eingerahmt von überdimensionalen Boxen, deren Bässe in mir wi- derhallten. Ich musste mich nur fallen lassen und mitgehen. Je- der neue Song war besser als der vorherige, so, als würde der DJ meine Playlist kennen.

Mitzi und Liesbet trieben immer weiter weg, bis nur noch Jacco und ich da waren. Wir tanzten, er dicht hinter mir, die Arme locker um mich gelegt. Die Performance der Tänzer war beeindruckend. Im Rhythmus der Beats schleuderten sie nicht nur geschickt die vielen brennenden Teile herum, sondern bildeten dabei mit ihren muskulösen Körpern auch akrobatische Figuren. Feucht glänzte ihre Haut im Schein des Feuers. Ich spürte die Wärme, die von Jacco ausging, hob meine Arme hinter seinen Kopf und zog ihn en- ger an mich. Verdammt schönes Gefühl. Seine Lippen wanderten über meinen Hals, umfassten mein Ohrläppchen und ließen seine Zunge damit spielen. Mir wurde schwindlig. Um nicht zu schwanken, presste ich mich so fest an ihn, dass ich seinen Schwanz an meinem Hintern spürte. Langsam schwang ich ihn hin und her, seine Hände auf meinen Hüften.

»Mavi«, wisperte Jacco auf Türkisch, »was machst du? Ich drehe gleich durch!«

»Ich auch«, wisperte ich auf Türkisch zurück und grinste über das ganze Gesicht.

Seine heisere Stimme in unserer Geheimsprache heizte mich nur noch mehr an. Ich drehte mich um. Braune zerwühlte Locken über nervös flackernden Augen, herber Wildhonig-Duft, zitternde halboffene Lippen.

»Jacco«, flüsterte ich und küsste nur vorsichtig seine Mundwinkel, um das feine Zittern nicht zu stören. Das kostete mich maximale Beherrschung, denn am liebsten hätte ich gleich seinen ganzen Mund verschlungen, seinen Speichel aufgeleckt, seine Zunge geschluckt und mich an diesen köstlich zitternden Lippen satt gefressen.

»Lass uns woanders hin«, sagte ich, »wo es ruhiger ist.«

Jacco führte mich zurück zur Promenade und von dort zu einem Parkplatz für Motorroller, schwach beleuchtet von einem kaputten Werbeschild. Er zog einen Schlüssel aus der Hosentasche und öffnete die Seitenboxen eines Rollers, in denen zwei Helme lagen.

»Zieh besser deine Jacke an«, sagte er, »es wird frisch.«

Mir war alles andere als kalt, dennoch schlüpfte ich hinein und schnitt eine Grimasse. »Gut so?«

Jacco lächelte, steckte den Zipper in den Reißverschluss und zog ihn bis unter mein Kinn hoch. »Du sollst nicht frieren«, sagte er und wollte nach einem der Helme greifen.

»Warte.«

Der Geruch seiner Haut machte mich so schwach wie wild. Ich

nahm sein Gesicht in meine Hände und küsste ihn. Grub mich zwischen seine weichen Lippen, fuhr die Form seiner Zähne nach, begrüßte seine Zunge und schmeckte diesen verstörend fremdvertrauten Jungen zum ersten Mal.

»Wenn wir heil ankommen wollen«, murmelte er stockend, »muss ich jetzt mal kurz um Gnade bitten.«

»Abgelehnt.« Ich legte meine Hand auf seinen Schritt.

Jacco stöhnte in meinen Mund, der Schall verflüssigte sich augenblicklich zwischen meinen Beinen. Ich stellte mir vor, wie mich seine Zunge genau dort leckte. Langsam und mit Nachdruck. Mein Herz überschlug sich, ich rang nach Luft und kam. Er merkte das sofort, fasste mit einer Hand meinen Hinterkopf und presste mit der anderen meine Hand stärker gegen seinen Schwanz. Keuchend hing er an meinen Lippen. Und dann zuckte er unter meiner Hand und warme Feuchtigkeit breitete sich im Stoff aus.

Er lachte, ich lachte. Taumelnd lehnten wir aneinander und konnten nicht aufhören zu lachen.

»Oh boy«, keuchte ich, »was zur Hölle war das denn?«

»Keine Ahnung«, gab Jacco zurück, »echt, keine Ahnung.«

»Okay«, sagte ich, nachdem wir uns beruhigt hatten, »gibt's hier noch mehr tolle Sehenswürdigkeiten? Bushaltestellen, Lagerhallen, Recyclinghöfe, so was?«

»Du bist aber auch anspruchsvoll!« Jacco reichte mir den kleineren Helm und setzte den anderen auf. »Aber ich glaube, ich hab da noch was für dich.«

Eine Weile fuhren wir durch die Nacht. Ich hatte meine Arme um ihn gelegt, er wärmte meine Hände, indem er einhändig fuhr. Wir ließen Zandvoord hinter uns, die Landschaft wurde karger und einsamer. Irgendwann bog Jacco in einen Küstenweg ein und hielt an seinem Ende.

»Nur noch ein kurzes Stück zu Fuß«, sagte er, während wir abstiegen, »geht das?«

»Sicher.«

Er zog einen Schlafsack unter dem Sitz hervor und verstaute die Helme.

»Du bist gut vorbereitet.«

»Ich schlafe oft am Strand.« Er streckte seine Hand nach mir aus. »Komm.«

Wir wanderten durch die Dünen, der Wind zerzauste unsere Haare, und obwohl es anstrengend war, im Sand zu laufen, obwohl ich müde wurde, wäre ich an keinem Ort lieber gewesen. Jacco führte mich in eine Senke zwischen den Dünen und breitete den Schlafsack aus, sodass wir darauf sitzen und uns zudecken konnten. Stille. Die einzigen Geräusche kamen von den Wellen, die weit vor uns ans Ufer schwappten und vom Zischeln des hohen Grases, wenn der Wind hindurchfuhr.

»Eigentlich hatte ich klaren Himmel bestellt«, sagte er.

Ich legte mich auf den Rücken, Jacco zog den Reißverschluss um uns herum zu und rückte eng an mich heran.

»Crazy«, sagte er und strich über meine Wange. »Wer bist du? Wo kommst du so plötzlich her?«

»Von irgendwo.«

»Warum ich?«

»Weil mich dein abgebrochener Zahn scharf macht.«

Er lachte. »Okay, was noch?«

»Dein Bauchnabel.«

»The fuck?« Jacco platzte laut heraus. »Mein Bauchnabel? Ernsthaft? Den habe ich dir noch gar nicht gezeigt!«

»Ich habe ihn trotzdem gesehen.«

»Sonst noch ein Fetisch, von dem ich wissen sollte?«

»Bestimmt«, schmunzelte ich, »aber weißt du, was wirklich crazy ist?«

Er schüttelte den Kopf.

»Unsere Sprache. Wenn wir Türkisch reden, wechseln wir beide die Identität und treffen uns auf einer anderen Ebene.«

Er betrachtete mich nachdenklich. »Stimmt, aber woran liegt das?«

»Keine Ahnung«, flüsterte ich und zog ihn an mich.

Jacco tupfte kleine Küsse auf meine Augenlider, Wangen und Nasenflügel und senkte dann seinen Mund auf meinen, warm und weich wie ein Samtkissen. Er saugte an meinen Lippen und nahm sie zwischen die Zähne.

»Ich könnte dich auffressen«, sagte er leise.

Jetzt lachte ich. »Hey, du kannst froh sein, dass ich dich vorhin nicht gefressen habe. Ich war kurz davor.«

Jacco lächelte. »Vielleicht haben wir wirklich einiges mehr gemeinsam?«

Ich schloss die Augen. Eine Windböe fuhr über uns hinweg, legte kühle Luft auf unsere Gesichter. Ich hörte das Rascheln der Gräser und das Meer, wie es Welle für Welle zurückkam. Was für ein Tag! Ich fühlte mich so zufrieden wie schon ewig nicht mehr.

Im Morgengrauen schlief ich ein, Jaccos Kopf in meiner Halsbeuge, meine Hand in seiner Achsel, bis eine Möwe laut neben uns krächzte. Es war später als gedacht, die Sonne stand schon ziemlich hoch, keine Wolke am Himmel.

»Guten Morgen, Schöne.« Jacco gab mir einen Kuss, öffnete den Schlafsack und streckte sich. »Bock auf Frühstück?«

»Unbedingt!« Ich gähnte verschlafen. »Mit einem großen Kaffee und einer Dusche bitte.«

»Kriegen wir hin.«

Jacco und ich fuhren in die Pension nach Zandvoord, wo wir Willem begegneten. Kleines schiefes Grinsen, als er uns Hand in Hand sah.

»Ah, Mission also erfüllt.« Er führte uns in den leeren Gastraum, wo noch Reste vom Buffet standen. »Bedient euch.«

»Danke, Willem, das ist jetzt genau das Richtige.« Fast hätte ich ihn in den Arm genommen, bremste mich gerade noch rechtzeitig, als er zurückwich.

Es war ein bisschen komisch, von Türkisch wieder auf Englisch zu wechseln.

»Ich fahre zur Schule«, sagte Willem, »eventuell bis später, oder besser nicht. Ich halte eure Schwingungen jetzt schon kaum aus.«

»Kein Problem«, sagte Jacco, »wir müssen auch erst mal klarkommen, war eine lange …«

»Keine Details«, unterbrach Willem und wandte sich ab. »Ciao.«

»Nimm es ihm nicht übel«, sagte Jacco, nachdem er gegangen war, »er meint es nicht böse.«

»Natürlich nicht«, antwortete ich, »ich mag Willem, vor allem seinen Humor.«

Wir setzten uns an den Tisch. Eine Kanne Kaffee und Pfannkuchen mit Sirup brachten unsere Kräfte zurück.

»Ich brauche gleich einen Moment für mich, okay?«, sagte ich.

»Ja, ich auch. Schule schenke ich mir heute. Soll ich dich später anrufen oder willst du dich melden?«

Als ich nicht gleich antwortete, wurde Jaccos Blick unsicher. »Oder hast du …?«

Ich zog sein Gesicht zu mir heran, umschloss seine Lippen mit meinem Mund und spielte so lange mit seiner Zunge, bis ich nicht mehr sicher war, ob ich wirklich allein sein wollte. Mühsam löste ich mich von ihm.

»Wer schneller fertig ist, meldet sich, einverstanden?«

Jacco nickte und stand auf. »Sorry, eins noch, bevor ich fahre. Bist du in einer Beziehung?«

»Nein, du?«

Er schüttelte den Kopf. »Ich weiß, dass das nichts ändern würde, aber es tut mir trotzdem gut.«

»Warum?«

»Weil ich mich gerade in dich verliebe.«

Vom Dachfenster aus sah ich, dass er noch minutenlang an seinem Roller stehen blieb, nachdem wir uns verabschiedet hatten.

Ich putzte Zähne, duschte und schlüpfte, ohne mich anzuziehen, unter die Bettdecke. Auf meinem Handy hatten sich viele Nachrichten angesammelt, die mich schon nervten, bevor ich sie gelesen oder angehört hatte. Ich beantwortete nur eine an meine Mutter, die dachte, ich wäre in der Schule, und eine an meine Freundin, die dachte, mir sei etwas zugestoßen.

Als ich das Handy weglegte, hörte ich den Roller vorfahren und mein Puls schaltete sofort zwei Gänge hoch. Ich riss die Tür auf, noch bevor Jacco ganz oben war und sich für seinen Überfall entschuldigen konnte. Im selben Augenblick klebten wir schon aneinander, und es dauerte keine 10 Sekunden, bis wir nackt im Bett lagen. Haut an Haut, Beine zwischen Beinen, Arme überall. Nackt war alles anders, nackt war alles neu. Meine Haut zog sich zusammen und prickelte vor Aufregung. Zärtlich umfasste Jacco meine Brüste, rieb die Nippel vorsichtig zwischen zwei Fingern, bevor er sie mit seiner Zunge umkreiste. Als sie steinhart wurden, nahm er sie ganz in den Mund und saugte daran. Schauer um Schauer überlief mich. Ich war ein elektrisch geladenes, Funken sprühendes Magnetfeld.

Jacco lag unter mir und fuhr mit seinen Händen meinen

Rücken hinab. Als er über meinen Hintern strich, ganz langsam seinen Mittelfinger in die Spalte dazwischen schob, hielt er die Luft an und atmete stoßweise. Die Augen schmal und pechschwarz, der Mund geöffnet, mit zitternden Lippen, an denen ich behutsam leckte. Das Zittern blieb und sprang auf meinen Unterleib über, der zu pochen begann. Mit kreisenden Bewegungen rieb ich mich an ihm, küsste den Schweiß von seinem Gesicht und merkte plötzlich, dass er ausgestiegen war.

»Hey«, flüsterte ich, »was ist mit dir?«

»Es tut mir leid, aber ich kann nicht.«

»Was kannst du nicht?« Ich glitt von ihm herunter. »Ich verstehe nicht.«

»Ich bin zu nervös, er wird nicht steif, es geht nicht.«

»Ist das alles? Nur das?«

»Ja natürlich«, sagte er, »weil ich unbedingt will, weil du in zwei Tagen weg bist …«

»Schsch«, machte ich mit einem Finger an seinem Mund. Ich beugte mich herunter und leckte einen Sehnsuchtstropfen von seiner Eichel. Sie lag frei, weil er beschnitten war. Ich mochte das sehr. »Wir beide klären das später, mein Hübscher«, sagte ich und küsste den winzigen Spalt an der Kuppe.

»Redest du etwa gerade mit meinem Penis?« Jacco lachte.

»Ja«, sagte ich grinsend, »vielleicht mag er meine Stimme lieber als deine.«

»Er mag nicht nur deine Stimme.« Jacco zog mich an sich. »Er ist komplett verrückt nach dir.«

»Und sie ist komplett verrückt nach dir«, wisperte ich an seinem Ohr, »und es ist ihr scheißegal, dass er Pause macht, schließlich haben wir noch einiges mehr zu tun.«

»Was denn zum Beispiel?«

»Eis essen!« Ich löste mich von Jacco und stieg aus dem Bett. »Ich hab Lust auf was Süßes. Lass uns Eis oder Churros holen. Gibt's hier eigentlich Churros?«

Entspannt schlenderten wir durch die Altstadt von Zandvoord, aßen leckeres Zeug und kauften in einem Steinladen Anhänger füreinander. Er schenkte mir einen blauen Aquamarin, weil Mavi auf Deutsch blau heißt, ich ihm ein rotes Tigerauge, weil die Brauntöne perfekt zu ihm passten.

Am späten Nachmittag klingelte Jaccos Handy. Henk und die anderen fragten, ob wir uns an der Go-Kart-Bahn treffen wollten.

»Ja«, sagte ich, »lass uns das machen.«

Das Parcours-Gelände war überschaubar, sodass wir sie schon von Weitem sahen. Willem war nicht dabei. Mitzi und Liesbet hatten pinkfarbene Helme im Arm, Henk ein Mädchen mit langen blonden Haaren.

»Das ist Agnes, seine Ex«, flüsterte mir Jacco zu. »Sie kommen nicht so richtig voneinander los.«

»Wie war eure Nacht, Lovers?« Grinsend sah Mitzi von einem zum anderen. »Ihr seht so verdammt glücklich aus und ich bin so neidisch.«

»Und so sensibel«, sagte Liesbet.

»Und so diskret«, ergänzte Henk.

Agnes und ich begrüßten uns. Vom Typ waren wir uns sogar ein bisschen ähnlich, obwohl ich kleiner und etwas dunkler war.

»Habt ihr Karten geholt?«, fragte Jacco, Liesbet nickte.

»Ich habe meinen Geburtstagsgutschein eingelöst, wir können fünfzehn Minuten fahren.«

Als ich ihr Geld geben wollte, winkte Liesbet ab und sagte, sie hätte schon lange mit Freunden gemeinsam fahren wollen, jetzt würde es endlich mal klappen. Es sei ein Geschenk für uns alle. Dankbar umarmte ich sie, bis Mitzi sich dazwischendrängelte.

»Nur damit wir hier klar sind, Ladys, Lissy ist vergeben, ja?«

»Klar, klar!« Fröhlich schmatzte ich beiden einen Kuss auf die Wange und trat ungeduldig von einem Fuß auf den anderen, ich sprudelte vor Energie.

Der Mann von der Kart-Anlage winkte uns herüber. Wir setzten Helme auf, stiegen in die Fahrzeuge und schnallten uns an. Aufgeregt trommelte ich aufs Lenkrad. Als das Startsignal kam, gab ich sofort Gas und merkte, wie sich Schweißtropfen an meiner Nase bildeten. Auf der Geraden machte ich Tempo, nahm die Kurven eng und drängte dabei Mitzi in die Bande, die an mir vorbeigewollt hatte. Agnes und Liesbet sah ich gar nicht. Dafür überholten mich nacheinander Henk und Jacco und fuhren ihr eigenes Rennen aus. Das konnte ich nicht auf mir sitzen lassen und mein Puls schoss hoch, während ich hinter ihnen herraste. Als ich Jacco vor mir sah, ploppte das Bild von seinem schönen Schwanz auf und ich hatte den Geschmack des Tropfens auf der Zunge. Leicht salzig, ein bisschen nussig, rau und mild zugleich. Das machte mich so scharf, dass ich ihn durch die Runden jagte wie eine Jägerin ihre Beute. An einer Stelle hätte ich ihn dann auch fast gehabt, doch er bremste mich geschickt aus, ging mit mehr Geschwindigkeit in die Kurve und fuhr mir davon. Ich blieb dran. Mit Lust Kart fahren ist der ultimative Shit, ehrlich!

In der letzten Runde holte ich wieder auf, trat das Pedal maximal durch, ließ mich in die Kurve gleiten und gab kurz vor dem Scheitelpunkt sofort wieder Vollgas. Jacco, schräg vor mir, machte einen unerwarteten Schlenker, der mir Raum zum Überholen gab. Wie im Rausch flog ich an ihm vorbei.

»Hey«, sagte ich, als wir die Helme abgaben, »warum hast du mich gewinnen lassen?«

»Habe ich nicht«, sagte er, »ich war unaufmerksam und du zu schnell. Außerdem hat Henk gewonnen.«

»Nicht bei mir.«

»Geht ja auch nicht ohne Bauchnabel und abgebrochenen Zahn.«

»Und ohne Geheimsprache leider auch nicht.«

Jacco legte den Arm um mich und entlockte mir einen hungrigen Kuss. Wir schwitzten, aber unsere Zungen waren kühl, davon wurde ich direkt wieder feucht. Als ich es ihm ins Ohr flüsterte, drehte er sich zum Tresen. Trotzdem sah ich, was in seiner Hose passierte.

»Das dazu«, sagte ich und grinste.

»Bist du verrückt?« Jacco lachte hilflos. »Wie soll ich denn damit rausgehen?«

»Denk an deine strickende Oma.«

»Meine Oma ist 67 und surft besser als Liesbet.«

»Dann geh aufs Klo. Kaltes Wasser beruhigt. Ich warte draußen.«

Die vier wollten ein paar Drinks in ihrer gewohnten Bar nehmen und ich ging mit ihnen vor. Auf der Hälfte der Promenade holte Jacco uns ein. Ich schmiegte mich an ihn.

»Na, besser?« Nicht zu lachen fiel mir schwer.

»Im Gegenteil.« Er robbte mit geöffneten Lippen über meinen Hals und murmelte: »Müssen wir da wirklich hin? Ich will nur noch mit dir allein sein.«

»Ganz kurz; wir trinken ein Glas und gehen, okay?«

Statt einer Antwort gab Jacco einen Seufzer von sich und ließ sich von mir mitziehen.

Die Bar lag in der Nähe von Willems Pension am Strand. Inzwischen fand ich mich hier gut zurecht. Jacco und ich bestellten alkoholfreie Mojitos, die anderen Bier und Caipirinha. Im Hintergrund lief entspannte Lounge-Musik.

Als die Getränke kamen, stießen wir an und Liesbet rief: »Auf Mavi, die Kart fährt wie der Teufel!«

»Tatsächlich?« Henk zwinkerte mir zu. »Habe ich gar nicht gemerkt.«

»Nächstes Mal machen wir ein Eins-zu-Eins-Rennen, du und ich.« Mitzi trank ihren Caipirinha in großen Schlucken aus. »Ich war heute nicht in Form.«

»Tut mir leid, dass ich dich abgedrängt habe«, sagte ich, »war keine Absicht.«

»Kein Ding«, Mitzi winkte ab, »gehört dazu.«

»Ja, passt schon«, Liesbet nickte, »normalerweise drängt Mitzi nämlich andere ab.« Sie drückte ihrer Freundin schnell einen langen Kuss auf, bis ihr Protest erstickt war. Das müsse unbedingt Konsequenzen haben, meinte Mitzi und nahm Liesbet das Bier aus der Hand, um auch das auszutrinken.

Agnes erzählte, sie habe sich auf eine Stelle in Berlin beworben, weil sie mal raus wolle aus den Niederlanden. Während ich ihr ein paar Stadtteile empfahl, und sie einlud mich zu besuchen, fing ich Jaccos Blick auf. Er saß mir gegenüber, Ungeduld auf dem Gesicht. Henk erzählte gerade, was er in der Schule verpasst hatte, doch Jacco hörte nicht zu. Er machte eine eindeutige Kopfbewegung und formte mit den Lippen stumm auf Türkisch »Lass uns verschwinden.«

Liesbet lächelte und begleitet von anzüglichen Sprüchen der anderen verabschiedeten wir uns.

Als wir die Haustür öffneten, kam Willem die Treppe herunter und fing sofort an zu reden.

»Zur Info: Meine Eltern sind weggefahren. Ich übernehme die Pension, also seid nicht so laut. Die Sauna ist noch an, falls ihr wollt. Aber schließt um Himmels willen die Tür ab und macht das Ding nicht zu heiß. Kein Bock morgen eure ekligen Kadaver zu entsorgen.« Damit verließ er das Haus.

»Eklige Kadaver? Meint der böse Junge etwa unsere geilen Astralkörper?«

»Gutes Stichwort«, gab Jacco schmunzelnd zurück. »Was hältst du von einer sehr berühmten landestypischen Sehenswürdigkeit, die zufällig im Garten steht?«

»Worauf warten wir?«

In meinem Zimmer hing die Kleidung ordentlich im Schrank, obwohl ich sie nur über den Stuhl geworfen hatte, mein Rucksack zusammengefaltet in einem Fach. Das Bett war gemacht, Blumen standen auf dem Nachttisch und im Bad lagen flauschige Bademäntel und Badeschlappen.

»Willem«, sagte Jacco.

Die Sauna hatte drei Liege-Ebenen und roch wunderbar nach Orangenöl.

Nachdem die Bademäntel draußen aufgehängt und die Handtücher ausgebreitet waren, standen wir nackt voreinander. Rötliches Licht beleuchtete unsere Körper. Jacco war doch kräftiger, als ich gedacht hatte. Seine Mitte, die von der Badehose verdeckt gewesen war, hob sich hell vom gebräunten Rest ab. Die dunklen Haare fielen ihm in einzelnen Locken ins Gesicht. In den Mundwinkeln lag die Andeutung eines Lächelns. Dieser Typ verzauberte mich.

»Ich bin aufgeregt«, sagte er.

»Ich auch. Wir machen einfach nichts außer Schwitzen. Soll ich aufgießen?«

Er nickte. Vorsichtig schüttete ich eine Holzkelle voll aromatisiertem Wasser über die heißen Steine. Zischend verteilte sich der Dampf im Raum und legte sich als Tröpfchen auf unsere erhitzte Haut. Ich streckte mich eine Stufe über Jacco aus, atmete den frischen Orangenduft ein und schloss die Augen. Minutenlang lief der Schweiß in Strömen an mir herab. Mein Puls ging heftig, leichter Schwindel breitete sich in meinem Kopf aus.

»Ich muss leider raus«, sagte ich und setzte mich auf. »Wo ist die Dusche?«

»In der Holzkabine hinter der Hütte. Alles okay oder soll ich mitkommen?

»Nein, alles gut, bleib ruhig. Ich mache nur kurz Pause.«

Schon die kühle Luft und das Gras unter meinen Füßen tat gut. Ein wenig Mondschein im Garten, Dunkelheit in der Dusche, dennoch machte ich kein Licht.

Das eisige Wasser war so ein Schock, dass ich es nur sehr kurz und sehr hektisch zappelnd aushielt. Ich muss dabei auch schrille Kiekser von mir gegeben haben, denn sofort war Jacco da, lachte und japste unter der Brause genauso wie ich. Als die Dusche aus war, wurde uns schnell wieder warm. Die nassen Körper eng aneinander, kalte Tropfen in unseren Haaren, mehr spüren als sehen. Ich legte die Arme um seine Hüfte, fuhr mit den Händen über seine angespannten Hinterbacken und mit geöffnetem Mund über seine festen Nippel. Ich umrundete sie mal mit der rauen, mal mit der glatten Seite meiner Zunge und saugte daran. Jacco stöhnte, grub die Finger in meine langen Haare und presste mich an sich. Ich ging in die Knie und zog dabei mit den Lippen eine Spur bis zu seinem Bauchnabel. Jaccos Mittelpunkt, der mich so sehr anzog. Erst küsste ich ihn sanft, strich mit dem Daumen über die kleine Kuhle, erkundete dann mit der Zungenspitze die tiefste Stelle und den winzigen Knubbel. Ein paar Haare, die darunter wuchsen, kitzelten mich am Kinn; gefiel mir, dass er sie nicht wegrasierte.

Sein Schwanz war voll aufgerichtet. Als ich ihn zwischen die Lippen nahm, zuckte Jacco und sog die Luft ein.

Heiße Spucke lief mir im Mund zusammen, während ich seine Eichel leckte und meine Zunge an seinem Schaft entlangführte. Der Geschmack erinnerte mich an leicht gesalzene Pistazien. Ich schloss die Lippen, machte sie ganz eng und spannte die Zungenmuskel an, doch Jacco hielt mich zurück.

»Warte, sonst komme ich gleich.«

Ich richtete mich auf. Jacco hatte einen Sisal-Handschuh mitgebracht, mit dem er mich von oben bis unten abrieb, bis jeder Quadratzentimeter meines Körpers kribbelte. Er legte ihn beiseite, kniete sich vor mich und strich küssend über die Innenseite meiner Knie und Oberschenkel. Je näher er meinem Schritt kam, umso langsamer wurden seine Bewegungen.

»Darf ich?«

Statt einer Antwort öffnete ich die Beine und zog ihn an mich. Schon bei der ersten Berührung seiner Zunge an meiner Vulva blieb mir die Luft weg, ich atmete ganz flach. Er leckte erst außen entlang, dann einige Male mit der ganzen Breite drüber. Nach und nach steigerte er den Druck, presste seine Zunge immer fester an meine Vulva und steckte sie rein.

»Du schmeckst so gut«, flüsterte Jacco. Er saugte an meinen geschwollenen Lippen und stupste meinen Kitzler mit der Zungenspitze an. Als er leicht darüber pustete, wäre ich fast mit weggeflogen. Ich zog ihn zu mir hoch, tastete mit den Lippen nach seinem Mund und schmeckte, was er gerade geschmeckt hatte.

»Ich will, dass du mich stößt«, wisperte ich und drückte mit einer Hand seinen harten Schaft.

»Ja.« Heiser knabberte er an meinem Ohr. »Komm.«

Wir liefen um die Hütte herum, ein Griff in die Tasche des Bademantels und zurück in die Sauna. Jacco hatte sie ausgeschaltet und die Tür offen gelassen, sodass sie sich abkühlen konnte. Dennoch war es wohlig warm. Ich schloss die Tür ab und legte mich hin, er zog das Gummi über.

Noch einmal kostete Jacco ausgiebig von meiner Vulva, hob mit seiner Zunge das Häutchen über dem Kitzler an und nahm ihn in den Mund. Doch der Reiz war zu stark für mich. Ich führte seinem Kopf über meinen Bauch zu meinen Brüsten. Sie mit beiden Händen umfassend, küsste er sie jetzt fordernder, dann spreizte er meine Beine und rutschte so weit hoch, bis er ganz zwischen ihnen lag. Sein Blick fixierte mich, nahm jede Regung wahr und mit dem nächsten endlosen Kuss führte ich seinen Schaft.

Langsam und behutsam drang er immer tiefer in mich ein. Ich hielt die Luft an, spürte das Pochen in seinem Schwanz. So verharrten wir einen Moment, um jede Sekunde dieses Gefühls auszukosten.

Fast gleichzeitig begannen wir uns erneut zu bewegen und fanden unseren Rhythmus. Jacco merkte, dass sich meine Muskeln vor Lust extrem anspannten, wenn er mit seinem ganzen Gewicht auf mir lag und sein Schwanz wie von selbst raus und rein rutschte. Mein Atem beschleunigte sich, ich spürte den sich verstärkenden Druck in meiner Vulva. Als Jacco seine kühle Zunge mit meiner verband und das Tempo erhöhte, entfuhren mir kehlige Laute und der Orgasmus brauste in mehreren Wellen durch mich hindurch. Ich bäumte mich auf, zuckte, vibrierte und zerfloss. Jaccos Locken streiften mein schweißnasses Gesicht und bei den letzten heftigen Stößen vorm Kommen flüsterte er meinen Namen, immer und immer wieder.

Bei Sonnenaufgang saßen wir hintereinander in eine Decke gehüllt am Strand. Jacco hatte die Arme um mich gelegt und wärmte meinen Rücken mit seiner Brust. Seine Nase grub sich in meine Haare.

»Komm nach Zandvoord«, flüsterte er und verteilte kleine Küsse auf meinem Nacken. »Bleib einfach hier.«

Ich drehte mich um, sein Blick unwiderstehlich und herbsüß wie Waldhonig.

»Und dann? Was soll ich hier machen?«

Er blinzelte ins Licht und lächelte. »Leben, lieben, so was.«

Kai Spellmeier studierte Literatur und Englisch in Berlin und Edinburgh. Wenn er nicht selbst mit dem Kopf in einem Buch steckt, findet man ihn online, wo er seit 2015 über Literatur bloggt und den queeren Buchclub »Das Pinke Sofa« co-leitet. Er schreibt unverschämt queere Literatur.

Kai Spellmeier

Eintausend Nacktbilder

Der Entschluss stand: Ich würde dem Rat einer realitätsfernen und – nur fürs Protokoll – nicht realen Sechzigjährigen folgen und tausend Nacktbilder von mir aufnehmen.

Nun, vielleicht nicht exakt tausend. Eher zwei- oder dreihundert, bis eins dabei rauskam, für das ich mich nicht schämen musste, sollte es doch mal irgendwie den Weg in die Weiten des Internets finden. Würde mein Vater jemals mit diesem Bild konfrontiert werden, könnte er so was sagen wie ›Also, mir kommt zwar grade das Abendessen hoch, aber immerhin will ich mir nicht sofort die Augen auskratzen.‹

Die Entscheidung war an einem Freitagabend gefallen, an dem ich die Luxusprobleme der Familie in meiner Lieblings-Sitcom ausnahmsweise ohne meine Mitbewohnerin verfolgen musste. Sie hatte sich auf ein Date verabredet und mich allein und komplett Date-los zurückgelassen, weswegen ich nun vor mich hin schmollte.

Ich hatte alle sozialen Netzwerke auf meinem Handy längst leergescrollt und war vor Langeweile im App Store gelandet. Während sich die perlenbehängte Mutter auf meinem Laptopbildschirm darüber beschwerte, dass die Nacktbilder aus ihrer Jugend verschollen waren, schwebte mein Finger gefährlich über dem schwarzgelben Icon einer Dating-App.

Das Problem mit Dating-Apps war, dass sie mir Angst machen.

Zum einen war der Gedanke gruselig, dass Hunderte fremde Typen mein Gesicht oder meinen Körper beurteilten. Außerdem wurde man ständig gefragt, worauf man stand und ob man ein guter Power Bottom war. Ich hatte keine Ahnung, worauf ich stand und ob ich ein guter Power Bottom war. Jedes Mal, wenn ich mich überwunden hatte, mir ein Profil anzulegen, kam ich zu dem peinlichen Schluss, dass ich viel zu prüde und unerfahren war, um in der schwulen Dating-Welt zu überleben.

Und dann war da das Ding mit den Nudes. Sie gehörten bei der Onlinepartnersuche zur sozialen Währung. Ich aber war arm wie eine Kirchenmaus, im bildlichen Sinn. (Okay, auch im buchstäblichen Sinn, denn ich war ein Germanistikstudent im ersten Semester am Ende des Monats, der hoffte, dass die Packung Spaghetti ihn bis zur nächsten Bafög-Zahlung über Wasser halten würde.) Was ich sagen wollte: Ich hatte keine Nudes. Schon gar keine guten Nudes. Das letzte Mal als ich mich auf einer dieser Apps rumtrieb, hatte ich mich dem Gruppenzwang gebeugt und ein Bild von meinem Penis gemacht … und es sofort gelöscht.

Ich war hoffnungsloser als die Netflix-Mutter mit den verschollenen Nacktbildern. Immerhin hatte sie mal gute Nudes besessen, was mehr war, als ich von mir behaupten konnte. Besagte Mutter unterbrach meine Selbstmitleids-Show mit einem überraschend aufklärenden Monolog. Jetzt oder nie, sagte sie, denn Jugend sei das beste Gegenmittel gegen die Erdanziehungskraft. Tausend Nacktbilder solle man aufnehmen, solange Brüste und Hintern noch knackig waren.

Beleidigt klappte ich den Laptop zu. Mein Blick glitt von Maites ungemachten Bett zum Wandspiegel daneben. Ich wischte einige Brösel von meinem Schoß und machte ein paar zögerliche Schritte darauf zu. Ein dubioser Fleck prangte auf meiner Jogginghose, mein Haar glich einem Wollknäuel, das einer Katze zum Opfer gefallen war, und ein Paar dunkler Augen starrte mir grimmig entgegen. Ich war unzufrieden mit meiner ereignislosen Lebenslage und Nacktbilder würden mir wohl kaum helfen. Außerdem. Außerdem gab es in meinem frisch bezogenen Zimmer keinen Spiegel. Und ich konnte wohl kaum Maites Zimmer für meine niederen Motive missbrauchen, oder?

Während ich noch über die moralischen Abgründe einer Nacktbild-Session im Zimmer meiner nichts ahnenden Mitbewohnerin grübelte, fiel die Haustür ins Schloss. Erleichtert, dass mir die Entscheidung abgenommen worden war, sank ich zurück in die Sofakissen.

»Ich weiß nicht, warum ich überhaupt date«, sagte Maite anstelle einer Begrüßung. Sie stützte sich am Türrahmen ab und zog sich die Docs von den Füßen. »Die Männer dieser Stadt sind hoffnungslos. Männer sind hoffnungslos.«

»Deswegen date ich gar nicht erst. Erspart mir die Enttäuschung.«

Maite hob eine Augenbraue. »Mach dir nichts vor. Du datest nicht, weil du ein Schisser bist.«

Ich mochte die Richtung nicht, die diese Unterhaltung einschlug und wechselte das Thema.

»Maite, hast du eigentlich Nacktbilder? Also, die du verschickst?«

Maite war dabei, sich den zweiten Stiefel vom Fuß zu zerren und hielt verdutzt inne. »Also … ja?«, antwortete sie und befreite sich von dem Schuh. Dann ließ sie sich neben mich fallen. »Wieso, brauchst du Hilfe mit deinen?«

Dafür, dass wir uns erst seit ein paar Monaten kannten, durchschaute sie mich schon mit erschreckender Leichtigkeit.

»Nope, hab alles im Griff.«

Entschieden klappte ich den Laptop wieder auf und startete die nächste Folge.

Nichts hatte ich im Griff. Nach etwa einem Dutzend verschiedener Positionen war noch nicht ein Bild dabei herausgekommen. Da war das Über-die-Schulter-Selfie-mit-Aussicht-auf-Pobacken, der Auf-dem-Rücken-Body-Shot, der Lange-Beine–und-Schritt-Teaser und das Nackte-Tatsachen-Frontal-Foto. Mein Daumen war im Anschlag über dem Auslöser positioniert, kapitulierte aber jedes Mal, bevor es zu einem Bild kam.

Der 1000-Nacktbilder-Plan war am Wackeln ohne ein einziges Foto im Kasten. Ich kam mir etwas erbärmlich vor, wie ich nackt auf dem Bett lag, den Sex-Appeal eines gerupften Huhns verkörpernd. Ich musste feststellen, dass Nudes eine Kunstform für sich waren – eine, die verlangte, gleichzeitig Kunst und Künstler zu sein. Ich scheiterte momentan an beiden Fronten.

Es war nicht völlig meine Schuld. Meine Model-Erfahrung lief gegen null, aber die Umstände waren alles andere als hilfreich. Die geschlossenen Rollos verhinderten jegliches natürliche Licht, und die grelle Deckenleuchte sorgte dafür, dass mein blasser Körper kaum von den weißen Laken zu unterscheiden war. Die Qualität der Selfiekamera könnte besser sein, aber mein Arm war weder lang noch dehnbar genug, um die vorteilhaftesten Winkel zu erreichen. Und das Penisproblem hatte ich auch nicht lösen können. Da hing er und ich musste ihn irgendwie ästhetisch aussehen lassen. Ich hatte mich noch nie nach Brüsten gesehnt, aber in diesem Moment hätte ich sofort getauscht. Brüste waren hübsch, wie sie waren. Niemand sah sie an und dachte dabei an einen Wurm oder Nacktmull.

Ich fischte meine Briefs vom Boden und fühlte mich sofort wohler. Jetzt, wo alles nett verpackt war, ohne lustlos von einer zur anderen Seite zu purzeln, ließ sich wieder durchatmen. Damit konnte ich arbeiten.

Als Nächstes musste ein Spiegel her. Maites Zimmer war keine Option, aber es gab eine andere Lösung. Ich warf mir einen Hoodie über, nur für den Fall, dass Maite früher als geplant von ihrem Barista-Job nach Hause kommen sollte, und stapfte in ihr Zimmer. Der Spiegel war von der Sorte, wie man sie für wenig Geld in jedem schwedischen Möbelhaus bekam, und ließ sich ohne Widerstand in mein Zimmer befördern. Ich würde Maite nicht nach Erlaubnis, sondern um Vergebung fragen – bestimmt hätte sie mir mit einem wissenden Grinsen den Spiegel geliehen, und die Häme wollte ich mir erst mal ersparen.

Zuletzt öffnete ich die Rollos wieder, und hoffte, dass der Ahorn vor meinem Fenster seinen Job tat und mich zuverlässig vor Blicken aus dem Nachbarhaus gegenüber bewahrte.

Für eine Sekunde erwog ich, mich mit der Wodkaflasche in der Küche vertraut zu machen – Mut antrinken, Barrieren lockern – aber die irrationale Angst, aus Versehen Nudes an jegliche WhatsApp-Kontakte zu verschicken, saß zu tief. Mit klarem Kopf verringerte sich die Wahrscheinlichkeit eines derart peinlichen Fauxpas.

Vielleicht war ich die Sache falsch angegangen. Ich hatte das Pflaster in einem Ruck abreißen wollen, nur um festzustellen, dass sofortiges Blankziehen anstatt der erwarteten Befreiung ausschließlich mehr Hemmungen hervorbrachte. Außerdem war mir bewusst geworden, dass ich meine Prioritäten grottenfalsch gesetzt hatte. Der Sinn und Zweck von Nacktbildern war eben nicht, den eigenen Eltern einen Herzkasper zu ersparen. Denn in dem Fall ließ man am besten gleich die Finger davon. Und überhaupt sollten Eltern beim Thema Nacktbilder kein Mitspracherecht haben.

In Hoodie und Unterhose fühlte ich mich wohler – und mein Spiegelbild sah fast schon süß aus. Das Haar machte den Eindruck, als hätte mich jemand eine Runde ordentlich durch die Kissen gewälzt, was leider so gar nicht der Wahrheit entsprach, aber für diesen Zweck gab ich mich mit dem Anschein zufrieden. Der bullige Pulli versteckte zwar meinen Oberkörper, aber immerhin ließ sich aus diesem Winkel nicht sagen, ob ich Unterwäsche trug. Es folgten meine Oberschenkel, an denen ich, im Gegensatz zum Rest meines Körpers, nichts auszusetzen hatte. Sie waren kräftig und durften sich sehen lassen.

Vielleicht, dachte ich, muss ich gar nicht splitterfasernackt sein, um ein solides Nude zu machen. Waren es nicht viel mehr Andeutungen, die den Puls höher schlagen ließen? War es nicht gekonntes Verhüllen, das eine Thirst Trap zum Erfolg machte? Zumindest war das die Strategie der waschbrettbäuchigen Typen auf Instagram, die sich ein gutes Taschengeld mit nicht gerade jugendfreien Inhalten verdienten. Die trugen selten viel Stoff am Körper, und gaben trotzdem nur eben genug preis, um neugierige und triebgesteuerte Menschen in Scharen auf ihre privaten Pornoseiten zu locken. (It's me, ich war einer dieser neugierigen und triebgesteuerten Menschen.)

Ich zückte die Kamera und drückte ab. Tat gar nicht mal weh. Und hey, ich war zwar nicht nackt nackt, aber Bild 1 von 1000 war geschossen. Das nannte sich Fortschritt.

Ich betrachtete das Produkt und musste feststellen, dass auf dem Foto nicht nur ich, sondern auch der unordentliche Fußboden eingefangen war. Steckdosen und leere Glasflaschen waren nicht gerade sexy, also verstaute ich all den Kleinkram in einer Schublade, sodass er nicht von meinen Oberschenkeln ablenken konnte.

Einer Eingebung folgend startete ich eine Spotify-Playlist mit fragwürdigem Namen, die sinnliche R&B-Musik versprach. Ein Versuch konnte nicht schaden, immerhin waren die besten Sex-szenen in Serien auch immer mit Musik unterlegt. Nicht, dass mein amateurhafter Selfie-Versuch da mithalten konnte. Aber es zähl-ten die Vibes.

Als der langsame Beat meinen Kopf füllte, wandte ich mich wie-der dem Spiegel zu. Ich setzte einen neutralen Gesichtsausdruck auf, nahm die originale Pose ein – Wuschelhaar, Kuschelpulli, Ober-schenkel, check! – und machte das zweite Foto meiner Nacktmodel-karriere. Einige wenig sensationelle, aber aushaltbare Bilder folgten, bis ich den Pulli hochschob, und das Geheimnis der Unterwäsche-frage löste. Der Stoff meiner Briefs schmiegte sich an meine Form und gab wieder genug preis, ohne mich komplett zu entblößen. Ich lobte mein Vergangenheits-Ich für die weise Entscheidung, in ein Paar teurere, aber gut sitzende Unterhosen zu investieren. Vor allem mein Hintern kam darin zur Geltung, und schnell schoss ich noch ein paar Bilder von der Seite.

Kurzerhand stellte ich den Song auf Dauerschleife, denn die Saxofontöne in meinen Ohren gepaart mit der tiefsamtenen Stimme übertönten erfolgreich die Gedanken in meinem Kopf. So landeten die Briefs fast wie von selbst wieder auf dem Boden. Ich war immer noch nicht bereit für vollendete Tatsachen, aber ein bisschen Po durfte sein. Und der Pulli funktionierte nach wie vor als Kokon, in den ich mich zurückziehen konnte und der nur das zeigte, wofür ich bereit war.

Ich setzte mich mit angewinkeltem Bein aufs Bett. Die Laken glit-ten über meine Haut, kühl und sanft. Ich präsentierte dem Spiegel eine von der Matratze gepolsterte Pobacke, und, ich geb's zu, sie sah zum Anbeißen aus. Ich sah zum Anbeißen aus. Wie ein halb ausgepacktes Geschenk, dessen mysteriöser Inhalt zwar noch immer in Papier gewickelt, aber eventuell ganz vielversprechend war. Es half, dass ich mich hinter meinen Locken verstecken konnte und mir nicht selbst ins Gesicht schauen musste. Ich konnte mich angezogen ja kaum ernst nehmen.

Die Sängerin setzte zu einem emotionalen Crescendo an. Ich ließ mich in ihre Worte fallen und hörte auf mich zu hinterfragen. Stattdessen konzentrierte ich mich auf die Weichheit der Kissen, die Wärme, die meine Haut ausstrahlte, die Körperteile, die mir Selbstbewusstsein verliehen. Eine Hand betätigte stetig den Auslöser, die andere spielte mit dem Stoff des Pullis, hob den Saum an, fuhr durch mein Haar, streichelte meine Hüften und die zarte Haut auf der Innenseite meiner Schenkel.

Nach und nach rotierte ich mein Hinterteil, bis der Spiegel einen guten Blick auf beide Seiten des Mondes hatte. Auf dem Weg dahin waren zwar einige Bilder entstanden, bei denen ich halb vom Bett fiel, aber sie würde ich später blind löschen. Der Stolperer sollte mich nicht von meinem Ziel abbringen, nicht wenn die Aussicht auf meinen Hintern derart grandios war, dass mein Selbstbewusstsein Saltos schlug. Nicht, wenn ich mich einfach mal gut in meinem Körper fühlte.

Meine Hand fuhr meine Wirbelsäule unter dem Pulli hinab, kreiste um die sanften Erhebungen unter der Haut, erspürte die feinen, kaum sichtbaren Härchen und landete schließlich auf einer weichen Pobacke. Im Spiegel beobachtete ich, was passierte, wenn ich sie leicht anhob, wenn ich die Muskeln dort anspannte oder ins Holzkreuz ging, um die Rundung zu perfektionieren.

Entweder war es das dunkle Timbre der Sängerin, das mir einen wohligen Schauer bereitete und meine Haut in winzige Stoppeln verwandelte, oder ich hatte es irgendwie geschafft, mich selbst heiß zu machen. Ich ließ mich gehen, geleitet von der Musik und zog mir ohne große Hast den Hoodie über den Kopf. Ein Blick über die Schulter bestätigte mir, dass, ja, wirklich jegliche Hüllen gefallen waren. Und trotzdem fühlte ich mich nicht nackt, fühlte mich nicht entblößt.

Ich betrachtete meine hervorstehenden Schulterblätter und die Muttermale, die dort wie von einem Pinsel gesprenkelt waren. Mein Rücken war nicht breit, aber mit etwas Fantasie hatte er etwas Filigranes. Also schoss ich das nächste Bild und zeichnete den Schwung meines Körpers auf, schmal zu Beginn, aber mit Wumms im Fundament.

Ich klickte und klickte, rollte dabei mit den Schultern, reckte mich in die Höhe, senkte mich hinab in die Kissen, biss mir auf die Lippen und bemerkte es erst, als ich den Blick meines Spiegelbilds auffing. Schon war der Augenkontakt weniger unangenehm als vorher. Meine Wangen waren gerötet, und ich spürte, wie sich mein Blut nun auch in andere Körperregionen verteilte und zu brodeln begann.

Wieder war da dieses Kribbeln, als ich mit der Hand gemächlich über meine Brust und meinen Bauch fuhr, auf dem Weg in andere Untiefen. Ich schob jegliche Gedanken fort, gab mich allein der Musik und der Berührung hin. Im Gleichschritt mit der Melodie zog ich Linien von meinen Hüftknochen zu meinem Schenkel, von meinem Nabel zu der Kuhle, wo mein Bein sich vom Körper abspaltete. Und wenn ich weiter hinabfuhr, meiner Hand freien Lauf ließ, ertastete ich bereits die beginnende Rundung meines Pos. Dann war da die sonderbare und, wie ich jetzt feststellte, sehr empfindliche Stelle, die selten bis nie das Licht sah; das Niemandsland zwischen Hintern und Hoden, dessen Namen mir gänzlich unbekannt, aber auch vollkommen schnuppe war. Ich massierte die Stelle erst sanft, dann drängender, wagte mich Stück für Stück zwischen die

Pobacken vor, wo meine Finger ein wohltuendes Kitzeln auslösten, nur um wieder einen Rückzieher zu machen. Mit jeder Berührung wurde ich härter, jedes Mal, wenn der Handrücken meinen Hodensack streifte, war ich kurz davor, das Handy wegzuschmeißen und einfach zuzupacken, aber ich hatte mir die Mission noch nicht komplett aus dem Kopf gestreichelt.

Widerstrebend und mit einem Seufzer, den ich tief in der Brust spürte, entfernte ich die Hand zwischen meinen Beinen. Ich war mittlerweile halb auf das Bett gesunken und ließ mich sanft aufs Gesicht fallen. Mit einem Auge sah ich zum Spiegel und erschrak mich vor dem tiefen Einblick, der sich mir dort präsentierte. Ich drehte mich und lag nun in voller Länge auf der Bettkante, halb vom Bettlaken verdeckt, hier und da war eine Wade, ein Stück Rücken, ein dunkler Haarschopf zu sehen. Kein schlechtes Motiv, fand ich, und schon war die Kamera wieder gezückt.

Das Bild, das dabei entstand, ließ sich sogar unschuldig online posten, wenn man auf diese Art von spärlich möblierten und komplett in Weißtönen gehaltene Ästhetik stand. Hatte bei mir nichts mit Geschmack, sondern vielmehr mit einem Studentenbudget zu tun. Trotzdem würde es wohl keine Zensur-Alarmglocken leuchten lassen – konnte ja niemand ahnen, dass mein Penis zwischen meinem Körper und der Matratze langsam und stetig pochte.

Ich schob die Decke von mir, damit auch jeder Zentimeter zwischen Hüfte und Zeh zur Schau kam, und drückte wieder ab. In meinem Bauch glomm eine wohlige Wärme, die nur zur Hälfte von meiner Erregung stammte. Ich betrachtete mein Gegenüber und fühlte mich … gut. Sonst kam jeder Blick in den Spiegel mit schier endloser Kritik – Haare an den unnötigsten Stellen, unansehnliche Ekzeme, kümmerliche Muskeln – aber hier und jetzt begutachtete ich diese Makel mit liebevoller Zärtlichkeit, während der Nörgler ausnahmsweise schwieg. Vielleicht wurde er erbarmungslos von der Sängerin übertönt, oder ihre Worte übten sich magisch auf das Selbstbewusstsein aus.

Ich drehte mich auf die Seite und stützte mich auf einem Arm ab. Dann räumte ich Kissen und Bettdecke aus dem Weg und erwiderte unverhüllt meinen Blick im Spiegel. Gebadet in die Wärme vereinzelter Sonnenstrahlen, die sich durch die Lücken des Ahorns stahlen, kamen mir griechische Skulpturen in den Sinn; Kaiserinnen und Sagenfiguren, verewigt von geschickten Händen. Ich war alles andere als ein vollkommenes Kunstwerk, aber die Sonne tanzte auf meinem Torso, streichelte Kurven und Sehnen, kitzelte und liebkoste. Verführt von dieser Zärtlichkeit hob ich das Handy und hielt das stetige Necken fest. Ich zoomte nah heran, schoss Bilder vom Schatten der Ahornblätter auf einem Schlüsselbein. Ein Sonnenstrahl, der einen Nippel küsst. Eine Penisspitze, die sich zum Bauchnabel reckt. Eine nadelgroße Pupille, gleißend hell.

Ich setzte mich auf, streckte die Hände zur Decke, um jeden Zentimeter Wärme einzufangen. Dann begann ich das Spiel erneut und rekelte mich in Licht und Schatten.

Erregung brannte wieder in mir auf, angespornt von dem Schauspiel, das sich meinen Augen bot. Ganz von selbst glitten die Hände zwischen meine Beine. Sie sogen die Hitze auf, die sich in mir staute, träufelten Öl ins Feuer, bis honigsüße Flammen meinen Körper leckten. Das Handy war vergessen, verloren in den Untiefen des Betts.

Ich ertastete die Schublade unter meinem Bett, schob sie auf. Darin wartete ein kleiner Kasten mit einem großen Geheimnis. Ich griff nach dem Inhalt und nahm die zwei Objekte in Augenschein. Eine Pumpflasche mit einer klaren, dicklichen Flüssigkeit und ein schwarzes Objekt, das Gummi kühl und nachgiebig, schmal wie mein Handgelenk und etwa halb so lang wie mein Unterarm. Eine meiner ersten Erkundungstouren nach meinem Umzug in die Groß-stadt, trieb mich in einen schwulen Sexshop. Ich traute mich zwar kaum, dem haarigen, Croptop-tragenden Kassierer in die Augen zu schauen, und hielt es nicht länger als fünf Minuten im Shop aus, aber immerhin verließ ich ihn mit Kondomen, wasserlöslichem Gleitgel und einem heruntergesetzten Dildo in der Tasche. An dem Tag hatte ich gelernt, dass ich unglaublich prüde, und Sextoys maß-los überteuert waren. Heute feierte der Dildo Premiere, und er hielt besser, was er versprach.

Ich pumpte eine Ladung Gleitgel in die Hand und tröpfelte et-was davon auf meinen Penis. Kurz zuckte er, da ich nicht mit der Kälte gerechnet hatte, aber eine Sekunde später umschloss ich ihn und wärmte ihn wieder auf. Das Gel war glitschig, aber die Berüh-rung sofort intensiver. Mit den Fingern zog ich die Vorhaut zurück und verteilte das Gel auf der Penisspitze. Widerstandslos glitten sie über die empfindliche Stelle. Die Berührung sandte wohlige Stiche in meinen Unterleib und mein Rückgrat hinauf. Ich schloss die Au-gen und spielte mit der Eichel, bis Feuerwerke auf der Innenseite meiner Lider tanzten und ich fürchtete, mein Hirn würde vor Ge-nuss einen Kurzschluss erleiden.

Der Dildo war als Nächstes dran. Ich rieb ihn großzügig ein, wo-bei Kleckser auf meinen Schenkeln und Laken landeten, aber ich kümmerte mich nicht darum. Bis auf meine eigenen Finger hatte ich noch nie etwas in mir gefühlt, und meine Glieder zitterten vor Aufregung.

Ich ließ mich wieder auf den Rücken fallen, die Hände zwischen den Beinen. Ich rieb den Dildo an mir und wagte mich mit den Fin-gern vor, bis das Loch genüsslich zuckte. Ich seufzte, während in mir ein Hunger entbrannte; ein unterschwelliges Beben, das sich durch meinen Unterleib zog. Ich begann mich mit dem dickflüssigen Gel einzuschmieren, und bei jedem Streicheln wuchs die Lust ins Unermessliche. Ich hatte keine Ahnung, wie viel man davon brauchte, also ging ich großzügig damit um, bis alles nass und glitschig war. Mit dem Mittelfinger stieß ich sachte vor, und tauchte ein in die feuchte Wärme. Der Atem stockte mir in der Brust, etwas brüllte fordernd nach mehr. Ich drückte mich tiefer hinein, spürte die Muskeln um meinen Finger, die Wärme, die in meinen gesamten Körper strahlte. Ich gab nach, nahm einen zweiten Finger in mir auf. Mein Penis pulsierte, ohne dass ich ihn berührte.

Ich sehnte mich nach mehr, wollte tief in mich vordringen, wollte dort berührt werden, wo ich noch nie berührt wurde. Ich musste die Neugier befriedigen, wie es sich anfühlte, so ausgefüllt zu werden.

Ich zog die Hand wieder hervor, beschichtete den Dildo mit einer weiteren Ladung Gleitgel, und setzte die Spitze an. Sachte erhöhte ich den Druck. Mein Muskel gab nach und ließ ihn ein. Schwindel erfasste mich, und ich ließ mich davonschwemmen. Stöhnend warf ich den Kopf in den Nacken. Mit geschlossenen Augen verfolgte ich, wie der Dildo nach und nach in mich eindrang. Mit jedem Stoß erweiterte sich mein Bewusstsein, wurde geflutet von Hitzewellen. Gedanken wurden verschluckt, bis ich nur noch aus Verlangen bestand.

Einem Impuls folgend begann ich, meine Hoden zu massieren, neckte sie mit den Fingerkuppen, erhöhte den Druck auf meinen Schwanz. Die Doppelsensation trug mich weiter hinaus in einen grenzenlosen Ozean.

Ich wollte ihn ganz aufnehmen, wollte, dass er so tief in mir war, wie möglich. Ohne ihn zu entfernen, änderte ich die Position, und sank auf meine Knie. Ich erhaschte einen Blick in den Spiegel und sah, wie er zur Hälfte in mir verschwunden war. Für einen Sekundenbruchteil erwog ich ein weiteres Bild, und wischte den Gedanken wieder fort. Ich wollte kein Sextagebuch führen. Die Nacktbilder sollten heiß sein, aber nicht so heiß. Wobei …

Ich drehte mich so, dass der Dildo nicht zu sehen war. Auch mein steifer Penis war hinter meinem Schenkel verborgen. Für Außenstehende gab es nichts zu entdecken, außer mich, nackt auf dem Bett. Und darin lag der Reiz. Ich griff nach dem Handy, entsperrte mit rutschigen Fingern die Kamera, und schoss mehrere Fotos, während ich mich auf dem Dildo hoch und runter bewegte.

Mittlerweile schüttelte mein Körper sich, gepackt von kochender Begierde. Ich schmiss das Handy zur Seite, stemmte mich auf den Fäusten ab und senkte meinen Unterkörper. Ich glitt die gesamte Länge hinab, bis zum Anschlag, bis es nicht mehr weiter ging. Ich fühlte mich königlich, auf einem Thron sitzend, während ich meine Lust fütterte. Millimeter um Millimeter, Tropfen um Tropfen, bis ich alle Sinne verlor. Ich biss mir fest auf die Lippe und trotzdem entwichen mir genussvolle Laute. Dann warf ich mich wieder auf den Rücken, beide Hände zwischen den Beinen, damit mir ja nichts entglitt.

Sobald ich meinen Schwanz berührte, wusste ich, dass meine Selbstbeherrschung mit jeder Sekunde zerrann. Ich trieb auf den Höhepunkt zu, konnte mich nicht bremsen, sehnte mich nach wilder Erlösung. Die Hand an meinem Schwanz glitt auf und ab, stetig wie die Brandung, die unablässig und ohne Hast die Küste streichelte.

Im gleichen Rhythmus hob und senkte ich die Hüften. Der Dildo traf den sweet Spot, wenn ich mich gen Himmel streckte, zog sich nervenzerreißend zurück, nur um bei der nächsten Welle wieder Verlangen in mir aufzupeitschen.

Ich schmeckte Salz auf den Lippen, spürte, wie mir der Schweiß die Schläfen hinabbrann, und das Haar tränkte. Mein Blut war ein tosender Mahlstrom in den Ohren, es rauschte und übertönte jegliches Geräusch.

Die Intensität all dieser Reize schlug über mir zusammen. Die Sturmflut entriss mir jegliche Kontrolle. Ich gab nach. Ich ging unter. Wurde gnadenlos davongeschwemmt, fühlte mich lebendiger denn je. Gepackt von einem reißenden Strom trieb ich davon, badete in Wonne, wog mich Entzücken.

Nachbeben erschütterten mein Wesen im Kern. In Wellen rollten sie von meinem Zentrum bis in die Fingerspitzen, schüttelten die Knochen, versetzten die Muskeln ins Schwingen, brachen an den Ausläufen meines Körpers. Mit jedem zitternden Atemzug klangen sie ab. Zurück blieben Wärme und ein Kribbeln, das von mir Besitz ergriff. Es begann in den Fußsohlen – ein Kitzeln, das von dort zu meinen Kniekehlen sprang und die Lenden erreichte. Es kletterte die Wirbelsäule hinauf, erklomm meinen Nacken und prickelte auf meiner Kopfhaut. Eine Gänsehaut bedeckte meinen ganzen Körper.

Ich fühlte mich noch immer, als driftete ich ziellos in den Armen der Ozeane. Sanft schaukelten sie mich hin und her. Wenn es nach mir ginge, hätte ich ewig an diesem Gefühl festgehalten, aber es entglitt mir, je schärfer die Wände meines Zimmers wieder in den Fokus rückten. Ein Stöhnen befreite sich aus meiner Brust, und ich streckte meine Glieder, die Füße, den Rücken, versuchte gemächlich die Kontrolle über sie zurückzugewinnen. Mit jeder Dehnung gaben meine Gelenke ein genüssliches Knacken von sich.

Ich betrachtete meine bebenden Hände und meine glänzende Brust. Überhaupt war mein Körper von einer feuchtwarmen Schicht bedeckt; Schweiß vermischte sich mit Gleitgel, Sperma sammelte sich in den Tälern meiner Hüften und rann an ihnen hinab in die

Laken. Ich wartete auf den Ekel, der sonst in meiner Magengegend aufkeimte und sich erst wieder zurückzog, wenn ich mir die Erinnerung an das, was ich getan hatte, vom Körper wusch. Aber dieses Mal blieb er aus. Dieses Mal war anders als die anderen Male.

Nie zuvor hatte ich mich einfach nur mir selbst hingegeben. Nicht so. Selbstbefriedigung war mir sicher nicht fremd, aber meistens erledigte ich es schnell und im Dunkeln. Ich wollte es hinter mich bringen, wie ein Mittel zum Zweck, um den Ansturm notgeiler Fantasien aus meinem Kopf zu verbannen und danach schnell in den Schlaf zu sinken.

Ohne es zu planen, hatte ich diese schamerfüllte Routine über den Haufen geworfen. Hätte ich früher gewusst, dass ein intimes Fotoshoot zu einem Orgasmus kosmischen Ausmaßes führte, wären nicht Jahre vergangen, in denen ich mich vor dem Anblick meines eigenen Schwanzes fürchtete. Der konnte ja nichts dafür, dass er war, wie er war. Ich schaute auf ihn hinab und war beeindruckt, von seiner Leistung, auch wenn er so erschöpft aussah, wie ich mich fühlte. Erschöpft und tiefenentspannt zugleich. Von Anatomie und chemischen Reaktionen verstand ich nicht viel, aber dass ein Muskel, ein paar Nerven und etwas Reibung ein derartiges Feuerwerk auslösen konnten, verdiente Anerkennung.

Ich fuhr mit dem Daumen seine Länge nach und er war seiden unter meinen Fingerspitzen. Wahrscheinlich gab es keine samtenere Stelle an meinem Körper, so zart und glatt war die Haut hier. Das Stoppelhaar zwischen meinen Beinen war noch feucht und dunkler als sonst. Mein Hintern war geschmeidig; wenn ich die Pobacken anspannte, rieben sie ohne Widerstand aneinander, geölt mit einer Unmenge Gleitgel. Ich genoss das Gefühl, als ich mit der Hand den Schließmuskel abtastete, das Echo eines reizenden Kitzelns.

Es gab wohl kaum noch einen Fleck an mir, der nicht mit Lube vollgepinselt war, mal ganz abgesehen von anderen Körperflüssigkeiten. Die Dusche rief, aber ich schob den Moment auf, in dem ich mich vom Bett erhob. Sobald ich dieses Zimmer verließ, übernahm der Alltag, und mein neu entdecktes und sexuell aufgewecktes Ich rückte wieder in den Hintergrund. Dabei verstanden wir uns so gut. Ich wollte diese Harmonie nicht zerbrechen.

Meine Finger zogen wie von allein ihre Bahn über meinen Unterleib und ich beobachtete sie halb belustigt und mit einem Rest Erregung. Ein Grinsen zuckte an meinem Mundwinkel. Niemals hätte ich erwartet, dass ich es mir so gut selbst besorgen konnte. Neunzig Minuten Narzissmus taten nicht nur dem Ego, sondern auch der Seele gut. Ich hatte ein Geheimtalent unlocked, das bisher unerkannt in mir geschlummert hatte. Und erst da dämmerte es mir, dass ich obendrauf meine Mission erfüllt hatte.

Ich tastete mein Bett ab, hob Kissen und Decke an, die später allesamt in der Wäsche landen würden. Meine Hand ertaste die kalte Oberfläche meines Smartphones. Ich ließ mich wieder auf den Rücken fallen und öffnete meine Galerie.

Da war ich, hundertfach. Mal nackt, mal weniger nackt, aus der Distanz und in puzzlehaften Details. Ich scrollte durch meine anfänglichen Versuche und sah wie mein Mut parallel mit meiner Erregung anstieg, bis ich Posen wagte, für die ich mich kurz vorher noch in Grund und Boden geschämt hätte. Ich favorisierte hier und da eins der Bilder; ein entblößtes Bein, eine Hand im Schritt, der Umriss eines harten Schwanzes unter einem dünnen Laken. Wiederholt musste ich mich selbst davor stoppen, auf das Mülleimer-Icon zu klicken. Erst musste ich sie zählen, bevor ich mich systematisch ans Löschen wagte. Niemals würde ich alle von ihnen brauchen. Ein paar gute Schnappschüsse reichten aus.

Ich selektierte alle Bilder und sah zu, wie sich die Zahl am unteren Ende des Screens in die Höhe schraubte. Als ich mir sicher war, dass keines fehlte, stieß ich ein ungläubiges Schnauben aus.

Neunhundertneunundneunzig Nudes. Eine einzige Leerstelle blieb zu füllen. Nur wusste ich nicht wie. Es schien mir geradezu enttäuschend, einfach irgendwas einzufangen, nur um auf Teufel komm raus die Ziellinie zu durchbrechen. Das Bild sollte besonders sein, es sollte die Stimmung einfangen.

Ein Schalter legte sich um in meinem Kopf und ich richtete mich auf. Ich wusste, wie ich den Meilenstein gebührend zelebrieren konnte. Ich schwang die Beine vom Bett, wobei meine Arschbacken ein amüsantes Schmatzen von sich gaben. Nachdem ich meine Hände grob an dem Handtuch abgewischt hatte, kniete ich mich vor den Schrank und kramte darin herum, bis ich in der Unordnung das gefunden hatte, was ich suchte.

Zufrieden richtete ich mich auf und trat vor den Spiegel. Der krönende Moment war gekommen. Ich schmunzelte meinem nackten Gegenüber zu und hob die Polaroidkamera, die ich zu meinem letzten Geburtstag bekommen hatte. Um all die Schlüsselmomente meines frisch gebackenen Studentendaseins einzufangen. Ich würde behaupten, dieser Augenblick qualifizierte sich für das Gütesiegel allemal.

Still sah ich in den Spiegel. Normalerweise vermied ich es, mich so ausgiebig zu betrachten, daher wollte ich diese innere Ruhe gründlich auskosten. Anstatt Verlegenheit kam Wohlwollen in mir auf. Ich sah täuschend erfrischt aus, als hätte ich ein erfolgreiches Workout hinter mir, was wohl nicht mal gelogen war. Was mir am meisten gefiel, war meine Gelassenheit. Kein erzwungenes Gepose, kein peinlich berührter Gesichtsausdruck. Hüllenlos, unaffektiert. Nur ich.

Bedächtig sah ich durch den Sucher der Kamera, legte den Finger an und fokussierte. Ein tiefer Atemzug, dann drückte ich ab. Während der Apparat surrte und schnurrte, schob ich die feuchte Decke zur Seite und setzte mich behutsam aufs Bett. Einige Sekunden später hielt ich das Foto in der Hand, welches ich mit der Bildseite nach unten ablegte. Nach ein paar weiteren Atemzügen drehte ich es auf den Rücken, um die Magie nicht zu verpassen. Auf dem blassen Hintergrund bildeten sich die ersten Schemen. Das Bett nahm Form an, die Wände erbleichten, und zuletzt gewann mein Umriss an Substanz. In dem Ausschnitt des Zimmers, welches kaum einen Klecks Farbe hergab, schien mein Körper zu leuchten. Die Überbelichtung schuf sachte Kurven und tiefe Schatten, Kanten verflossen. Das Ich auf dem weißen Papierquadrat glich einer marmornen Statue, erstarrt in ewiger Selbstreflexion.

Das tausendste Bild.

»Okay, in zehn Minuten kommt der Bus«, sagte Maite und schwenkte den letzten Rest Bier in ihrer Flasche. Dann warf sie den Kopf in den Nacken und trank aus. »Was für Schuhe trägst du?«, fragte sie, meine bloßen Füße betrachtend.

Ich lief aus ihrem Zimmer und kam wenige Sekunden später mit einem Paar schwarzer Docs zurück. Sie nickte zufrieden, bevor sie in dem Schuhhaufen zu wühlen begann.

Ich trat vor den Spiegel, den ich gestern wieder brav an Maites Zimmerwand gehängt hatte. Sie schien sein Fehlen nicht bemerkt zu haben. Ich trug weite, schwarze Cargohosen und ein enges T-Shirt, das einen Streifen Bauch freiließ. Genug zum Flirten, aber nicht zu viel, dass ich mich unwohl fühlte. Maite lieh mir eine Silberkette und eine Bomberjacke. Manchmal lohnten sich schmale Schultern wohl doch, vor allem wenn die Mitbewohnerin einen

Stil hatte, von dem man selbst nur träumen konnte. Sie gesellte sich zu mir, und in ihren skandalös hohen Stiefeln waren wir sogar gleich groß.

»Good Hair Day, würde ich sagen.« Meine Haare fielen in dunklen Strähnen in die Stirn und kitzelten meine Schläfen. Maite badete in einer Wolke aus Kokosduft, während ihr Afro verheißungsvoll glänzte.

»Mehr als das«, sagte sie grinsend. »Wir sind hot!« Sie packte mich an den Schultern und drehte mich zur Seite. Im Spiegel zeigte sie auf meinen Hintern. »Na wenn dieser Milkshake nicht all die Boys in deinen Garten lockt, dann weiß ich auch nicht.«

Meine Wangen wurden heiß, aber im Stillen stimmte ich ihr zu. Es war ungewohnt für mich, derart körperbetonte Kleidung zu tragen, oder überhaupt viel Gedanken in mein Outfit zu stecken. Aber wer in den queersten Club der Stadt wollte, musste sich ins Zeug legen, behauptete Maite. Die Frage war, ob ich in diesem Garten überhaupt Boys haben wollte. Nach gestern war mein Po noch immer wund, genau wie meine Oberschenkel und selbst mein Penis – auf eine wohltuende Art, wie nach einem besonders zehrenden Workout. Immerhin wusste ich nun, was mich erwartete, sollte ich das Gartentor öffnen. Ich spürte, wie mir das Blut in den Schritt schoss und schob den Gedanken für den Moment fort. Eindeutig nicht der richtige Zeitpunkt.

»Selfie?«, schlug Maite vor, da hatte ich mein Handy schon in der Hand. Sie lehnte sich an mich und ich versuchte, mir meine verbleibende Verlegenheit nicht anmerken zu lassen. Maite setzte uns gekonnt in Szene und ich verewigte uns auf einigen unscharfen Fotos, bis ihr die Uhrzeit ins Auge fiel.

»Handy weg, wir müssen los!«, rief sie, und zog den Reißverschluss ihrer violetten Overknees zu.

»Moment«, nuschelte ich und öffnete Instagram. Ich tippte auf den Post, den ich schon gestern vorbereitet hatte. Ein karges Zimmer, weiße Laken und scheinbar körperlose, nackte Glieder, die aus dem Bett herausschauten. Gestern, nachdem ich mich geduscht und das Bett neu bezogen hatte, war ich schon in Versuchung gekommen, hatte mich am Ende aber doch nicht getraut. Der Sex steckte mir noch in den Knochen und ich war zu verwundbar, um aus meinem Nest zu kriechen.

Jetzt aber fühlte ich mich heiß, und mit dem Schuss Selbstbewusstsein war der Wagemut zurück. Maite bugsierte mich aus der Wohnung, während ich ein Zitat unter das Bild setzte. Fast wäre ich die Treppe hinuntergefallen, aber Maite fing mich im letzten Moment ab.

»Kein Tippen auf Treppen, kein Tippen auf Treppen!«, schrie sie. Ich drückte auf Posten, dann rannten wir Hand in Hand zur Haltestelle, wo der Bus soeben zum Stehen kam. Als wir atemlos in die Sitze fielen, schenkte ich meiner Mitbewohnerin ein Grinsen.

»Wieso siehst du so selbstzufrieden aus? Schmutzige Gedanken?« Sie kramte in ihrer Handtasche und reichte mir einen Dosencocktail.

»Ausnahmsweise mal nicht. Bin nur dankbar für die Lebensweisheiten sechzigjähriger Mütter.«

Maite warf mir einen Blick zu, als zweifelte sie an meinem Verstand. Dann erwiderte sie mein Grinsen und hob ihre Dose. »Auf die Lebensweisheiten sechzigjähriger Mütter!«

Wir stießen an.

Ilona Einwohlt wollte eigentlich Ernährungswissen-schaftlerin werden. *Aber dann las sie mitten in der Chemievorlesung Simone de Beauvoir, Julio Cortázar und Thomas Mann – und widmete sich fortan der Literatur. Längst ist aus der Germanistikstudentin eine erfolgreiche Autorin insbesondere für Kinder und Jugendliche geworden. Ilona Einwohlt, Jahrgang 1968, lebt mit ihrer Familie in Darmstadt.*

Ilona Einwohlt

Und ich sang mit

Später kam Vincent. Obwohl er etliche Häuserblocks weiter wohnte, war es, als wären wir wie Geschwister aufgewachsen. Wir sahen uns täglich, in der Schule, im Bus, nachmittags, in Cafés, auf Partys. Nie mussten wir uns verabreden oder telefonieren, wir trafen uns sowieso. Wo ich war, war auch er. Im Gegensatz zu meiner Schwester Charly wollte Vincent nicht immer alles von mir wissen. Er löcherte mich nicht mit Fragen, wenn ich in mich gekehrt und zurückgezogen war, ein Blick genügte und er wusste, wenn er mich in Ruhe lassen musste: Weil ich wieder Streit mit ihr hatte, eine schlechte Note kassiert oder meine Flöte kaputtgegangen war. Das war nämlich meine größte Sorge: Meine Silberflöte, ein Erbstück meiner Omi, deren Klappen und Mundstück generalüberholt waren. Dennoch konnte es passieren, dass mir mitten im schönsten Lauf der *Badinerie* eine Feder absprang. Daddy hatte deshalb schon oft vorgeschlagen, mir eine neue Querflöte zu kaufen, doch das kam für mich überhaupt nicht infrage. Ich liebte dieses alte Instrument über alles, genauso, wie ich Vincent liebte, wie er jetzt mit seinen glatten, roten Haaren in meinem Zimmer stand. Seit dem Tod meiner Mutter war er ständig in meiner Nähe, oft schlief er bei mir, warum auch nicht.

Charly verstand nicht, wie man sich lieben konnte, ohne ein Paar zu sein, ohne von einer gemeinsamen Zukunft als Vater-Mutter-Kind zu träumen. Dieser Gedanke passte nicht in ihre romantische

Vorstellung von Liebe, zu ihrem Traum von Glück, wie sie ihn in sich trug. Seit einiger Zeit war sie in Vincent verliebt und wünschte sich sehnlichst, mit ihm eine richtige Beziehung zu haben, was immer sie darunter verstand. Charly war nur ein Jahr jünger als ich, doch in allem, was sie tat, wirkte sie zehn Jahre älter. Im Gegensatz zu mir lebte Charly konsequent vegetarisch, rauchte und trank nicht, ging regelmäßig ins Gym und konsumierte höchstens mal eine Überdosis Proteine. Charly wusste, was sie studieren und welchen Beruf sie ausüben würde. Sogar auch, dass sie drei Kinder haben wollte und in welchen Abständen. »Alle drei Jahre eins, dann können sie besser gegenseitig auf sich aufpassen«, erklärte sie und hatte auch schon im Kopf, wie sie den Tagesablauf strukturieren und organisieren wollte. Fehlte nur noch der passende Mann dazu. Aus irgendwelchen Gründen hatte sie sich dafür Vincent in den Kopf gesetzt. Ich vermutete, es lag an seiner feinsinnigen und verantwortungsvollen Art, vielleicht hielt sie ihn auch für experimentierfreudig genug, sich auf ihre Version einer Beziehung einzulassen.

Ohne ein Wort zog Vincent mich jetzt in seine Arme und hielt mich fest oder ich mich an ihm. Sein Atem kitzelte in meinem Ohr und ich konnte riechen, dass er vorhin Ravioli gegessen haben musste. Lange standen wir so da, innig umarmt, seine Art, mich um Verständnis dafür zu bitten, dass es für ihn unmöglich gewesen war, heute Morgen an der Beerdigung meiner Mutter teilzunehmen. Er legte keinen Wert auf solch bürgerliche Gesten des ritualisierten Abschieds, wie er sich ausdrückte, aber sein Herz war voller Trauer. Er hatte Cristina, wie so viele meiner Freundinnen und Freunde, vergöttert – nicht nur, weil sie eine überaus attraktive Frau war, sondern aufgeschlossen und herzlich all jenen gegenüber, die mir etwas bedeuteten. Dann kochte sie Kaffee und legte Kekse dazu, ließ sich von ihnen Zigaretten anbieten und liebte es, wenn unser Haus voller junger Menschen steckte. Daddy hatte mit ihrer Jugendlichkeit seine Probleme, wie immer zog er sich dann in seine Kellerräume an seinen Computer zurück. Ich wäre ihm gerne gefolgt, weil es mir unangenehm war, wenn sie mit Vincent oder Samuel oder Mateo flirtete.

»Sie ist nicht weg«, flüsterte Vincent tröstend in mein Ohr, »sie ist dir nur vorausgegangen.« Vincent, der leise Poet, ich schluckte.

»Komm, zieh deine Jacke an, ich habe eine Überraschung für dich«, sagte er nach einer Weile und löste sich aus meiner Umklammerung, strich über den feuchten Fleck an seiner Schulter. Ich musste geweint haben. Vincent griff nach meiner Hand und zog mich mit sich, seine grünen Augen funkelten leise und entlockten mir ein Lächeln und so ließ ich mich von ihm mit nach draußen in unseren Garten ziehen. Mamas buntes Blütenrefugium, jetzt im Winter noch kalt, grau und trist, nicht einmal die Schneeglöckchen ließen sich blicken. Wir liefen in die hintere Ecke des Gartens zum alten Apfelbaum, wo eine Strickleiter einladend von oben herunterbaumelte, die Venusfigur blickte uns wissend hinterher.

»Du zuerst!« Vincent bedeutete mir, nach oben zu klettern. Mit geübten Griffen hangelte ich mich hoch.

»Du spinnst!«, entfuhr es mir, ließ mich jedoch sofort in den Deckenberg aus Schlafsäcken und Kissen sinken, den Vincent hier hoch geschafft hatte.

Wie die Welpen lagen wir dann eng aneinandergeschmiegt in unserem Baumhaus, das wir damals als Kinder mithilfe von Daddy einen ganzen Sommer lang entworfen und gebaut hatten. Misstrauisch beäugt von Charly, die mir, als wir dann älter wurden, nie glauben mochte, dass Vincent nur ein Kumpel für mich war, lästerlich begleitet von Daddy, der ihn abfällig als schwules Weichei bezeichnete, der mit Drogen dealte, um sich als Kerl zu fühlen. Ich hasste ihn für diese Bemerkung, weil sie so gemein war und es auch ein bisschen stimmte. Vincent hatte nie einen Hehl daraus gemacht, dass er sich auch für Jungs interessierte und lieber in seinen Lyrikbänden las, als auf den Bolzplatz oder in die Muckibude zu gehen.

Ich liebte Vincent so, wie er war, und wusste, wie er sich anfühlte, überall. Aber wir waren nie das, was man gemeinhin als Freund und Freundin bezeichnete, wir führten keine Beziehung oder hatten uns einander versprochen. Für das, was uns miteinander verband, gab es keine gängige Kategorie. Es war Liebe, es war Freundschaft, Respekt und tiefes Vertrauen und vor allem eins: Freiheit. Unser Baumhaus wurde zu unserem heiligen Zufluchtsort, wir spielten, wir gammelten, wir machten gemeinsam Hausaufgaben und lernten Vokabeln. Immer gab es einen Vorrat an Schokolade und Saft, später kamen Zigaretten hinzu. Das war zu der Zeit, als Vincent und ich anfingen uns zu küssen. Nicht, weil wir ein Paar sein wollten, sondern weil wir neugierig auf den anderen waren, unsere Hände und Münder taten es wie von selbst, aus Langeweile, aus Spaß, aus Vergnügen. Einen Sommer lang machten wir nichts anderes, als Nachmittage lang oben im Baumhaus zu liegen und zu knutschen, den anderen zu erkunden und zu erfühlen, versunken in uns, es gab nur Vincent und mich.

Und jetzt lagen wir wieder hier, eng, warm, im Schlafsack die Körperwärme des anderen fühlend. Mittlerweile war es dunkel geworden, Regen tröpfelte leise aufs Dach, das in der hinteren Ecke schon immer eine undichte Stelle hatte. Dort hatten wir einen Eimer aufgestellt, Pling!, machte es jedes Mal leise, wenn wieder ein Tropfen hineinfiel, er lief schon lange über.

»Sei nicht traurig, geliebte Eliza! Nimm mir alles weg, aber lass mir dein Lachen ...«, flüsterte Vincent leise und zog mich noch näher an sich. Vincent hatte ein Faible für Gedichte, er liebte die lautmalerische Wärme der Poesie, geheimnisvolle Wortbedeutungen. Die der spanischen Sprache ganz besonders.

»Amor mío, en la hora más oscura desgrana tu risa ... vergiss selbst in der dunkelsten Stunde dein Lachen nicht ...«

Ich hatte sein Lieblingsgedicht von Pablo Neruda so viele Male gehört, ich kannte es ebenfalls längst auswendig. Ich liebte diese Elogie über das Leben und das Lachen, über das Licht, das alle Dunkelheit überstrahlte.

»... niegame el pan, el aire, la luz ... nimm mir alles, nur nicht dein Lachen ...«

Lächelnd lag ich da, hörte Vincent mit geschlossenen Augen zu, spürte Wärme und Liebe überall. Tastete nach seinem Gesicht, fuhr mit dem Finger zärtlich die Konturen seines Mundes nach, spielte mit seinen Haaren, umkreiste sein Ohr, rückte noch dichter an ihn heran. Längst schwieg er, hatte nach meinen Händen gegriffen und hatte seinen Mund in meine Haare gedrückt. Lippen fanden sich, Zungen spielten miteinander, wir küssten uns wie damals als Vierzehnjährige, vorsichtig, neugierig und fordernd zugleich.

Diesmal war es anders. Wir waren über vier Jahre älter, wir hatten mittlerweile andere geküsst und wussten, was noch alles passierte, wenn auch der Körper mitküsste.

Es wurde ein einziger, langer Abschiedskuss, dem wir uns völlig hingaben, warm, dampfend. Vincents helle, sommersprossige Haut leuchtete im Dunkeln, als er sich über mich beugte, meinen Atem mit seinem Mund verschloss und ich seinen Körper in meinen nahm.

»Es ist wegen meiner Schwester, richtig?«, fragte ich, obwohl ich die Antwort kannte. Es war weit nach Mitternacht, als ich die Frage stellte und wir saßen in unserer Küche, ich kochte uns einen Tee. Die kleine Lampe über der Spüle beleuchtete den zarten Zauber zwischen uns und obwohl wir längst wieder angezogen waren, fühlte ich immer noch Vincents Wärme in mir. So würde es zwischen uns bleiben, egal, wie viele Charlys es für ihn geben würde – und wie viele Pauls, Ricos oder Youssefs ich mit nach Hause nehmen würde, egal, wie viele Pauls, Ricos, Youssefs oder Julias, Sheilas, Gamzes Vincent küssen würde. Deswegen war er gekommen, um auf seine Weise Abschied von uns zu nehmen, ein Zeichen, dass es ihm diesmal ernst mit einem Mädchen war, er es versuchen wollte, mit jemandem zusammen zu sein, ein *richtiges* Paar. Vielleicht war es für ihn auch eine experimentelle Erfahrung, bei ihm wusste man nie so genau. Ich fand Vincent in diesem Moment großartig und war gleichzeitig unendlich traurig. Noch ein Abschied an diesem Tag, doch hatte ich ja längst damit gerechnet. Charly schwärmte seit Ewigkeiten für Vincent. Nachdem zarte Annährungsversuche zu nichts geführt hatten, war sie in den letzten Wochen immer deutlicher geworden. So sehr, dass es mir peinlich war.

Für Vincent. Nicht für Charly. Die hatte ein sonniges Gemüt und schlichtweg eine beschränkte Wahrnehmung dessen, wie sie auf andere wirkte. Sie ließ sich im Szene-Laden jedes Kleidungsstück extra zeigen oder diskutierte an der Eistheke so lange mit der Bedienung, bis die Kugel richtig in der Waffel saß und da war es ihr egal, wenn andere ihretwegen warten mussten oder gar die Augen rollten, nur weil sie sich die Zeit für eine Entscheidung nahm, die sie für sich brauchte, Charly mutete sich zu.

»Wie soll ich das eine tun, ohne das andere zu lassen?«, fragte er grinsend und pustete in seine Tasse. Seine Haare fielen ihm dicht in die Stirn. Meine Finger zuckten, ich hätte sie ihm gerne aus lauter Gewohnheit zurückgestrichen.

»Du musst das eine tun und das andere lassen«, antwortete ich stattdessen. »Sie würde es nicht verstehen.«

Vincent nickte. »Gehen wir schlafen?«

Als ich am nächsten Morgen erwachte, war Vincent schon lange weg, der frühe Vogel war sein Freund. Draußen prasselte der Regen an mein Fenster, immer noch oder schon wieder, ich zog die Decke fester um mich, sie roch nach ihm. Trotzdem war mir kalt, ich fror, wie schon seit Tagen. Da wusste ich, ich würde es auch heute nicht schaffen, aufzustehen, um in die Schule zu gehen, sondern liegen bleiben, nachdenken, versuchen, Mama nahe zu sein. Im Dämmerschlaf wurden die Erinnerungen an Mama lebendig, wie sie mit Charly und mir Schlauchdusche im Garten machte oder mit uns Weihnachtsplätzchen backte. Wie sie mit uns schimpfte, wenn wir mit dreckverschmierten Schuhen nach dem Spielen ins frisch geputzte Wohnzimmer gerannt kamen, um dann mit einer liebevollen Geste unsere Klamotten in die Waschmaschine zu stopfen. Wie sie mich am Frühstückstisch empfing, wenn ich verkatert über meinem Milchkaffee saß. Wie sie nie wissen wollte, wo und mit wem ich die Nacht verbracht hatte, nur ein leises Lächeln im Gesicht. Ich stellte mich schlafend, als Daddy nach mir sah. Der Duft nach frisch gebackenen Hörnchen zog in meine Nase, ich registrierte es dankbar.

Daddy blieb einen Moment im Türrahmen stehen, als wolle er mir etwas sagen, dann ging er ohne ein weiteres Wort wieder nach draußen. Ich verschlief den ganzen Tag und fühlte mich viel zu schwach, um aufzustehen, ich schaffte es gerade mal aufs Klo und wieder zurück.

Mitten in der Nacht wachte ich dann auf, schweißgebadet. War ich es, die im Traum geschrien hatte? Seit Mamas Tod träumte ich schlecht, immer wieder die gleichen Bilder: Ich lief auf einer Bergkuppe entlang, der Sonne entgegen, fröhlich, glücklich und frei, als ich plötzlich stolperte und der Länge nach hinfiel, auf einen Abgrund zurollte. Doch es handelte sich dabei nicht um eine Klippe, sondern um einen Kraterrand, in dessen Innerem Lava kochte und brodelte. Die rotorangenen Farben luden mich ein, einzutauchen, ihre kraftvolle Wärme aufzutanken, und doch hatte ich Angst davor, mich ihnen hinzugeben, mich zu verlieren, zu verbrennen. Ich wurde jedes Mal davon wach, dass ich vor Verzweiflung aufschrie, weil ich mich nicht entscheiden konnte, zu springen.

Leise schlich ich in die Küche hinunter, um mir ein Glas Wasser einzuschenken, aber ich hätte mir keine Mühe geben müssen, Charly und Vincent waren sowieso noch wach. Hatte er sich also wirklich getraut und sich auf Charly eingelassen. Halb genervt, halb belustigt von dem Seufzen und Stöhnen hinter ihrer Tür, schlich ich näher heran und spähte durch den winzigen Spalt. So stand ich heimlich und beobachtete, wie sie sich nackt und hingebungsvoll rekelten, hemmungslos. Anders als die Nacht zuvor im Baumhaus. Wilder. Heißer. Stürmischer. Zwei Körper, die sich liebten. Nicht zwei Seelen.

Vincent brachte meine Schwester zum Singen, sie lagen mitten auf dem wolligen Teppich. Seinen Kopf hatte er zwischen Charlys Schenkeln vergraben, von meiner Schwester sah ich nur einen bebenden Bauch, helle Haut mit dem Muttermal, die sich ihm entgegenstreckte. Atemlos beobachte ich, wie Vincent nun von den Fußspitzen an seine Zunge über ihr Bein gleiten ließ, sich behutsam vorarbeitete, die Innenseiten umspielte, immer näher kam, pulsierend, öffnend, dann heftig in sie hineinzudrängen suchte. Es war, als wäre er plötzlich überall, ich fühlte seine Zunge in mir, spürte seine Hände auf meinem Körper, auf meinen Brüsten, ich streichelte zurück, presste seinen Kopf an mich, suchte neugierig nach ihm. Ich ließ mich rücklings an der Wand hinuntergleiten, meine brennenden Finger folgten den rhythmischen Bewegungen im Zimmer nebenan, immer schneller, immer heftiger streichelten sie mich, fühlten mich tief und tiefer, erkundeten neugierig, machten alles rotorange. Da sang ich mit.

Natürlich wusste Vincent, dass ich dabei war. Ich spürte es an seinem Blick, die Art, wie er mich ansah. Zufällig meinen Arm streifte, als wir uns danach in der Küche begegneten, um sich dann eine Zigarette zu drehen, anstatt mit mir zu reden. Als wolle er die Grenzen dessen testen, was er da gerade tat, als erwarte er, dass ich ihn stoppte, ihn vor sich selbst rettete, der sich nicht verlieren wollte. Doch was konnte ich schon dagegen haben, dass er meine Schwester glücklich liebte? Ich war mir bis zu jener Nacht im Baumhaus sicher gewesen, dass ich von Vincent nichts wollte. Beste Kumpel forever, so hatten wir es uns geschworen, das war unsere Vereinbarung, so hatten wir es in das Holz geritzt. Wir passten aufeinander auf, wenn wir im Club unterwegs waren und uns in die Arme anderer tranken. Wir teilten unsere Affären, Kopfschmerzen und Aspirin, heilten unseren Liebeskummer und stürzten uns ins Leben, jede Nacht. Für Vincent war die Sache mit Charly ein poetisches Experiment mit ungewissem Ausgang. Für meine Schwester die Erfüllung ihrer Mädchenträume in Rosarot.

Mich dagegen überrollte die Eifersucht. Hatte ich mich anfangs auf den Flur geschlichen, um Vincents Berührungen weiterhin in mir aufzusaugen, mied ich in den folgenden Wochen die Begegnung mit ihm. Beobachtete aus der Ferne, wie er seine Haare zur Kurzhaarfrisur stutzte und seinen Trenchcoat ablegte. Wurde Zeugin, wie er zum Gymboy mutierte und Proteinshakes trank. Nur selten traf ich Vincent im Club, noch seltener bei uns zu Hause in der Küche. Nacht für Nacht lag ich wach und wartete, doch seine Besuche in meinem Zimmer blieben aus, meine Anrufe drückte er weg und das Baumhaus blieb leer. Wenn Vincent etwas tat, machte er es konsequent.

Oder auch nicht, wie sich dann herausstellte. War es Zufall oder mein Unterbewusstsein, das mich mitten in der Nacht weckte, ein schweres Gewitter tobte über unser Haus. Sämtliche Dachziegel klapperten, Donner und Blitz und Donner folgten dicht aufeinander, in meinem Zimmer zischte es immer wieder taghell hinein. Wie lange es dauerte, keine Ahnung, ich weiß es nicht mehr. Ich war in unsere Küche geflüchtet, normalerweise in solch einer Nacht der Ort, an dem sich alle Familienmitglieder trafen, um ihre Aufregung gegenseitig zu beruhigen. Heute war ich alleine, Daddy schien in seinem Keller nichts von dem Getobe und Gedonner mitzubekommen, und Charly schlief bei Vincent, wie so oft in letzter Zeit.

Um mich abzulenken, bereitete ich mir eine heiße Milch mit Honig, trank in langsamen Schlucken, spürte, wie mich die süße Wärme einhüllte und beruhigte. Vom Küchenstuhl aus blickte ich nach draußen in den dunklen Garten, wo die einst prachtvollen Staudenbeete meiner Mutter vor sich hin kümmerten. Ich dachte gerade darüber nach, ob ich mir morgen die Gartenhandschuhe überstreifen und Unkraut zupfen würde, da krachte gleißend hell der Blitz in unseren Baum, ein ohrenbetäubender Krach, den Daddy nur nicht mitbekam, weil er sicherlich seine Kopfhörer trug und längst schlief. Sonst hätte er das Splittern und Bersten der Baumhausbretter gehört, und obwohl ich einige Meter entfernt hinter der Glasscheibe saß, spürte ich die unglaubliche Energie, die zu mir herüberfloss und erst kurz vor meinen Fußzehen haltzumachen schien. Ich blieb unverletzt, doch im gesamten Haus fiel der Strom aus, der Blitz musste den Sicherungskasten erwischt haben. Plötzlich bemerkte ich, dass draußen in der Dunkelheit weiße Papiere durch die Luft flogen, ich benötigte nur wenige Sekunden, um zu verstehen, dass sie aus dem zusammengestürzten Baumhaus hervorwirbelten, unser Baum tanzte dazu im Wind. Schnell öffnete ich die Terrassentür, Donner krachte. Binnen Sekunden war ich völlig durchnässt, es gelang mir nicht, die vielen kleinen Zettel zu fangen. Ein weiterer Blitz warf mich zu Boden, ich robbte im Regensturm durch das Gras zu dem Bretterhaufen, immer mehr Blätter wirbelten jetzt wie Laub um mich herum, nur mit Mühe gelang es mir, ein paar davon zu fangen. Atemlos hielt ich sie fest, rappelte mich auf, duckte mich hinter einer Hecke vor dem nächsten Blitz und rannte dann während einer Donnerpause, so schnell ich konnte, wieder zurück ins Haus. Dort verriegelte ich wie ertappt die Tür, ließ den Rollladen herunter, damit ich nicht weiter auf unser verunglücktes Baumhaus gucken musste, und stürzte dann in mein Zimmer, wo ich meine Ausbeute auf meinen Schreibtisch warf, um sie näher zu begutachten. Licht, ich brauchte Licht, immer noch funktionierte im Haus kein Schalter. So suchte ich, tropfnass wie ich war, unseren Sicherungskasten, in dem Mama eine Taschenlampe bereithielt. Verlässlich. Ich drückte den FI-Schalter wieder ein, hörte sofort das vertraute Summen des Kühlschrankes und das Klick-Klacken des Fernsehers, der wieder seinen Stand-by-Modus aufnahm. Unten im Keller begann ebenfalls ein Gerät zu surren.

Auf dem Weg in mein Zimmer begann ich zu frieren, meine Zähne schlugen aufeinander, meine Beine zitterten, ich hatte das Gefühl, als würde Leben aus mir weichen. Am liebsten wäre ich unter die heiße Dusche gesprungen, doch ich musste zuerst wissen, was ich da entdeckt hatte. So schleppte ich mich an meinen

Schreibtisch, sortierte die Blätter, die sich bereits vor Nässe rollten. Es war Vincents Handschrift, die ich mühsam entzifferte, in Eile geschrieben, und doch verstand ich die Bedeutung seiner Zeilen, wusste augenblicklich, was zu tun war.

Vincent, der leise Poet, er hatte ein Orakel heraufbeschworen und dies hier war das Zeichen, auf das er gewartet hatte, und ich die Botin, die es ihm überbringen sollte. Dabei brauchten wir längst keine Beweise mehr für unsere Gefühle. Die Art und Weise, wie sich unsere Blicke sehnsüchtig ineinanderklammerten, wenn wir uns dann doch irgendwo begegneten, erzählten mehr als all die Worte auf den durchweichten Zetteln. Sicher waren sie auch längst Charly aufgefallen, sicher machte sie Vincent deswegen eine Szene, sicher wusste Vincent sie zu beschwichtigen.

Ich hätte es ahnen können, murmelte ich, während ich zurück in mein Bett kroch, Vincents Liebeserklärung in den Händen, die mich von innen wärmte. Verrückt, welche verrückte Geschichte, kein Mensch würde sie mir glauben, und doch war sie ebenso magisch wie real.

Zu meiner Überraschung stand Charly am nächsten Morgen in meinem Zimmer. Tränenüberströmt in einer Endlosschleife vor sich hin schluchzend, erklärte sie ihr Liebeslebensexperiment mit Vincent für gescheitert.

»Es ist wegen mir, nicht wegen ihm. Und schon gar nicht wegen dir. Also bilde dir bloß nichts drauf ein«, warf sie mir an den Kopf, schniefte die Rotze weg und verbarrikadierte sich für den restlichen Tag in ihrem Zimmer. Sie würde ihre Strategien erfinden, um darüber hinwegzukommen, so, wie sie es auch mit Mamas Tod gemacht hatte. Wenn Charly erwartet hatte, dass ich sofort zu Vincent laufen würde oder er zu mir, so hatte sie sich getäuscht, ich hatte mich getäuscht. Weil ich immer noch nicht wieder in die Schule ging, bekam ich auch nicht mit, ob Vincent wie Charly und ich die Menschen mied oder sich im Gegenteil mit *Geschichten*, wie er es nannte, ablenkte. So vergingen einige Tage, in denen wir alle drei in Parallelwelten lebten, jeder für sich und doch alle zusammen und ich mit dem Herz voller Liebe.

Charly war es dann, die unserem Trauerspiel ein Ende bereitete, indem sie uns für den Abend in den Club bestellte. *Das Leben geht weiter*, stand in der Nachricht, die sie uns schickte, *das Leben ist jetzt*. Ein Spruch, der von Mama hätte kommen können, Vincent hätte Kaléko zitiert: *Jage die Angst fort und die Angst vor den Ängsten*, was in etwa dasselbe meinte. Ihre Einladung machte es mir leicht, den ersten Schritt zu tun. Also besuchte ich Vincent, vor Clubnächten holte ich ihn ab, so hatten wir es immer gemacht, so würde es immer sein. Und auch heute öffnete er mir und zog mich sofort an sich, seine Haare kitzelten in meinem Nacken und seine Hände waren überall. Wie früher. Wie immer.

Später lag ich auf dem roten Ledersofa im Badezimmer und beobachtete, wie er vorm Spiegel stand und sich rasierte. Ich liebte diese Prozedur, wie er zunächst sämtliche Utensilien auf dem Waschtisch bereitlegte, den Rasierpinsel, die Seife, ein sauberes Handtuch, ein Glas Gin. Er selbst stand in Boxershorts davor, die Leuchtkörper in den schokoladenbraunen Mosaiken illuminierten seinen Oberkörper auf vorteilhafte Weise, das Training der letzten Wochen. Vincent gehörte zu den Männern mit weicher Haut und wenig Behaarung, meine Finger zuckten, wollten ihn schon wieder berühren, ihn spüren und liebkosen, doch ich verschränkte die Arme hinter meinem Kopf. Vincent bestand auf eine »ordentliche« Rasur, wie er sich ausdrückte, und so kuschelte ich mich, im

Bademantel eingehüllt, zurecht, um ihm wie schon so oft zuzuschauen.

Er hatte den heutigen Tag mit seinen Gedichten verbracht, ihnen fehlte der letzte Schliff, wie er sich ausdrückte, bevor er sie an einen Verlag schicken wollte. Gerade feilte Vincent an Worten, Reimen, Rhythmen. Gleichzeitig gehörte er nicht zu den Menschen, die mit Zielstrebigkeit an ihrem Erfolg arbeiteten, seine Leidenschaft war sein Kapital. Vincent war es gewöhnt, alles zu bekommen, was er wollte, seine Tage plätscherten dahin, die Schule, das Abi, all das langweilte ihn, er beherrschte den Stoff mit einer lässigen Besserwisserei, die die anderen Mitschüler längst nervte.

An diesem Abend wirkte Vincent unzufrieden und mürrisch, wie er jetzt selbstverliebt den Rasierschaum mit dem Pinsel anrührte und mit lässigen Bewegungen auf seinen Wangen verteilte. Wie kein anderer füllte er den Raum allein mit seiner Anwesenheit, eines Tages würde er auf der Bühne stehen und Menschen mit großer Geste an seinen Worten teilhaben lassen. Mit diesen glänzenden Augen, die einen willenlos gefangen hielten. Ich atmete tief durch.

»Ist was?«, fragte Vincent, dem meine Nachdenklichkeit nicht verborgen geblieben war. »Ist es wegen deiner Mutter?«

»Schon okay«, beeilte ich mich zu sagen, ich sehnte mich danach, die Sehnsucht nach ihr zu vergessen. Immer wieder übermannten mich Erinnerungen, ungesagte Worte auf der Zunge, wie gerne hätte ich mich bei ihr für alles bedankt. Für ihre Fürsorglichkeit jeden Morgen vor der Schule, wenn ich halb verschlafen mit der Zahnbürste im Mund durch die Wohnung stolperte. Für ihre Scharfsinnigkeit beim Analysieren meiner Aufsätze und Korrigieren meiner Mathehausaufgaben. Die Wärme ihrer Bettdecke und wie ihr Kopfkissen roch.

Ich atmete in den Kragen meines Bademantels, die Wärme tröstete mich, hier auf dem Sofa zu liegen, tat mir gut. Alles bei Vincent zu Hause war vom Feinsten, bei ihm lebte ich in einer anderen Welt. Beeilte ich mich beim Duschen sonst immer sehr, ließ ich mich bei Vincent zwischen den Mosaiken treiben, genoss hingebungsvolles Säubern und Pflegen in einem Badezimmer, in dem eine vierköpfige Familie ihr Wohnzimmer hätte haben können, die feinen Möbel, das einladende Sofa, auf dem ich nun ausgestreckt lag.

Vincent fuhr fort, sich zu rasieren, mit geschickten Griffen zog er Schaum samt Bart Streifen für Streifen von seinen Wangen, spannte die Haut von innen mit der Zunge, zog seine Nase zur Seite. Er wirkte dabei weder geschäftig noch gelangweilt, nur sehr daran interessiert, nicht ein Härchen zu vergessen, beinahe akribisch ging er dabei vor. Zwischendurch hielt er das Rasiermesser immer wieder unter den klärenden Wasserstrahl, um sich danach einen Schluck Gin zu genehmigen, zum Desinfizieren von innen, wie er scherzend bemerkte. Er schien diese Prozedur lange nicht mehr zelebriert zu haben und ich ertappte mich kurz bei dem Gedanken, was Charly wohl dazu gesagt hätte, wo sie doch Elektrorasierer so praktisch fand.

Nach der Rasur spülte und trocknete Vincent sein Gesicht gründlich ab, verrieb Eau de Toilette darüber, es hauchte zu mir herüber, abermals atmete ich tief ein. Gleich würde er zu mir kommen, sich über mich beugen, mit der Zunge meinen Hals kitzeln und mich fragen:

»Und?«

»Und?«, fragte ich zurück. Ich konnte seinen Gin-warmen Atem riechen, den herb-weichen Duft seiner Haut. Ich blickte in seine schwarz glänzenden Augen, die mich spiegelten, mein Haar fiel offen in meinen Ausschnitt, er spielte bereits damit, ich streckte mich ihm entgegen.

»Du bist wie ich«, flüsterte ich leise, ich hielt meinen Arm um seinen Nacken geschlungen und betrachtete ihn, so wie er sich vorhin selbst ausgiebig im Spiegel betrachtet hatte, seine Augen, seine Nase, das Grübchen am Kinn. Ich küsste ihn auf seine geschlossenen Augen, fuhr mit meinem Finger die Kontur seiner Nase nach, zeichnete seinen Mund, die zarte Linie zwischen den Lippen, ließ ihn durch mich erst entstehen. Er küsste meine Hände, von den Fingerspitzen an Zentimeter für Zentimeter den Unterarm hinauf, streichelte jedes der aufgestellten Härchen dabei, wanderte über den Oberarm zu meiner Schulter, die längst den Bademantel verloren hatte, und verblieb quälende Minuten lang mit seinem warmen Atem an der Stelle, wo sich das Schlüsselbein in einer Kuhle verliert, während er sich die Boxershorts abstreifte. Wir verloren uns in unseren Küssen und Liebkosungen, ein hastiges Getümmel, aus dem ein einziges Seufzen und Stöhnen und Schluchzen wurde, bis wir beglückt voneinander abließen, wie schon so viele Male zuvor.

»Wir müssen bald los«, wiederholte Vincent, während er sich eine Zigarette anzündete und den Rauch inhalierte. Ich hatte mich mittlerweile bäuchlings gedreht, nippte am Gin und versuchte, meine Gedanken zu ordnen. »Aber vorher hole ich uns noch etwas Brot und Käse aus der Küche …« Er nickte mit einer lässigen Kopfbewegung in das dampfige Zimmer, seine roten Haare fielen ihm dabei ins Gesicht. Keine Frage, auf diesem Sofa hier ließ es sich gut aushalten.

Ich ertappte mich dabei, wie der Gedanke an den Club bei mir Unbehagen auslöste, ich fühlte mich wohl und träge, zufrieden und befriedigt.

Ich stützte mich auf, strich mir eine Strähne aus der Stirn. »Wenn wir nicht kommen, killt mich Charly.«

»Sie wird es verkraften, schließlich sind die anderen auch noch da«, war Vincents Antwort, er goss sich Gin nach.

Unsere Augen trafen sich durch den Spiegel, ich lehnte mich auf dem Sofa zurück.

»Komm«, flüsterte ich.

Anke Weber lebt im niedersächsischen Aller-Leine-Tal bei Hannover. Um Menschen, deren Geschichten und das Schreiben hat sich das Leben der Autorin schon immer gedreht. Nach einem Sozialpädagogik-Studium perfektionierte sie ihr Berufsbild und wurde Journalistin – erst bei der Tageszeitung, dann beim Radio. Heute ist sie freie Autorin und schreibt Romane, Kurzgeschichten sowie die wöchentliche Zeitungs-Kolumne »Mein Landleben«. Anke Weber liebt Hundepfoten-Geruch und die Magie von Notizbüchern.

Anke Weber

Fingerübungen

Schwellkörper

Die Fenster im Bus sind beschlagen. Alle dünsten die letzte Stunde Sport aus. Alle. Außer mir. Ich atme heißes Verlangen gegen die Scheibe. Habe nur zugeguckt, wie Schmidt sie durch die Halle hat laufen lassen. Und wie sie geschwitzt haben. Rasmus schwitzt mega sexy. Öffentlich würde ich das niemals äußern. Klingt irgendwie eklig. Als wäre ich voll der Freak. Ich meine – wer steht denn auf Schweiß? Und ist das nicht sogar sexuelle Belästigung, Rasmus von der Bank aus derart anzustarren?

Jedenfalls menstruiere ich und das ist schon mal die von vornherein naturgegebene Geschlechterungerechtigkeit. Da ist es ja wohl fair und richtig, das für sich zu nutzen und nicht am Sportunterricht teilzunehmen. Wenigstens das. Also habe ich mir neunzig Minuten lang Rasmus angeguckt. War eine Doppelstunde. Zeit genug, mir Sachen mit ihm vorzustellen. Wie er im Bus neben mir sitzt, sein Schenkel meinen berührt, wie er seine Hand rüberschiebt, ein bisschen unauffällig, klar. All so was. Sogar, dass wir irgendwann nackt sind. In einem Raum, den ich nicht kenne. Eigentlich ist da gar nichts drin. Nur Rasmus und ich und die ganze Nacktheit mit leichtem Schweißfilm auf der Haut. Wir stehen einander zugewandt. Sein Atem riecht nach Erdbeerkaugummi. Keine Ahnung, warum Erdbeer. Noch nie habe ich Rasmus überhaupt mit

Kaugummi gesehen. Ist wahrscheinlich so ein Film-Ding in meinem Kopf. Da tauschen Verliebte dauernd Kaugummis aus. Wie Mund-zu-Mund-Beatmung. Mit der Zunge rüberschieben, weil man sich noch keinen Kuss traut, dann aber doch ein Kuss draus wird. Das stelle ich mir sinnlich vor. Besonders mit Rasmus in diesem Raum. Sein Penis ist erigiert. Wirklich groß. Steckt zwischen meinen Oberschenkeln und reibt an meinem Kitzler. Mehr nicht. Das ist wie mit dem Kaugummi-Kuss. Weiter traut sich meine Fantasie nicht vor. Sein Schwanz in mir? Unvorstellbar. Dabei habe ich es schon mit einer Kerze simuliert. Mit Watte drumrum und einem Kondom drüber. Keine Ahnung, wie nah das an der Realität ist. Für ein Selfmade-Sextoy war das Ding ganz okay.

Der Bus bremst ab und fährt langsam über eine Straßenschwelle. Unter meiner zusammengeknüllten Trainingsjacke presse ich mir die Faust in den Schritt. Okay, ich bin tatsächlich ein Freak. Noch zwei Stationen, bis Rasmus aussteigt. Zwei Stationen und drei weitere Fahrbahnschwellen. Ich muss mich gar nicht großartig bewegen. Macht alles der Bus mit der Straße. Schuckeln, schaukeln, stoßen.

Rasmus steht jetzt auf. Stoppt neben meiner Sitzreihe und sagt was zu Nils. So lange, wie es dauert Um-vier-bei-dir, Alles-klar und Bis-dann zu sagen, habe ich seinen geknöpften und gewölbten Hosenschlitz direkt auf Augenhöhe. Skinny Jeans, verwaschenes Schwarz. Ich tue so, als würde ich hinter ihm irgendwas Interessantes durchs Fenster sehen. Der Bus stoppt, die Türen öffnen sich zischend und Rasmus steigt aus.

Zu Hause eile ich nach oben ins Badezimmer. Noch während ich auf dem Klo sitze, streife ich Hose und Slip von meinen Beinen, die sich schon wieder stoppelig anfühlen. Beinbehaarung hätte die

Evolution wirklich mal auslöschen können. Wer bitte schön braucht die noch? Meine ist schwarz, dick, dicht und lässt bezüglich meiner Abstammung keine Fragen aufkommen. Gestern rasiert und heute wieder präsent. Jemand sollte der gesamten Körperbehaarung ein neues Label aufdrücken. Das Leben wäre so viel entspannter, wenn sie als erotisch gelten würde. Wäre nicht mal gelogen. Körperhaare erhöhen die Berührungsempfindlichkeit. Habe ich irgendwo im Netz gelesen. Seismografische Antennen auf Armen, Rücken, Oberschenkeln.

Mit dem Finger streiche ich über die krausen Haare auf meinem Venushügel. Ganz knapp. Wie lauer Sommerwind über ein Getreidefeld. Mein Finger ist jetzt der von Rasmus. Auf den Haarspitzen tanzend, bewegt er sich langsam in Richtung Klitoris. So langsam, dass ich es kaum aushalten kann. Ich lehne mich auf dem Klo zurück und spreize die Beine in der Luft zur Grätsche. Zwischen meinen Oberschenkeln stelle ich mir den stehenden Rasmus aus dem Bus vor, seinen gewölbten Hosenschlitz – besonders den. Sein Finger kreist um meinen Kitzler. Seit ich weiß, dass die Klitoris ein Schwellkörper ist, spüre ich, wie sie anschwillt. Oder glaube zumindest, es zu spüren. Vielleicht verwechsele ich das auch mit dem Pulsieren des Blutes oder irgendwelchen Reaktionen der wasweißichwieviel-tausend Nervenfasern, die sich in diesem winzigen Körperteil verbergen. Schwellkörper ist auf jeden Fall das Codewort, das beim Masturbieren in meinem Hirn aufploppt und mich maximal erregt. Wobei ich niemals ausmachen kann, was mich mehr antörnt – der Gedanke an mein eigenes anschwellendes Organ oder der an den erigierten Penis von Rasmus. Das Wort in meinem Kopf erzeugt eine Explosion von Fantasien, die ineinanderlaufen wie Farben beim Action-Painting. Mit der linken Hand spreize ich meine äußeren Vulva-Lippen. Lege alles frei und an Geschwindigkeit zu. Aus dem Erdgeschoss wird mir ein Essen-ist-fertig zugerufen. Ich mache schneller. Rasmus verschwindet. Ich übernehme wieder. Zeige-, Mittel- und Ringfinger flächig auf die Vulva gedrückt. Schneller, schneller. Ich-komme-gleich, presse ich als Antwort hervor, kneife meine Augen zusammen, beiße mir auf die Lippen, damit ich nicht laut aufstöhne. Fertig. Von unten wird der Essens-Ruf wiederholt. In weniger als einer Minute habe ich den Tampon gewechselt und bin wieder in Slip und Hose geschlüpft. Bin-sofort-da, rufe ich und drücke die Spülung.

Beim Essen die üblichen Gespräche. Meine Gedanken schweifen zu Rasmus ab, während ich antworte. Ich kann es kaum erwarten, in mein Zimmer zu kommen. Stehe schon, im Türrahmen lehnend, während noch weiter gefragt wird. Also nehme ich eine Mandarine vom Obstteller. Pelle sie ab und sage was über eine Lehrerin, die immer noch fehlt. Teile die Frucht in zwei Hälften, zähle die zu erledigende Liste an Hausaufgaben auf und stecke meinen Zeigefinger in die Öffnung zwischen den Spälten. Mein Finger ist jetzt wieder der von Rasmus, die Mandarine meine Vagina und ich offenbar besessen.

In meinem Zimmer setze ich mich aufs Bett, packe mir den Laptop auf den Schoß und stalke Rasmus im Netz. Nichts, was ich nicht schon kenne. Um ihm irgendwie nah zu sein, starte ich meine Playlist mit Songs, die er mal gepostet hat. Ich habe nur die reingepackt, die mir gefallen. Im Bus hört er oft hartes Zeug. Als hätte er eine unbändige Wut auf die Welt. Manchmal denke ich, seine In-Ears fliegen gleich auseinander. Aber er hat auch diese melancholische Seite. So eine Sadness. Weltschmerz. Oder Sehnsucht. In meinen Tagträumen gilt diese Sehnsucht mir. Was für Realitäts-Ignoranten sie sind! Rasmus hat mich noch kein einziges Mal wirklich angesehen. Ich frage mich, ob er überhaupt weiß, dass wir an der Schule in einem Jahrgang sind. Sogar zwei Kurse gemeinsam haben. Egal. Meine Fantasie kennt keine Hindernisse. Ich scrolle durch meine Timeline und bekomme eine Vulven-Illustration angezeigt. Alle Vulven sind schön, steht daneben. Und dass es in Ordnung ist, wenn die inneren Lippen länger sind als die äußeren. Wie bei mir. Parallel dazu gibt es einen Penis-Post. Ich frage mich, wie der von Rasmus aussieht. Beim Masturbieren stelle ich ihn mir immer groß vor. Sobald ich aber darüber nachdenke, macht mir das eher Angst. Ich habe mich schon nicht getraut, das Kerzen-Kondom-Toy komplett reinzuschieben. Nur vorne ein bisschen damit rumgemacht. Klein wäre völlig okay. Allerdings ist Rasmus groß. Sein Schwanz dann auch? Angeblich nicht. Sagt das Netz.

Aus dem Bücherstapel neben dem Bett ziehe ich das Skizzenbuch hervor und zeichne einen der Penisse vom Post ab. Keine Ahnung, wie lange ich bereits an dem Ding rumschraffiere und radiere. Eine Nachricht von Mel holt mich jedenfalls zurück aus der Welt der Schwänze. Sie will wissen, ob ich spontan dabei bin – an der Feuerstelle bei Nils auf dem Hof. Eigentlich bin ich ganz happy mit meiner zeichnerischen Penis-Meditation, der Wärme im Bett und mir selbst. Draußen wird es schon dunkel. Auch kalt. Aber Rasmus hat sich im Bus mit Nils verabredet. Die Wahrscheinlichkeit, dass er dort sein wird, ist hoch. Also: Fuck, ja!

Als Mel und ich unsere Fahrräder gegen die Hecke lehnen, ist das Feuer bereits entfacht. Auch in mir. Ich sehe Rasmus sofort. Etwas abseits lehnt er an der rot geziegelten Scheunenwand und steckt sich eine Zigarette an. Über die Flamme seines Feuerzeugs blickt er auf die Szene, als würde er mit alldem nichts zu tun haben. Lässt sein Berliner Großstadtlächeln über unsere Dörflichkeit streifen. Wie einer, der beim Seriengucken die Charaktere mit fasziniertem Erstaunen in sein Herz schließt, aber beim Abschalten froh ist, dass das nicht sein Leben ist. Nach dem Abi, da bin ich sicher, verschwindet Rasmus wieder aus diesem Kaff. Direkt zurück nach Berlin. Und in seiner Erinnerung werden wir nur eine Phase sein.

Ich nehme ein Mix-Bier mit Grapefruit aus einer Kiste. Lucke nennt es Mädchenbier. Seinen Kommentar unterstreicht er mit einem herablassenden Grinsen. Aber Lucke ist sowieso ein Idiot. Trotzdem fühle ich mich dummerweise uncool. Ich hasse es, dass Lucke in der Lage ist, mich mit so einem Scheiß zu triggern. Gerne würde ich ihm einen Konter drücken, aber mir kommt absolut nichts über die Lippen. Stattdessen steht Rasmus plötzlich neben mir. Die Kippe klemmt in seinem Mundwinkel, er zieht sich ein Grapefruit-Bier aus der Kiste, nimmt mir meins aus der Hand und öffnet es mit seiner Flasche. Plopp. Das Leben ist bitter genug, sagt er zu Lucke und geht wieder zurück zu seiner Scheunenwand. Er sieht dich also doch, flüstert Mel. Was ich gerne glauben möchte. Wahrscheinlicher ist aber, dass Rasmus Idioten wie Lucke nicht ertragen kann.

Zwei Stunden später sitzen alle, die noch da sind, um das Feuer herum. Wir reden über das, was es so zu reden gibt, und trinken die Zeit weg. Nils sagt, dass er Bock auf Pizza hat, zieht sein Handy aus der Hosentasche und öffnet die Bestell-App. Nils will immer Pizza. Alle anderen jetzt auch. Nur Mel nicht. Das kann ewig dauern, meint sie, und ich antworte, indem ich meinen Blick Richtung Rasmus wandern lasse, der gerade eine Italia bestellt, woraufhin Mel mit einem gemurrten Okay nachgibt. Ich sende ihr ein stummes Danke.

Durch die Flammen beobachte ich Rasmus. Er lehnt sich auf der Bank zurück und greift hinter sich in die Bierkiste. Unmöglich, nicht auf die Beule in seinem Schritt zu starren. Der Drang, mich direkt daraufzusetzen, ist unnachgiebig. Vielleicht wegen der Shots. Vor meinen Füßen liegen fünf kleine Fläschchen, obwohl ich das Zeug gar nicht vertrage. Jedenfalls stehe ich auf. Bier holen. Eines von denen, die hinter Rasmus stehen. Wenn ich innen im Kreis langgehe, muss ich mich dafür über ihn beugen. Wobei ich quasi unabsichtlich auf seinem Schoß landen könnte. Mel hält meinen Ärmel fest. Zu kurz, um mich ernsthaft aufzuhalten. Stokelig steige ich über Beine. Eine Flasche fällt um. Und dann ist da der Fuß im Weg. Der von Lucke. Weshalb ich stolpere. Schwanke. Und mich nicht mehr halten kann. Seitlich sinke ich auf Luckes Schoß. Das ist ja mal eine Überraschung, grölt er mit seiner nasalen Stimme, greift mit der einen Hand fest in meinen linken Oberschenkel und mit der anderen in meine Taille, wobei er mich an sich zieht, sodass ich unter meinem anderen Oberschenkel etwas Hartes spüre. Sein Handy? Fuck, nein! Abrupt schüttet mein Körper Stresshormone aus. Genau die Portion, die nötig ist, um Lucke meine Hand vor die Brust zu stoßen und aufzuspringen. Peinlichkeit strömt durch meine Adern. Gefühlt sind alle Augen auf mich gerichtet. Aber nur Mel guckt besorgt rüber. Die anderen reden und albern weiter herum. Nils fragt, wo eigentlich die Pizza bleibt. Zwischen ihm und Jelka krabbele ich über die Bank und hole mir das Bier – ein richtiges, wie Lucke feixend bemerkt. Rasmus dreht sich nicht einmal um, als ich hinter ihm stehe. Außenrum und aufrecht gehe ich zurück zu meinem Platz. Das Bier mache ich nicht auf.

Bringdienst!, johlt Lucke. Ein weißes Auto mit grüner Aufschrift fährt auf den Hof. Der Fahrer öffnet die Tür und aus dem Inneren des

Wagens schwallen Haftbefehl und Pizza-Duft, was sich für einen Moment voll Großstadt anfühlt. Das ist der Minderwertigkeitskomplex, den ich mit mir rumtrage: dass ich niemals voll Berlin bin. So wie Rasmus, der diese Art hat, mit seinem Ich-kenne-den-ganzen-Dreck-Blick alles zu beobachten, selbst aber undurchschaubar zu bleiben. Nach dem Abi will ich definitiv auch hier raus. Vielleicht ist es das, was mich von Mel oder Nils unterscheidet. Dass ihnen Biertrinken auf irgendwelchen Höfen mit immer denselben Leuten absolut ausreicht. Weil ihnen völlig egal ist, ob das nun Haftbefehl oder irgendein anderer Rapper ist, der da gerade den gesammelten Schmerz aller Plattenbau-Kids in einen kaputten Aufzug quetscht. Während ich mich dauerhaft am falschen Ort fühle. Wie die Kaulquappen, die im Frühsommer nach der Überschwemmung in einer Pfütze auf dem Feldweg zurückgeblieben sind. Ohne Zugang zum Teich. Mit einem Plastikbecher habe ich sie rausgefischt und im Wassereimer zum Tümpel getragen. Zur Brutstätte des Lebens. Seitdem ist mir klar, dass ich dazu verdammt bin, in dieser Dorf-Pfütze auszuharren. Bis ich das nächste Level erreicht habe – den Sprung ins große Wasser. Ins wahre Leben. Das macht Rasmus irgendwie so sexy. Dass er schon mal mittendrin saß. Im Puls der Großstadt. Wo alles passiert. Das ist wie eine Aura um ihn herum. Und ich bin gierig danach.

Der Pizza-Bote schlägt die Autotür wieder zu, irgendjemand hat ihm wohl das Geld gegeben, und fährt mit Haftbefehl davon. Nils legt mir einen Karton auf den Schoß, von dem aus Wärme zwischen meine Schenkel wandert, während ich zusehe, wie Rasmus ein Pizza-Viertel zusammenklappt, sich beim Abbeißen nach vorne beugt und mit der Hand über sein Kinn wischt, weil da Fett runtertropft. Ein Schwall Körperflüssigkeit drängt an meinem Tampon vorbei. Blut? Oder macht mich sogar tropfendes Fett heiß? Einfach, weil es Rasmus über die Haut läuft? Ich ziehe mein rechtes Bein auf die Bank, setze mich halb auf meinen Fuß und presse den Hacken gegen meine Vulva. Bester Lifehack gegen dringendes Pinkelnmüssen. Bei Geilheit allerdings eine Niete. Der Druck erregt mich nur noch mehr. Um mich abzulenken, widme ich mich meiner eigenen Pizza und beiße ein Stück ab. Pappiger Teig und lauwarmer Käse. Noch niemals, da bin ich sicher, hat sich jemand vom Dorf den Gaumen an einer Bringdienst-Pizza verbrannt.

Als Mel und ich nach Hause fahren, bin ich wieder halbwegs nüchtern, aber weiterhin geil. Der Gedanke an Rasmus und seinen Schoß. Das Fett auf seinem Kinn. Jeder Huckel ein Stoß gegen meine Vulva. Es ist nur der Fahrradsattel, aber zu Hause schiebe ich mir noch im Stehen vor dem Waschbecken meine Hand in die Hose. Ich will, dass es lange dauert. Die Bilder im Kopf auskosten. Doch ein paar kleine Bewegungen reichen aus. Befriedigt ziehe ich meine Hand wieder aus der Hose. Die Fingerspitzen sind blutig. Meine Hose im Schritt feucht. Zum Glück ist sie schwarz.

Penisfische

Gewissensdruck lässt sich nicht wegrubbeln. Die praktische Hausarbeit für den Kunstkurs muss dringend erledigt werden. Mensch und Natur. Ich habe immer noch keine Idee. Stattdessen zeichne ich wie eine Besessene weiter Penisse. Hat eine Weile gedauert, bis ich das mit der intrinsischen Motivation kapiert habe. Meine ist alles mit Sex und Rasmus. Heute hat er im Bus vor mir gesessen und ich habe Fantasien auf seinen Hinterkopf projiziert. Erotische Szenen auf braunhaariger Leinwand. In seinen Ohrstöpseln lief *Ivy* von Frank Ocean. Dahin scrolle ich jetzt in meiner Playlist und starte den Song, bevor ich mein Fahrrad aus dem rostigen Ständer an der Bushaltestelle ziehe und losfahre. Kurz nach Hause, dann weiter zu Mel. Pilze sammeln. Der ganze Wald ist voll. Ich rieche, wenn sie da sind. Der Oktober gehört zu den allerbesten Monaten. Tagsüber ist es oft noch warm. Aber ohne den Stress des Sommers, der danach verlangt, ein Höchstmaß an Aktivitäten in seine begrenzte Zeit zu stopfen.

Penispilz!, ruft Mel und hält schon am Waldrand einen Steinpilz in die Höhe. Penispilz, Penispilz!, antworte ich. Unser Running-Gag bei Pilzsichtungen, seit wir diesen Film mit Jasna Fritzi Bauer gesehen haben, in dem sie eine mit Tourette-Syndrom spielt. Wir gehen tiefer in den Wald. Sind alberne Glückspilze. Penispilz!, krakeele ich in die Bäume. Und da ist sie – die Idee für den Kunstkurs. Fuck, ja!

Mel sieht mich fragend an. Pilze, sage ich, ich zeichne Pilze für das Kunstprojekt – Mensch und Natur. Jetzt nickt Mel, aber so richtig kapiert sie nicht. Also erzähle ich von meinen Penis-Zeichnungen. Von diesem inneren Antrieb, der intrinsischen Motivation, mich gerade nur mit Sex und Penissen zu beschäftigen. Und wie cool es ist, wenn ich bei der Kunstaufgabe weiter an Schwänze denken kann. Was das mit dem Thema zu tun hat, will Mel wissen, und ich kontere mit einer Gegenfrage: Woran denkst du, wenn du einen Pilz siehst?

Penispilz! Erkenntnis huscht durch Mels Gesicht, gleich darauf aber Zweifel. Du willst ernsthaft Pilze zeichnen, damit die Leute an Penisse denken?, fragt sie, wartet die Antwort aber nicht ab. Fasst stattdessen ein Penis-steht-für-Mensch und Pilz-steht-für-Natur zusammen, murmelt Penispilz und besteht darauf, dass ich dann auch Spargel und Bananen zeichnen muss.

Aus dem Netz ziehe ich am Abend weitere Inspiration. Aubergine. Hätte ich auch selbst drauf kommen können. Zeichnerisch allerdings genauso uninteressant wie Gurke. Aber was bitte schön sind Igelwürmer? Ich klicke auf das Foto. Angeschwemmte Penisfische am kalifornischen Strand, steht darunter. What the fuck – die Viecher sehen wirklich aus wie Schwänze. Deshalb heißen sie im englischsprachigen Raum Penisfische. Viel logischer als Igelwürmer. Allerdings sehen sie eklig aus. Rosa, glatt, glitschig. Ich bin abgetörnt. Die will ich nicht zeichnen. Also weiter mit Pilzen und Pflanzen. Steinpilz, Spargel, Maiskolben. Meine Skizze baue ich genauso auf wie den Penis-Post. Mit dem Steinpilz, den ich vor der Pfanne gerettet habe, fange ich an. Kreisend streichele ich mit weichem Bleistift das Papier. Zeichne das Hütchen vor. Denke an Rasmus. An seine Eichel. Wie ich sie mit dem Finger umrunde. Abrupt stoppe ich. Wie eigentlich? Keine Ahnung. Also zurück ins Netz. Ich will vorbereitet sein. Falls es mit Rasmus doch mal eine Situation geben sollte.

Eine mit dem Namen Poppy erklärt in einem Video verschiedene Techniken. In der Hand hält sie einen Dildo, den sie mit der anderen Hand umschmeichelt, umschlingt und umspielt. Aus der Küche hole ich mir eine Banane. Mein Übungsobjekt. Mit dem Watte-Kondom-Trick modelliere ich an der Banane herum, bis sie meiner Vorstellung von einem halbwegs realistischen Penis entspricht. Poppys Anleitung folgend, übe ich den Handjob. Tatsächlich unterbreche ich den Ablauf aber ständig, weil mich das Rumfingern am Bananen-Dildo irgendwie geil macht, sodass ich ihn immer wieder zwischen meine Beine führe. Ich reibe ihn mit Öl ein, lasse ihn um meinen Kitzler kreisen, schiebe seine Spitze in meine Vagina, drücke ihn der Länge nach auf meine Vulva-Lippen, streiche, klopfe, schiele auf das Video, halte nicht mehr aus und stöhne. Bis nach Mitternacht mache ich so weiter. Klicke mich durch Erklärvideos und masturbiere, sobald ich Lust verspüre. Insgesamt vier Mal. Ist das normal? Bin ich sexsüchtig? Nein, sagt das Netz. Erleichtert lehne ich mich ins Kissen.

Mit Laptop und Skizzenblock an meiner Seite, wache ich am Morgen auf. Unter der Bettdecke spüre ich den Bananen-Dildo gegen meinen Oberschenkel drücken. Ich habe von Rasmus geträumt. Oder vielmehr von seinem Schwanz. Er sah aus wie mein DIY-Dildo, entpuppte sich jedoch als Gestaltenwandler. Wurde zum Pilz, zum Penis und zu meinem Entsetzen auch zum Penisfisch. Der Moment des Aufwachens. Ich schüttele mich. Was war das denn?

Faszination bei gleichzeitiger Abscheu, interpretiert Mel später. Wir haben zwei Freistunden und sitzen im Café. Rasmus und ein paar seiner Kumpels sind auch da. Hey, sagt er, als ich an ihm vorbei zum Klo gehe. Und dieses eine Hey, diese Szene, die nicht mal zwei Sekunden gedauert hat, spult sich den Rest des Tages in meinem Kopf ab. Es gibt jede Menge Interpretationsspielraum. Mel meint, es ist ein Zeichen, dass er mich gegrüßt hat. Aber es war nur ein Hey, werfe ich ein. Woraufhin Mel feststellt, dass es drei Buchstaben mehr Aufmerksamkeit sind, als jemals zuvor. Und damit hat sie wieder recht. Abgesehen von dem Mix-Bier-Einsatz.

Im Laufe des Nachmittags bläst meine Fantasie die drei gesagten Buchstaben jedenfalls zu einem Riesenballon auf, der einen Korb voller Verliebtheitsgeschichten in die Lüfte trägt. So was wie: Rasmus steht auf mich – er hat Hey gesagt. Oder: Er ist in mich verliebt – er hat versucht, Kontakt zu knüpfen. Im Bett mit meinem

Skizzenbuch und den Penispilzen bin ich so weit, dass sein beiläufiges Hey uns wieder in den Raum führt, den ich gar nicht kenne. Ich fasse seinen Schwanz an. Rasmus stöhnt. Sagt, dass er mich anschauen möchte. Alles. Ich ziehe mich ganz aus und lege mich auf die Liege, die plötzlich mitten im Raum steht. Rasmus ist ein nackter Masseur und knetet mit seinen öligen Händen meine Brüste. Dann hockt er sich vor die Liege und blickt zwischen meine gespreizten Beine. Sieht das feuchte Glänzen aus meiner Vagina sickern und verreibt es mit dem Finger. Verteilt es auf meinen Vulvalippen bis zu meinem Kitzler. Kreist und gleitet, reibt und klopft. Jetzt stöhne ich. Rasmus steht auf, fingert mich jedoch weiter. Er hat eine Erektion. Sie zu sehen, treibt mich in den Wahnsinn. Und zum Höhepunkt.

Ich öffne die Augen und bin in meinem Zimmer. Draußen ist es dunkel, auf dem Skizzenblatt noch immer kein Pilz. Morgen fange ich wirklich an.

Morgen beginnt völlig anders als alle anderen Tage. Im Bus setzt sich Rasmus neben mich. Hey, sagt er wieder. Sogar der Ansatz eines Lächelns ist zu erahnen. In mir explodiert ein Hormon-Cocktail. Mein Herz fliegt gegen die Schädeldecke, wummert an meine Schläfen. Hey, antworte ich, ohne meine Ohrstöpsel rauszunehmen. Er entsperrt sein Handy und wischt darauf herum. Wahrscheinlich sieht er sich seine Timeline an. Den neugierigen Blick direkt auf das Display verkneife ich mir. Trotzdem schiele ich minimal zur Seite. Seine Fingernägel sind dunkelblau lackiert. Eine Premiere. Was mich erstaunt. Und auch nicht. Er ist der Typ für lackierte Fingernägel. In Berlin wäre mir der Nagellack wahrscheinlich gar nicht aufgefallen. Wir sind aber nicht in Berlin, sondern fahren gerade mit einem zwanzig Jahre alten Schulbus weitere acht Dörfer ab, bevor wir überhaupt in die Nähe der Kleinstadt kommen, in der sich unsere Schule befindet. Also ja – hier auf dem Land springt Nagellack auf männlichen Fingern wie Wunderkerzen-Funken ins Gemüt. Rasmus rutscht auf dem Sitz tiefer. Seine linke Seite berührt meine rechte Seite vom Oberarm bis zum Knie. Die Strecke meint es gut mit mir. Die Kurvenkraft drückt erst ihn gegen mich, dann mich gegen ihn. Seine Körperwärme kriecht meinen Oberschenkel entlang. Wandert zum Innenschenkel und weiter in den Schritt. Wo sie sich ballt, zusammenzieht und wieder aufbauscht. Als würde in meiner Vagina ein warmes, pochendes Herz pulsieren.

Aus dem Augenwinkel sehe ich, wie Rasmus seine Finger über das Display tanzen lässt. Er scheint eine Nachricht zu schreiben. Flink. Und wer wäre meine Fantasie, wenn sie jetzt nicht seine virtuose Tipperei auf meine Vulva übertragen würde? Unauffällig verändere ich meine Sitzposition. Schlage die Beine übereinander. Presse sie zusammen. Im Schritt drückt die Kreuznaht meiner Jeans gegen meine Klitoris. Es gibt einen kurzen Ruck. Der Bus hält. Die Türen zischen. Mel steigt ein. Torkelt, weil der Bus wieder anfährt, auf mich zu. Bleibt vor Rasmus stehen, sagt Moin und plappert über ihn hinweg von einer Serie, die sie gestern neu angefangen hat. Rasmus sieht Mel an und steht auf. Sie wehrt ab. Aber es ist zu spät.

Dann könnt ihr in Ruhe quatschen, nuschelt Rasmus, lehnt sich gegen eine Haltestange und lässt seine Finger wieder über das Display huschen.

Mel setzt sich. Ihre Lippen formen ein stummes Sorry.

Gedanklich sitze ich noch am Nachmittag neben Rasmus im Bus. Keine Chance für die Penispilze. Auf dem Fußboden liegen drei zerknüllte Skizzenblock-Seiten. Der Steinpilz ist eingetrocknet. Sowieso hat er nicht perfekt zum Projekt gepasst. Im Netz rufe ich Fotos von Stinkmorcheln auf – die wahren Penisse unter den Pilzen. Bevor ich ein weiteres Blatt Papier vergurke, sehe ich mir den Penis-Post noch mal an. Das Pendant mit den sechs Vulven wird direkt daneben angezeigt. Wenige Klicks weiter greifen zwei Finger in die kleine Öffnung einer aufgeschnittenen Grapefruit. Ich kann nicht anders – meine Hand gleitet in meinen Schlüpfer. Anderthalb Minuten. Maximal. Endlich hat die seit dem Bus-Moment aufgestaute sexuelle Energie ein Ventil gefunden. Ich stöhne auf. Und ziehe die Hand wieder aus der Hose. Vor mir immer noch die Grapefruit, in der zwei Finger stecken.

Fuck! Warum eigentlich nur Phallus-Symbole für das Kunstprojekt? Wo es doch diese wunderschönen Pendants einer Vulva gibt. Auf Schmierpapier ziehe ich schwungvolle Linien, sodass sich sechs Kästchen ergeben. Die Erweiterung meines Kunstprojekts. Für mehr Sichtbarkeit der Weiblichkeit. Schon wegen der Geschlechtergerechtigkeit. In die unteren Kästchen kritzele ich Stinkmorchel, Spargel und Maiskolben. Sie ragen auf zu Grapefruit, Rosenblüte und Feige in den oberen Kästchen. Recken sich ihnen entgegen. Prädestiniert als Vulva-Symbole wären auch Schnecken oder Muscheln. Also doch Penisfische und Schnecken für das Bild? Das würde deutlich krasser wirken. Ob sich ein Penisfisch wie ein Schwanz anfühlt? Hoffentlich nicht. Ich schüttele mich. Und bleibe bei meiner Wahl.

Das komplette Wochenende bin ich in meine Zeichnungen vertieft. Ich strichele und schraffiere, punkte, streichele und kratze über das Papier. Hier und da wische ich. Zittere hauchzarte Linien. Setze minimal Farbe ein. Und yeah! – Am Sonntagabend ist meine Zeichnung fertig. Zwischen den oberen und unteren Kästchen habe ich einen waagerechten Balken für Schrift freigelassen. Die Wörter zeichne ich in Schreibmaschinen-Typografie: Alle Lebewesen sind schön.

Pole-Position

Ob es okay wäre, wenn mein Bild in der Kunstausstellung hängen würde, fragt eine Woche später Frida Kallmeyer, die wir Kalo nennen. Wie Frida Kalo. Die Malerin. Betreten zögere ich. Die Eröffnung übermorgen ist ziemlich offiziell. Mit Familien, Freunden, Anhang und der örtlichen Presse. Einerseits fühle ich mich geehrt, dass meine Kunstlehrerin mein Werk ausstellungswürdig findet. Also ja. Oder doch lieber nein. Weil ich nicht will, dass meine Schwänze und Pussies womöglich in der Zeitung abgedruckt werden und das ganze Dorf über meine vermeintliche Verdorbenheit lästert. Aber vielleicht doch. Weil es okay ist, sich mit Sexualität auseinanderzusetzen und das kein Tabu-Thema sein sollte. Auch nicht auf dem Dorf. Gerade nicht auf dem Dorf. Wo die meisten sowieso irgendwann mal miteinander gevögelt haben. Die Auswahl in so einer Pfütze ist begrenzt. Da greifen die Leute auf das zurück, was ihnen die Hektarparty vor die Füße wirft. Stopp. Das ist überspitzt. Stimmt aber im Kern.

Okay, sage ich. Nicke verhalten. Kalo fragt, ob ich sicher sei. Nein, lautet meine Antwort. Ich zucke mit den Schultern. Aber trotzdem. Kalo findet das mutig.

Die Eingangshalle der Schule wirkt wie eine moderne Galerie. Die Veranstaltungs-AG hat alles gegeben. Beleuchtung, coole Sitzgelegenheiten aus Getränkekisten mit Kissen obendrauf, die Theke aus Paletten. Ich trage ein schwarzes Hänger-Minikleid, darüber die Vintage-Lederjacke aus Amsterdam, dazu Boots mit Plateausohle. Mit dem Look fühle ich mich gerüstet. Jedenfalls so lange, bis ich meine Zeichnung sehe. Pole-Position. Nicht in der Masse verschwindend, wie ich gedacht hatte. Mels Eltern stehen davor. Mel kichert. Meinem Fluchtreflex tritt sie energisch entgegen, folgt mir aber immerhin an die Theke. Wir holen uns einen Sekt. Gerne hätte ich etwas Stärkeres. Ich fühle mich nackt. Entblößt. Verstecke mich hinter Mel, während mein Vater Grapefruit und Spargel betrachtet. Schlimmer geht es nicht, denke ich. Bis Rasmus vor der Zeichnung steht. Mit dem Rücken zu mir. Vertieft. Gefühlte Ewigkeiten. Dann dreht er sich um. Scheint etwas zu suchen. Und findet es. Mich.

Als würde Rasmus mich zum ersten Mal sehen, fixiert er mich mit seinem Blick. Quer durch den Raum. Intensiv. Ich halte stand. Wende mich nicht ab. Schlage die Augen nicht nieder. Aus meinem Unterleib meldet sich wieder das Pochen. Unsere Augen feuern irgendwas aufeinander ab. Zwischen uns rauscht die sexuelle Energie des gesamten Universums aufeinander zu. Und wir folgen ihr. Wie Marionetten. Fremdgesteuert. Gehen einander entgegen. Als gäbe es keine Wahl. Es ist der Moment, in dem ich denke: Wir sind es!

Das ist mystisch, sagt Rasmus. Ich weiß nicht, ob er die Zeichnung meint oder den Moment. Beides, ergänzt er, ohne dass ich gefragt hätte. Wir sehen uns immer noch an und ich kapiere jetzt diese Film-Momente, in denen Leute direkt übereinander herfallen. Nur, dass hier nicht der Ort dafür ist. Was Rasmus offenbar auch bemerkt. Er sagt, er gehe draußen eine rauchen und fragt, ob ich mitkomme.

Vor der Schule stehen Leute in Grüppchen, die ebenfalls rauchen. Wir stellen uns etwas abseits hin. Rasmus steckt sich eine Zigarette an. Stößt Rauch aus und äußert nochmals, dass meine Zeichnung wirklich mystisch sei. Dann redet er eine Zigarettenlänge darüber, dass er auch zeichnet. Welche Stifte er benutzt und welche Pinsel. Pinsel!, denke ich, während er weiterredet. Dass er auf Zeitungspapier arbeitet, weil das dann ganz anders wirkt. Mir wird kalt. Rasmus nimmt einen letzten Zug. Die Glut dreht er zwischen Zeigefinger und Daumen ab. Den Filter steckt er in seine Jackentasche. Also gehen wir wohl wieder rein. Ich drehe mich in Richtung Tür. Warte, sagt er. Nimmt meine Hand. Sieht mich an. Und im Raum zwischen unseren Augen ist wieder diese Energie, die sich sofort in meinen Unterleib überträgt. Rasmus zieht mich an sich. Legt seine Lippen auf meine. Seine sind samtig. Leicht öffne ich meine. Und plötzlich wälzt sich seine ausgebreitete Zunge zügellos und speichelnd umher. Sabbert über meine Oberlippe bis zur Nase, über die Unterlippe bis zum Kinn und durch meine Mundhöhle. Ich fühle mich schlecht, weil ich es eklig finde. Labberig. Als hätte ich einen lebendigen Mozzarella im Mund. Ich versuche, das auszublenden. Konzentriere mich auf seine Hände unter meiner Jacke, die von meiner Taille hoch zu meinen Brüsten wandern und einen Schwall purer Lust freisetzen, der runter in meine Vagina rauscht. Mehr davon, denke ich. Rasmus schlägt vor, um die Ecke zu gehen. Zieht mich Richtung Sporthalle. Wir umrunden das Schulgebäude bis zum Glasgang. Rückwärts geht er ein paar Schritte vor mir her. Zwischen uns wieder dieses Band aus Erregung. An einer Seitentür der Turnhalle bleibt Rasmus stehen. Keine Ahnung, woher er weiß, dass sie nicht verschlossen ist, jedenfalls drückt er mit dem Hintern dagegen und sie springt auf.

Wir stehen in einem Raum, den ich nicht kenne. Durch ein Oberlicht scheint der Mond. Ansonsten ist es dunkel. Riecht nach Turnmatte. Rasmus ist jetzt eine Silhouette, die mich an sich zieht. Wir küssen uns erneut. Um meinen Mund herum ist wieder alles nass. Auch zwischen meinen Beinen. Rasmus fährt mit seiner Hand über meinen Venushügel. Nur der Stoff meiner Kleidung trennt unsere Haut. In mir schreit es nach mehr. Ohne Stoff dazwischen. Als hätte er meinen lautlosen Wunsch gehört, steckt er seine Hand unter dem Kleid in meinen Slip. Ich lasse meine über dem Hosenschlitz. Auf dem Stoff. Seine Erektion fühlt sich gewaltig an.

Rasmus zieht seine Hand wieder aus meinem Slip, fasst mit beiden Händen an Bündchen von Schlüpfer und Strumpfhose und zieht den Stoff nach unten. Es fällt mir schwer, die Lächerlichkeit auszublenden. Wie meine Wäsche zwischen meinen Knien hängt. Die Dunkelheit hilft. Ich fummele an seinem Gürtel herum. Er hilft. Macht selbst. Schiebt seine Jeans auch zwischen seine Knie. Und macht weiter. Mit den Fingern streicht er über meine Vulva. Sein Penis fühlt sich anders an als der Bananen-Dildo. Fleischiger. Die Eichel ist feucht. Ich denke an Penisfische. Darauf muss ich erst mal klarkommen. Weshalb ich mich absolut nicht auf meine eigene Lust konzentrieren kann. Stattdessen rufe ich die Bilder aus dem Video von Poppy auf. Mache alles, was ich geübt habe. Umrunde die Eichel. Wechsele ab. Streiche hier entlang und da. Fasse fester und lasse locker. Pumpe schnell und wieder langsamer.

What the fuck! Wo irrt er denn mit seinem Finger herum? Er scheint meine Vagina im Schlitz zwischen meiner äußeren und inneren Vulva-Lippe zu suchen. Ich verlagere mein Körpergewicht, damit sein Finger von alleine an die richtige Stelle rutscht. Okay, so ist es schon besser. Sehr viel besser. Ich atme schneller. Nicht nur, weil er wirklich eine gute Stelle erwischt hat, sondern auch irgendwie als Bestätigung. Um ihn anzufeuern, genau da weiterzumachen, ohne etwas zu sagen. Es klappt. Rasmus wird richtig euphorisch. Vielleicht etwas übertrieben. Sein Finger wühlt wieder wild zwischen meinen Beinen herum. Offenbar auf der Suche nach einer einzigen Stelle. Und jetzt hat er sie. Meine Vagina. Erstaunt reiße ich die Augen auf. Was macht er da? Er prokelt darin herum wie mein vierjähriger Nachbar in seinem Brötchen. Ich sollte ihm sagen, dass es nicht darum geht, etwas aus mir herauszuholen. Vielleicht braucht er nur ein bisschen Zeit. Bestimmt wird es gleich besser. Immerhin scheine ich bei ihm irgendwas richtig zu machen. Er stöhnt auf. Sein Atem wird schneller. Parallel dazu auch sein Finger in mir. Als würde er etwas freistochern wollen. Fieberhaft überlege ich, wie ich ihm sagen kann, dass mir seine Bewegungen zu grob sind. Zu unsensibel. Wie können Finger einerseits so virtuos über ein Handy-Display tanzen und andererseits derart unkoordiniert in einer Vagina rumrühren? Ich weiß nicht, wie ich es formulieren soll. Während meine Hand weiter seinen Schwanz bearbeitet, entziehe ich mich seiner wilden Küsserei, um etwas zu sagen. Der Mondschein fällt auf sein Gesicht. Mit aufgerissenen Augen sieht Rasmus mich an. Stöhnt auf. Sperma ergießt sich über meine Hand. Er zieht seinen Finger aus meiner Vagina und rubbelt noch ein bisschen zwischen meinen inneren Vulva-Lippen herum, scheint aber meine eingefrorene Körperhaltung zu bemerken und hört auf. Dann zieht er seine Hose wieder hoch.

Benommen bringe ich ebenfalls meine Kleidung in Ordnung. Einhändig. Wegen der Sperma-Hand. Draußen wische ich sie im Gras ab.

Nacktschnecke

Statt mit erotischen Fantasien reagiert mein Körper jetzt mit einem Schütteln auf Gedanken an Rasmus. Will sich das Erlebte aus dem Kopf schleudern. Es ist nicht so, dass mir Rasmus unsympathisch geworden ist. Auf eine Wiederholung bin ich aber definitiv nicht scharf. Deshalb weiche ich aus, als er mich fragt. Rede von Schulkram, den ich noch machen muss. Ich möchte ihn nicht verletzen. Ist das falsch? Wäre es besser, die Wahrheit zu sagen? Sowas wie: Wir können uns gerne sehen, aber ich möchte nicht mehr mit dir rumfummeln? Ich bin durcheinander und desillusioniert. Ist Sex immer so?

Meine pausenlosen Gedanken über Rasmus verfolgen mich noch Tage später bis in die Dusche. Was mich irgendwie nervt. Das also ist Overthinking. Ich schüttele mich. Drehe am Duschkopf und wähle die Massage-Einstellung. Stelle mir vor, das prasselnde Wasser würde die Gedanken aus meinem Kopf waschen. Und irgendwie funktioniert das. Ich nehme den Duschkopf aus der Halterung und richte den Strahl auf meinen Oberkörper. Lasse ihn tiefer wandern. Bis zu meinem Venushügel. Stelle den Strahl wieder weicher und halte ihn mir wie einen warmen Springbrunnen zwischen die Beine. Massiere mit der freien Hand meine Klitoris. Und stelle mir nichts und niemanden vor als mich selbst. Ich weiß, was ich mag. Flüstere mir in Gedanken selbst zu, wohin sich meine Finger und der Duschstrahl bewegen sollen. Ich kann das so gut. So gut. Ja!
　Eingewickelt in ein großes Handtuch, gehe ich in mein Zimmer. Unter der Dusche ist mir eingefallen, dass Poppy auf ihrem Video-Kanal auch Masturbationstechniken für Girls zeigt. Warum habe ich mir das nicht längst angesehen? Ich ärgere mich, dass ich derart

viel Zeit in das Handjob-Üben für Rasmus investiert habe, während er sich offenbar so gar nicht bemüht hat, etwas über die weibliche Lust oder wenigstens Anatomie herauszufinden. Bin ich zu ungerecht? Scheiß drauf. Es ist Me-Time! Das Video von Poppy enthält eine Meditation. Mit Anleitung, sich selbst zu streicheln. So zart, wie es geht. Nahezu ohne Berührung. Meine Körperhaare leiten die über ihnen schwebende Wärme meiner Hand weiter. Das ist angenehm. Erregend. Körperhaare sind so was von sexy! Irgendwann soll ich nur noch atmen. In meine Vagina. Quatsch, denke ich. Wie soll ich in meine Vagina atmen? Bekomme es dann aber doch hin. Mehr gedanklich. Ich stelle mir vor, wie der Atem von innen in sie hineinfließt. Auch in meine Klitoris. Verrückt. Vielleicht ist es die Decke, die ich über mich gelegt habe und deren Stoff in meinen Schritt gesunken ist. Vielleicht Poppys Stimme? Ihre Worte? Oder liegt es tatsächlich an meinem Atem? Jedenfalls ist es wieder da. Das warme Pulsieren. Nicht nur tief in meiner Vagina, sondern auch in meinem Kitzler. Mit dem Joystick meiner Gedanken lenke ich meinen Atem überallhin. Und ja, es ist crazy – ich habe einen unfassbaren Orgasmus.

Es hat länger gedauert als sonst. Fast eine Stunde ist vergangen. Ziemlich gute Art, Zeit zu verbringen. DAS werde ich garantiert wiederholen.

In der Kunststunde nach der Ausstellung kommt die Sprache noch einmal auf meine Zeichnung. Ich bekomme Anerkennung. Wegen des Motivs und meiner Zeichentechnik. Hauptsächlich wird jedoch mein Mut gelobt. Zuerst freue ich mich. Doch je mehr Leute es erwähnen, desto mehr schlägt meine Stimmung um. In Wut. What the fuck ist so mutig daran, einen verfickten Spargel zu zeichnen?, platzt es aus mir heraus. Verstört schauen mich alle an. Das ist der

Moment, in dem mir klar wird: Niemand sollte Mut brauchen, um symbolisch dargestellte Geschlechtsteile in eine Schul-Ausstellung zu hängen. Und das sage ich. Laut und deutlich. Dass überhaupt alles, was mit Geschlechtsteilen zu tun hat, selbstverständlich sein sollte. Dass wir darüber reden sollten, als wären es Hände oder Nasen. Anschließend wundere ich mich. Über mich selbst.

Zu Hause nehme ich einen Spiegel und sehe mir meine Vulva an. Meine Pussy. Punani. Vulvina. Betrachte die kleinen Riffel und Fältchen der inneren Lippen, die Wölbung der äußeren. Denke Schamlippen und will nicht, dass es etwas mit Scham zu tun hat. Dann lieber Vulvalippen. Oder Venuslippen. Wie Venushügel. Das ist okay. Mit dem Handy mache ich Fotos. Und dann zeichne ich. Schraffiere, wische, punkte, kreise, zittere und zärtele. Es ist schwieriger, als eine Grapefruit auf Papier zu bringen. Kleinteiliger, detaillierter. Mit diversen Oberflächen. Hier glatt, glänzend und seidig, dort geriffelt, gekräuselt und matt. Stellenweise farblich rot-rosé, dann wieder pastellig in der Farbe eines Lachses oder unterschiedlich dunkel, wie die Rinde einer Kiefer. Verliebt betrachte ich mein Werk. Verliebt in meine Vulva. Ist sie schön? Keine Ahnung. Ist eine Nacktschnecke schön? Auf jeden Fall faszinierend. Zugleich filigran und widerstandsfähig. Empfindlich und stark. Winzig und dehnbar. Ein Wunderwerk.

Als ich fertig bin, lehne ich mich zurück und atme in mein Wunderwerk aus Fleisch und Blut. Berühre es so zärtlich, wie ich es zuvor auf das Papier geschmeichelt habe. Seufze. Rekele mich. Drehe mich auf den Bauch. Klemme mir ein Kissen zwischen die Beine. Kissen? Ernsthaft? Ich rammele mein Kissen wie ein Hund? Egal. Ich drücke es mir fester in den Schritt. Presse meinen Unterleib darauf. Schiebe mir die Hand zwischen die Beine. Werfe mich wieder auf den Rücken. Lasse den Finger in meine Vagina gleiten. Sie ist feucht und glitschig. Worte ploppen auf. Machen mich an. Feuchtwerden, Anschwellen. Der Finger gleitet tiefer. Meine andere Hand reibt meinen Kitzler. Ich lächele. Stöhne. Spitze den Mund. Spanne meine Schenkel an. Spiele mit der Muskulatur in meiner Vagina. Seufze.

Meine intrinsische Motivation ist jetzt ausschließlich meine eigene Lust. Ich suche und finde den G-Punkt. Jedenfalls glaube ich, ihn gefunden zu haben. Noch bin ich mir selbst manchmal ein Mysterium. Aber ich lerne. Alles über mich und das, was mir gefällt. Außerdem, damit ich niemals mehr eine Situation wie mit Rasmus erlebe, übe ich, meine Wünsche zu formulieren. Erst einmal mir selbst gegenüber. Eigentlich ist es so easy wie eine Kaffee-Bestellung: Bitte einen Latte Macchiato mit Mandel-Sirup. Nein, kein Schoko-Topping. Lieber Caramel. Ganz unspektakulär. Völlig alltäglich.

Um diesbezüglich zu trainieren, erzähle ich Mel von meiner Atem-Masturbation. Sie sieht mich ungläubig an. Ohne Anfassen?, fragt sie. Ich nicke. Beschreibe ihr die Wucht des Atmens und der Worte im Kopf. Wie sich der Orgasmus angefühlt hat. Meine Offenheit überrascht mich selbst. Frei von Schamgefühlen, wie ich sie am Abend der Ausstellung noch wegen meiner Zeichnung empfunden habe. Sogar manchmal wegen meiner Gedanken. Auf wundersame Weise fühle ich mich befreit. Von meinen Rasmus-Fantasien. Vom Rasmus-Overthinking. Vor allem aber von dem Glauben, für echten Sex ein Gegenüber zu brauchen. Ich bin verrückt nach Sex mit mir ganz allein.

Und das sage ich Rasmus, als er das nächste Mal fragt, ob wir uns sehen wollen. Sehen ist okay, erwidere ich, chillen oder so. Aber mehr nicht. Eine kurze Pause entsteht – im Kopf lassen sich Dialoge leichter führen als in der Realität. Trotzdem nehme ich die Hürde und bin ehrlich. Erkläre ihm, dass es sich für mich nicht so gut angefühlt hat. Empfehle ihm Poppys Kanal. Zum Üben. Und sage: Sorry. Not sorry. Ich mach's mir gerade lieber selbst.

Caroline Brinkmann *lebt in New York und schreibt erfolgreich Bücher für Jugendliche und junge Erwachsene. Ein Leben ohne Bücher kann sie sich mittlerweile nicht mehr vorstellen. Darum versinkt sie, wann immer sie die Zeit dafür findet, in ihren Welten. Am liebsten mit jeder Menge Kaffee in greifbarer Nähe. Auf Instagram (carolinebrinkmann_author) tauscht sie sich mit vielen begeisterten Leser*innen über ihre Projekte aus.*

Caroline Brinkmann

Die Lösung für meine Gleichung

»Heute Abend wird bombastisch«, verkündet Emmi mit strahlenden Augen, als wir vor dem Club *Purple Pineapple* stehen. »Schau dir all die leckeren Jungs an.«

Die Jungs, die sie meint, versuchen gerade, grölend einen Bierdeckel auf der Nase zu balancieren.

»Weshalb sind wir noch mal hier?«, frage ich und versenke meine Hände tief in den Taschen meiner Jeans.

»Weil deine Chancen, auf dem Sofa einen Traumprinzen zu finden, gegen null tendieren.«

»Verstehe. Es ist also purer Altruismus deinerseits und hat nichts damit zu tun, dass dir bestimmte braunäugige Barkeeper den Kopf verdreht haben.«

»Ganz genau. Ich bin nur für meine beste Freundin hier.« Sie hakt sich bei mir unter und schmiegt sich vertraut an meine Schulter. »Aber wenn gewisse Barkeeper zufällig heute arbeiten, werde ich mir bestimmt den ein oder anderen Cocktail holen.«

Das letzte Mal hatte Emmi für uns ein halbes Vermögen an der Bar ausgegeben.

Sie zwackt mich in die Seite. »Ich bitte dich nur, deine Ansprüche für heute ein bisschen runterzuschrauben und Spaß zu haben.«

Ich werfe den Jungs einen weiteren, zweifelnden Blick zu und bin mir nicht sicher, ob ich überhaupt einen neuen Prinzen finden *will.* Zumal einer von ihnen gerade versucht, eine Bierflasche mit dem Ohr zu öffnen.

Spoiler. Es klappt nicht …

»Ich weiß nicht, ob Eiscreme, Chips und Liam Hemsworth nicht die heißere Wahl gewesen wäre.«

»Ach Mia. Lass uns einfach Spaß haben, okay? Ich wette, da ist jemand für dich dabei.«

»Ich weiß nicht … Beim letzten Mal waren die Gespräche eher enttäuschend. Einer dachte, Pythagoras sei eine Schlange und wollte mir sein bestes Stück zeigen.«

»Mia! Wir wollen hier nicht promovieren, nur … du weißt schon …. *Bähm. Taschakabu.*« Sie lässt verheißungsvoll ihre Hüften kreisen. »Bähm. Taschakabu« ist ein typisches Emmi-Wort für One-Night-Stand.

Strahlend zieht sie mich zum Eingang, vor dem schon eine kleine Ansammlung von Menschen darauf wartet, vom Türsteher weitergelassen zu werden.

Wir stellen uns hinten an und versuchen, uns gegenseitig warm zu halten. Um das Geld für die Garderobe zu sparen, haben wir unsere Jacken im Auto gelassen. Darum stehen wir nun mit unseren knappen Shirts hier in der Oktoberkälte und schlottern um die Wette. Emmi hat eine Gänsehaut. Sie überzieht ihre Arme, das Dekolleté hinab bis zu den Brüsten. Unter dem hauchdünnen silbernen Stoff ihres Tops zeichnen sich ihre Nippel ab und verraten, dass sie keinen BH trägt. Auf den verzichtet sie meistens, »weil sich ihre Mädels nicht gerne einsperren lassen«. Ich muss immer grinsen, wenn sie das sagt.

Emmis Haare kitzeln in meiner Nase, aber ich drehe mich nicht weg. Ich mag ihre Nähe und zwar nicht nur wegen der Wärme, die ihr Körper ausstrahlt. Sie gibt mir Sicherheit. In der Schulzeit habe ich nie eine Freundin wie sie gehabt, jemanden, der einen nimmt, wie man ist. Mit all seinen schrägen Eigenheiten. Jemand, der mich sogar dafür feiert, dass ich Mathe liebe. Ich liebe es wirklich. Gesetze und Formeln geben mir Sicherheit. Alles an dem Fach ist in sich logisch und schlüssig. Wenn man die Regeln kennt, gibt es keine Überraschungen und das mag ich.

Emmi und ich haben uns im ersten Semester getroffen. Sie kam zu spät in den Raum. Die Vorlesung hatte bereits begonnen und die Reihen waren gut gefüllt. Unsere Blicke fanden sich und sie bahnte sich einen Weg durch die Menge zu mir. »Hey, ich bin Emmi und ich hasse Mathe.«

»Dann bist du hier falsch, oder?«

»Ich will Musiklehrerin werden, aber mit Musik allein findet man keinen Job. Also habe ich beschlossen, etwas dazuzunehmen, was überall gesucht wird. Nenn mich Superbrain! Was ist mir dir?«

»Ich will später was mit Data-Science machen.«

»Ich habe keine Ahnung, was das ist, aber ab heute sind wir beste Freundinnen, okay?«

Seitdem sind wir unzertrennlich.

In eine WG mit ihr zu ziehen, war folglich die beste Entscheidung meines Lebens gewesen. Wir waren verschieden, aber schienen uns in vielen Dingen perfekt zu ergänzen.

»Emmi? Was machst du denn hier?«

Wir drehen uns um und sehen drei Mädels in unserem Alter. Immer wenn wir feiern gehen, treffen wir Leute, die Emmi kennen. Sie ist einfach jemand, dem es leichtfällt, mit anderen ins Gespräch zu kommen. Selbst im Kaffeeladen unseres Vertrauens kennt man sie schon mit Namen. Mich nennen sie nur »großer Milchkaffee ohne Specials«.

Die meisten sehen in mir nichts Besonderes, aber Emmi tut das. Das ist ihre Gabe. Sie sieht in jedem Menschen etwas, was ihn einzigartig macht.

»Das ist meine unglaublich heiße und kluge Mitbewohnerin Mia«, stellt sie mich vor. Ich werde ein wenig rot, aber dank der Kälte, die uns das Blut in die Wangen treibt, fällt es glücklicherweise niemandem auf.

Die Studentinnen stellen sich als Anna, Sasha und Viola vor.

Emmi reißt die Arme in die Höhe und umarmt sie euphorisch, bevor sie sie mit Komplimenten überhäuft. Das macht sie gerne, aber sie meint es auch ehrlich. »Wollt ihr euch uns anschließen?«, fragt sie.

Ich hoffe, dass sie ablehnen, denn ich würde den Abend lieber allein mit Emmi verbringen. Bei ihr muss ich mir keine Gedanken machen. Ich kann ungefiltert sein, wer ich will, und mich einfach fallen lassen. Aber natürlich weiß ich, dass der Wunsch dumm ist. Man geht nicht feiern, um allein zu sein.

»Na klar!«, ruft Anna.

Schon sind die vier in ein Gespräch versunken und kichern, was das Zeug hält. Irgendwie habe ich den Anfang verpasst und fühle mich verloren. Also stehe ich einfach daneben und nicke, während die Wörter an mir vorbeirauschen.

Ich wünschte mir, Emmi würde ihren Kopf wieder auf meine Schulter legen oder sich zumindest bei mir einhaken, aber sie ist zu sehr mit den anderen Mädels beschäftigt und da, wo zuvor ihr Körper war, kriecht nun die Oktoberkälte unter meine Haut.

Endlich erreichten wir die Kasse. »Welche Farbe?«, fragt der Mann hinter der Glasscheibe gelangweilt.

Als ich ihn verwirrt ansehe, antwortet Emmi an meiner Stelle. »Rot. Wir sind beide so was von rot.«

Er gibt uns zwei entsprechende Bändchen, die wir uns um den Arm binden.

»Was bedeutet das?«, frage ich.

»Rot wie die Liebe«, säuselt Emmi und klimpert mit ihren großen, dunklen Augen. »Es bedeutet, dass wir single sind.«

Anna und Sasha entscheiden sich ebenfalls für rot. Viola für weiß.

Dann gehen wir weiter und je tiefer wir in den Club vordringen, desto lauter wird es. Der *Purple Pineapple* ist einer der angesagtesten Orte der Stadt. Es gibt drei Stockwerke mit Tanzflächen und Bars. Die Lichter auf der Tanzfläche sind bunt und pulsierend. Sie wechseln ständig die Farbe und das Muster. Manchmal blinken sie im Takt der Musik oder wild durcheinander. Mir wird allein vom Hinsehen schwindelig.

Wir steuern die Bar an, die mit ihrem gläsernen Tresen und der LED-Beleuchtung fast futuristisch aussieht. Auf einem Bildschirm wird der »Purple Pineapple« empfohlen, zusammen mit einem Bild des Cocktails, der in einem ananasförmigen Glas ausgeschenkt wird.

Kaum haben wir uns etwas zu trinken besorgt, schwärmen die Mädels Richtung Tanzfläche aus. Ich hingegen verstecke mich hinter einem Stehtisch und sehe zu, wie sich die anderen mit ihren Drinks im Rhythmus der Musik bewegen.

Das Cocktailglas ist mein erwählter Anker für diesen Abend. Hin und wieder nippe ich daran, nur um festzustellen, dass der Purple Pineapple genauso schmeckt wie wenige Sekunden zuvor. Viel zu süß. Ich stelle ihn wieder ab und beobachte Emmi beim Tanzen.

Sie liebt es zu tanzen. Bei ihr sieht es so leicht aus. Ihr Körper bewegt sich flüssig, genau im Takt der Beats. Wenn ich tanze, sehe ich aus wie ein Roboter und mit genug Alkohol wie ein betrunkener Roboter.

Emmi hebt ihre Arme, lässt ihre Hüften kreisen. Sie fällt einfach immer auf, bringt den Raum mit ihrer bloßen Präsenz zum Strahlen, während ich oft übersehen werde.

Der große Milchkaffee ohne Specials … aber was heißt das schon … Ich habe andere Qualitäten, auch wenn ich ganz anders bin als sie. Ich kann mich tagelang mit etwas beschäftigen, ohne je Langeweile zu empfinden. Ich liebe es zu kochen, zu puzzeln und spazieren zu gehen. Ich liebe Ruhe.

Emmi ist das Gegenteil von Ruhe und trotzdem liebe ich sie. Macht das Sinn? Wenn ich sie ansehe, irgendwie schon.

Sie schaut zu mir herüber. Ihre Lippen formen ein »Komm schon. Hab Spaß!«

Ich bewege meinen Kopf im Takt, versuche wenigstens so zu tun, als wenn ich ein Teil von all dem wäre, aber in Wahrheit fühle ich mich verloren. Wie jemand, der einfach nicht dazugehört.

Emmi hingegen ist ganz in ihrem Element. Sie bewegt sich mit der Selbstsicherheit von jemandem, der die Hashtags #loveyourself und #bodypositivity lebt. Zu Recht. Sie sieht atemberaubend aus in ihrem Lederrock und dem engen Top, das ihre Kurven perfekt betont. Wie jemand, der für die Bühne geboren wurde.

Die Jungs um sie herum können kaum den Blick von ihr lassen.

Und ich auch nicht …

Mein Herzschlag beschleunigt sich, wenn ich sie ansehe, und ich spüre dieses Kribbeln im Bauch. Das Gefühl ist neu. Das erste Mal hab ich es vor zwei Wochen bemerkt, als Emmi und ich zusammen gebadet haben. Es war Valentinstag und wir hatten beide kein Date, also beschloss sie, dass es das Richtige wäre, mit einer Schale Pralinen und einer Flasche Sekt ein Schaumbad zu nehmen. Dabei erzählten wir uns von unseren peinlichsten Dates. Sie hatte weitaus mehr beizusteuern, weil ich nicht wirklich aktiv etwas gegen mein Singleleben unternahm. Während sie redete, ertappte ich mich dabei, wie mein Blick immer wieder von ihren Augen herunterwanderte. Zuerst zu ihren vollen Lippen, dann den schlanken Hals hinunter zum Dekolleté und den mit Schaum bedeckten Brüsten. Von der Größe her, würden sie perfekt in meine Hände passen. Während ich das dachte, spürte ich ein heißes Kribbeln im Unterleib, welches sich ausbreitete. Mit hochrotem Gesicht kippte ich das Glas Sekt herunter und nahm mir vor, an etwas anderes zu denken. Mathe. Ja. Ich versuchte mich krampfhaft daran zu erinnern, was wir im Kurs besprochen hatten, aber alle Formeln waren wie fortgeweht. Wie gerne wäre ich der Schaum gewesen, der sich so perfekt um ihre Kurven gelegt hatte.

Auch jetzt nehme ich einen Schluck von meinem Cocktail und versuche, die nackte Emmi aus meinen Gedanken zu verbannen. Aber es gibt noch mehr Gäste hier, die ihr verfallen sind. Besonders einer der Jungs scheint von ihr ganz angetan. Immer wieder sucht er ihre Nähe, versucht mit ihr zu tanzen, aber ehe er sie in seinen Arm ziehen kann, wirbelt sie davon. Schließlich gibt er auf und kehrt zu seinen Freunden zurück, die an der Bar sitzen und ihn johlend in Empfang nehmen.

»Hey du.«

Ich war so vertieft darin, Emmi zu beobachten, dass ich nicht bemerkt habe, dass sich ein Typ an mich herangepirscht hat.

Er lächelt schräg. »Alleine hier?«

»Nein.« Ich nicke in Richtung Emmi, die nun von einem neuen hoffnungsvollen Tänzer angetanzt wird.

»Oh, verstehe. Deine Freundin ist beschäftigt und du langweilst dich.«

»Ich tanze nicht gerne.«

Er lässt die Augenbrauen tanzen. »Ich auch nicht, aber wir können die Zeit auch anders rumkriegen.«

»Schon gut, ich komm klar.«

»Lass uns doch rausgehen. Ist so laut hier.« Er will mich am Arm fassen, aber ich entgleite seinem Griff.

»Tut mir leid. Ich bin beschäftigt. Mit Kurt.«

»Kurt?«

Ich deute auf meinen Cocktail. »Wir führen gerade ein tiefsinniges Gespräch.«

»Was soll das?«

»Was soll was?«

»Warum hast du ein rotes Bändchen, wenn du dann keinen Bock hast?«

Ich sehe ihn fragend an, aber er hat offenbar keine Lust auf Erklärungen und zieht missmutig von dannen. Verwirrt sehe ich mich um und entdecke einen Bildschirm, auf dem die Farben des heutigen Abends erklärt sind.

Schwarz – Lass mich in Ruhe! Ich will nur tanzen!
Weiß – Ich bin mir unsicher.
Rot – Entfache meine Leidenschaft! Ich bin für alles offen.

Oh nein!

Fluchend reiße ich mir das Band vom Arm und stopfe es in meine Handtasche. Das Letzte, was ich will, ist, dass wildfremde Typen versuchen, meine Leidenschaft zu entfachen.

Als hätte sie es gespürt, kommt Emmi an meinen Stehtisch.

Ihre Augen glänzen, ihre Wangen sind gerötet und ein dünner Schweißfilm liegt auf ihrer Stirn, aber das tut ihrer Erscheinung keinen Abbruch.

Sie stemmt ihre Hände in die Hüften, als wolle sie mir eine Standpauke verpassen. »Wo ist dein Bändchen?«

»Hab es aus Versehen gegessen«, brumme ich.

Sie verdreht die Augen. »Ach, Mia-Schatz, wir sind doch hier, um Spaß zu haben.«

Sie rückt näher und für einen Moment wünsche ich mir, dass sie ihren Kopf erneut an mich lehnt. Stattdessen schnappt sie sich meinen Cocktail und leert ihn in wenigen Zügen.

»Hui! Der haut rein!«, seufzt sie außer Atem.

»Der ist ohne Alkohol.«

»Sicher?« Sie starrt misstrauisch in das leere Glas. »Das erklärt einiges.«

»Und zwar?«

»Warum du aussiehst wie eine Nonne im Stripclub.« Sie packt mich am Kragen meiner Bluse und knöpft diese auf, bis man meinen BH sieht. Ihre Finger arbeiten schnell und konzentriert, während sie mir von unten in die Augen sieht. »Du musst locker werden. Sieh dich um. Hier muss es doch jemanden geben, der dein Interesse weckt.«

Ich muss mich nicht umsehen, um zu wissen, dass dem nicht so ist.

»Viel besser so«, sagt sie grinsend und schnappt sich einen Bierdeckel, um sich Luft zuzufächeln. »Wenn ich dich jetzt sehe, wird mir heiß.«

»Ach wirklich?«

»Oh ja. Ich könnte dich auf der Stelle vernaschen.«

»Stehst du jetzt auf Nerds?«

»Oh ja. Du bist die Lösung für meine Gleichung.« Sie lacht und bringt damit mein Herz zum Schwingen. Diese Art von Flirten ist unser Ding, aber es ist nur Spaß.

Zumindest von ihrer Seite aus …

Die Locken fallen ihr in die Stirn. Gerade will ich meine Hand ausstrecken, um sie wegzuwischen, da kommt Anna.

»Emmi! Lass uns jetzt nicht im Stich. Das ist unser Lied!« Sie zieht Emmi zurück auf die Tanzfläche, wo sie sofort von einer Gruppe Jungs umkreist werden. Ich meine, die von draußen zu erkennen, die einen Bierdeckel auf der Nase balanciert haben.

Emmi fischt sich einen Eiswürfel aus ihrem Glas und lässt ihn an der Schläfe zirkulieren. Dann wandert er ihre Wange hinab und schließlich ihren Hals bis zum Dekolleté hinunter. Auf ihrer Haut hinterlässt er eine feuchte Spur. Auf meiner einen kitzelnden Schauer.

Einer der Jungs nimmt ebenfalls einen Eiswürfel aus seinem Glas und lässt ihn über ihre Lippen gleiten. Sie kichert und schnappt sich den Eiswürfel aus seinen Fingern.

Ich sehe ihnen dabei zu, wie sie anfangen sich anzunähern, ihre Körper im selben Takt schwingen lassen.

Der Raum ist aufgeheizt und ich sehne mich nach einer Abkühlung. Nein, ich sehne mich nach einem Eiswürfel, gehalten von ihren Fingern. Er fährt über meine Lippen, hinunter zu meinem Hals, über mein Dekolleté, um meine Brüste. Er zieht seine Kreise langsam enger, bis … Ich schüttel den Kopf, aber die nackte Emmi in meinem Kopf ist heute verdammt anhänglich.

»Mia?« Emmi lässt sich wieder neben mir auf den Stuhl fallen.

»Was ist los, Süße? Du bist heute so ruhig.«

»Alles gut. Amüsiere dich nur.«

Ihr Tanzpartner wirft ihr bereits sehnsüchtige Blicke zu.

»Er will knutschen.«

»Und? Willst du?«

»Knutschen nein. Rummachen vielleicht.« Das heißt, er bedeutet ihr nichts, denn sie küsst nur Menschen, die sie wirklich mag.

Emmi schaut zur Bar hinüber und ich ahne, nach wem sie Ausschau hält. Dem Barkeeper mit den Rehaugen.

»Er ist nicht der, für den du hier bist, oder?«

Sie schüttelt den Kopf. Dann rückt sie näher an mich ran und legt mir ihr Kinn auf die Schulter. »Soll ich dir etwas verraten? Du wirst beobachtet.«

Verheißungsvoll lässt sie ihre Augenbrauen tanzen. Ich folge ihrem Blick und tatsächlich. Dort sitzt ein junger Mann, der immer wieder verstohlen in unsere Richtung sieht.

»Er meint bestimmt dich.«

»Oh nein.« Sie stupst mit ihrem Finger meine Nase an. Ich liebe solche kleinen Berührungen, die man im Vertrauten macht. »Von der Tanzfläche aus habe ich es genau beobachtet. Er hat nur Augen für dich. Meine heiße Freundin.«

»Tatsächlich?«

»Er sieht ziemlich gut aus, findest du nicht? Du solltest dein rotes Bändchen ummachen, und zwar ganz schnell.«

Ich wage noch einen Blick. Mein Beobachter trägt ein weißes T-Shirt, das so eng sitzt, dass man seinen trainierten Köper bewundern kann. Er hat breite Schultern und auf seinem dunklen, leicht verwuschelten Haar trägt er eine hellgraue Mütze.

Auch wenn er zu weit entfernt ist, um das beurteilen zu können, weiß ich, dass er gut riecht. Er sieht einfach aus wie jemand, der darauf wert legt.

»Definitiv eine 10 von 10. Schnapp ihn dir!«

»Warte. Nicht so schnell. Ich will erst sichergehen …«

»Sichergehen, dass was genau?«

»Keine Ahnung … Einfach … du weißt schon … sichergehen.«

»Dass er seine GEZ-Gebühren zahlt? Komm schon, Mia. Du willst ihn nicht heiraten, nur etwas flirten und Spaß haben.«

»Ich weiß nicht. Warum trägt man beim Feiern eine Mütze? Ist das nicht genau so sinnbefreit wie diese Kerle mit Fake-Gucci-Sonnenbrille da drüben?« Ich versuche, Zeit zu schinden.

»Vielleicht hatte er einen Friseurunfall«, überlegt Emmi. »Aber du kannst ja drauf bestehen, dass er beim *Taschakabu* die Mütze anbehält.«

»Ach. Ich bin eigentlich zufrieden mit Kurt.«

»Hör auf, deinen Cocktails Namen zu geben.« Emmi stopft mir einen Eiswürfel in den Ausschnitt. Ich schnappe nach Luft, als er bis zum Bauchnabel herunterrutscht.

Gerade will ich sie packen und kitzeln, da quiekt sie: »Deine Rache muss warten. Die 10 kommt rüber.«

Ich erstarre. »Im Ernst?«

»Oh ja. Er will dich.«

Ich verziehe gequält mein Gesicht, aber sie nimmt mein Kinn in ihre Hand, zieht mich zu sich und drückt mir einen Kuss auf meine Lippen. Für einen Moment steht die Zeit still, und ich wage nicht, mich zu bewegen. Ich erstarre, in der Hoffnung, dass dieser Augenblick noch etwas anhält, aber sie zieht bereits ihren Kopf zurück und grinst mich an. »Hab Spaß!«

Ich weiß, dass sie darin nichts Ernstes sieht. Eher etwas, das zwei beste Freundinnen eben tun.

Aber mir gefällt es, ihre Lippen zu berühren. Sie sind weich, warm und hinterlassen dieses Kribbeln, welches sich bis in die Zehen ausbreitet. Ein bisschen wie Brausepulver.

Oh, Mia! Was ist los mit dir?

Seit unserem Badewannen-Date stelle ich mir immer wieder vor, wie es wäre, sie zu küssen. Meine Hände in ihren Locken zu vergraben und meine Lippen auf ihre zu pressen, bis mir die Luft ausgeht.

Natürlich weiß sie nicht, dass ich diese Gefühle hege. Manchmal überlege ich, es ihr zu beichten, aber ich weiß nicht wie.

Ich bin mit der Idealvorstellung aufgewachsen, irgendwann zu heiraten, ein Haus zu kaufen und Kinder zu bekommen. Das war für mich so unumstößlich, dass ich es nie gewagt habe zu hinterfragen. Mädchen fand ich zwar schon immer anziehend, aber ich hatte es eher für normale Neugierde gehalten. Als ich das einmal meiner Mutter gegenüber erwähnt hatte, meinte sie nur: »Das ist okay, andere Frauen schön zu finden. Wir sind ja auch das schöne Geschlecht.« Ich glaube nicht, dass sie verstand, was ich gemeint hatte, denn als ich ihr später offenbarte, dass ich Mathe studieren möchte, sagte sie: »Gib es zu, dir gefällt die Vorstellung, so viele Männer um dich zu haben. Die Henne im Raum voller Hähne?«

Nur, dass mich all diese Hähne nicht beeindruckt haben. Sondern Emmi.

»Ist hier frei?« Die 10 von 10 steht direkt vor mir. Ich halte die Luft an, als sich unsere Blicke treffen und für einige Sekunden miteinander verhaken.

»Klar.« Ich nehme einen Schluck von meinem Cocktail und sehe ihn erneut an.

»Ich heiße Daniel.«

»Mia.«

»*Bähm. Taschakabu.* Ich geh dann mal.« Emmi streckt mir die Zunge raus, bevor sie herumwirbelt und zurück auf die Tanzfläche verschwindet.

Vielleicht hat sie recht. Vielleicht sollte ich mich fallen lassen und den Abend genießen. Daniel sieht verdammt gut aus und mit ihm wäre alles leichter. Es wäre einfach nur ein Kennenlernen zwischen zwei Fremden, die eine gute Zeit haben wollen.

»Weißt du, wer Pythagoras war?«

Er zieht die Augenbraue hoch und lacht. »Du meinst den Kerl, der einen wichtigen Satz gesagt hat? Was studierst du? Mathe?«

Ich nicke und erwarte eine der beiden Reaktionen, die immer kommt, wenn ich das offenbare. »Wow« oder: »Ich könnte das nicht.« Danach ist das Thema meistens beendet, denn alle außerhalb unseres kleinen Kreises reden nicht gerne über Zahlen.

Daniel entscheidet sich, beide Reaktionen mitzunehmen.

»Wow. Ich könnte das nicht.«

»Was machst du?«

»Psychologie.«

»Wow. *Das* könnte ich nicht.«

»Die meisten würden jetzt fragen. »Und? Liest du schon meine Gedanken?« Darum behaupte ich manchmal, ich sei Innenarchitekt … Du weißt schon, um potenzielle Dates nicht gleich zu vergraulen.«

»Aber bei mir warst du ehrlich?«

»Du studierst Mathe. Ich dachte, dich kann nichts schrecken.«

Wir grinsen uns an und irgendwie springt der Funke über. Daniel ist nett. Er hat einen offenen und freundlichen Ausdruck in den Augen und sein Blick liegt zur Abwechslung mal nicht in meinem Ausschnitt.

»Übrigens. Falls das mit dem Pythagoras ein Test war, bestehe ich den sicher nicht, denn ich hab keine Ahnung mehr, worum es in dem Satz ging.«

»Du wusstest, dass es keine Schlange ist. Also hast du bestanden.«

»Deine Erwartungen hängen tief.«

Ich nicke zu einer Gruppe Betrunkener, die die Frisur ihres Kumpels mit Cocktailspießchen verzieren.

»Ich habe aufgegeben, aber du darfst mich vom Gegenteil überzeugen.« Grinsend hebe ich mein Cocktailglas und stoße mit ihm an.

Mit Daniel zu reden ist leicht. Er lacht viel, ist selbstironisch und wie ich kein Freund von Partys. Auch er wurde von seinen Kumpels, den Bierdeckel-auf-der-Nase-Balancierern, mitgeschleppt.

Ich höre ihm gerne zu, aber mein Blick schweift immer wieder zur Tanzfläche.

Emmis Verehrer ist wieder da und dieses Mal scheint er fest entschlossen, sie nicht mehr gehen zu lassen.

»Wollen wir tanzen?«, fragt Daniel.

»Ich hasse tanzen.«

»Gott sei Dank. Ich auch.« Grinsend nimmt er meine Hand und zieht mich vom Stuhl. Schon tauchen wir in die Masse aus Menschen ein, die sich im Rhythmus der Musik bewegen. Daniel lässt meine Hand nicht los, sondern dreht mich um die eigene Achse. Ich krache gegen eine andere Tanzende, woraufhin er mich schnell an sich zieht. Mein Körper drückt sich an seinen. Ich hatte recht. Er riecht gut. Nach Seife, Waschmittel und Aftershave, aber nicht aufdringlich. Einfach gut. Ich hole tief Luft. Seine Arme legen sich um meinen Körper, halten mich fest.

Währenddessen wandert mein Blick an seiner Schulter vorbei. Ich sehe Emmi. Sie hat ihre Arme um den Hals des entschlossenen Verehrers geschlungen. Ihre Gesichter sind sich gefährlich nah und sie sehen einander mit rotglühenden Wangen an. Seine Hände landen auf ihrem Hintern und kneten ihn durch. Sie wirft ihren Lockenkopf zurück und lacht. Auch wenn der Raum mit dröhnender Musik angefüllt ist, höre ich den glockenhellen Klang in meinen Ohren, so vertraut ist er mir.

Seine Hände verschwinden unter ihrem Rock. Ich halte die Luft an, stelle mir vor, dass es meine Hände sind. Zwischen ihren Beinen ist es heiß. Ich spüre den Schweiß zwischen den Oberschenkeln. Meine Finger wandern höher und je weiter ich gehe, desto feuchter wird es. Ich stoße auf den Stoff ihres Spitzentanga. Es wäre ein Leichtes, ihn zur Seite zu schieben und mit dem Finger weiter vorzudringen.

»Alles gut?«, fragte Daniel.

Meine Wangen sind rot, und ich bin mir sicher, dass ich erregt aussehe.

Was ist los mit mir?

Ehe ich mich's versehe, lehne ich mich vor und drücke meine Lippen auf Daniels. Er ist überrumpelt, aber nach dem ersten Schock öffnen sich seine Lippen, heißen meine Zunge willkommen. Meine Finger verkrallen sich in seinem Haar, während ich mir vorstelle, er sei jemand anderes.

Emmi stöhnt auf, während ich sie an eine Wand presse. Ich drücke mit meinem Bein ihre Oberschenkel auseinander und schiebe ihren Rock hoch. Sie seufzt, als meine Finger sich an ihrem Tanga vorbeistehlen. Ich umkreise ihren Eingang, knete ihre Lippen zwischen Daumen und Zeigefinger und entlocke ihr damit ein lustvolles Seufzen. Sie streckt mir ihre Hüfte entgegen, eine Aufforderung weiterzumachen, tiefer zu gehen.

Ich will alles an ihr erkunden. Mit meinen Fingern. Und auch … *mit meiner Zunge.* Ich gehe auf die Knie. Meine Hände greifen nach ihrem Po und ich halte sie fest, während mein Kopf unter ihrem Rock verschwindet. Meine Zunge fährt über den Stoff ihres Tangas. Ich spüre die pulsierende Hitze, die mich dahinter erwartet.

Emmi hat ihren Kopf in den Nacken gelehnt und stöhnt. Quälend langsam ziehe ich ihr Höschen nach unten. Sie spreizt die Beine, kann es kaum erwarten, dass mein Kopf wieder zwischen die Oberschenkel gleitet und ich mehr von dem Part erkunde, der mir bei ihr noch vollkommen unbekannt ist. Meine Zunge fährt an ihren Oberschenkeln hoch, gleitet zwischen ihren Beinen entlang und versinkt zwischen den Schamlippen.

»Wow, Mia.« Daniel hat sich von mir gelöst und grinst glücklich. »Das hatte ich nicht erwartet.«

»Du meinst von einer Mathematikerin?« Ich scherze, dabei fühle ich mich ein wenig schlecht. Ich hatte gehofft, der Kuss lenkt mich von Emmi ab, dabei hat er nur das Gegenteil bewirkt.

Mein Blick wandert erneut zu ihr und ich erstarre, als ich sehe, wie sie sich von dem Typen von der Tanzfläche ziehen lässt. Sie lehnt sich an seine Schulter wie zuvor an meine. Er flüstert ihr verschwörerisch etwas ins Ohr. Es ist offensichtlich, dass sie ein gemeinsames Ziel haben, als sie auf den Ausgang zusteuern. Ich stelle mir vor, wie sie zu seinem Auto gehen. Sie liegt auf dem Rücksitz und er schiebt sich keuchend auf sie drauf, drängt sich zwischen ihre Beine, während er ihren Hals mit Küssen übersät.

Plötzlich ist mir übel. Ich habe das Gefühl, keine Luft mehr zu bekommen. Der Raum erscheint mir mit einem Mal erdrückend eng und ich stolpere von Daniel weg.

»Tut mir leid. Ich kann nicht.«

»Was ist denn? Mia?«

Ich schiebe mich durch die tanzenden Körper und renne nach draußen. Endlich ist es ruhig. Ich habe die dröhnende Musik hinter mir gelassen und stehe nach Luft ringend in der eisigen Nacht, aber ich spüre die Kälte kaum.

Ein paar Meter von der Eingangstür entfernt, lehne ich mich an die Wand und rutsche zwischen Zigarettenstummeln zu Boden. Gerade als ich meine Stirn auf die Knie lege, taucht ein Paar Sneaker in meinem Gesichtsfeld auf.

»Was ist mit dir?« Daniels Stimme klingt besorgt, als er mir seine Jacke über die Schulter legt. »Hab ich etwas falsch gemacht?«

»Nein. Gar nicht … Es ist kompliziert.«

»Wenn es eine Matheaufgabe ist, bin ich raus, aber bei zwischenmenschlichen Problemen helfe ich gerne. Immerhin bin ich Psychologe.« Er lächelt mir aufmunternd zu, während er neben mir Platz nimmt.

»Ich glaube, ich stehe auf meine beste Freundin.« *Bähm.* Es ist draußen. Ich habe es laut ausgesprochen. Dieses Geheimnis, das ich die letzten Wochen versucht habe, ganz tief in meinem Inneren zu verstecken, wo es niemand findet, wurde mit einem Knall an die Oberfläche befördert.

»Oh.«

Ich suche in seinem Gesicht nach einer Veränderung, vielleicht nach Verärgerung, finde aber nichts dergleichen.

»Die mit den braunen Locken?«

Ich nicke.

»Und ich nehme an, sie weiß es nicht …«

Ich nicke wieder und plötzlich steigen mir Tränen in die Augen. Daniel legt seinen Arm um mich und zieht mich an sich heran. Wir kennen uns nicht wirklich, und trotzdem macht er genau das, was ich gerade brauche.

»Ich nehme an, dann hast du mich nicht geküsst, weil ich so unwiderstehlich bin?«, scherzt er.

»Du bist unwiderstehlich, aber ja … du hast recht. Tut mir leid.«

»Seit wann weißt du es?«

»Es ist einfach so passiert. Sie hat sich in mein Herz geschlichen und plötzlich war es Liebe.«

»Warum sagst du es ihr nicht? Was befürchtest du?«

»Ich will nicht, dass sich zwischen uns etwas ändert.«

»Das verstehe ich. Veränderungen machen Angst, aber eigentlich willst du doch eine Veränderung, oder nicht? Du hoffst, dass ihr ein Paar werdet.«

»Ich will sie aber nicht verlieren. Sie steht offensichtlich auf Männer, also …«

»Ist es so offensichtlich? Sie hat dich geküsst, als ich an euren Tisch kam.«

»Ja, aber das ist nur Spaß. Sie meint das nicht ernst.«

»Verstehe. Sie verteilt Küsse also eher inflationär?«

Ich stutze. »Nein. Eigentlich nicht. Für sie sind Küsse etwas sehr Intimes.«

»Wieso denkst du dann, dass es bloß Spaß war?«

»Na ja. Sie mag mich, aber nicht so … Glaube ich …« Ich erinnere mich wieder daran, wie sie sich ausgezogen hat, um kichernd zu mir in die Wanne zu steigen. Sie nahm eine Praline aus der Schachtel, um sie mir in den Mund zu legen. »Wir sind so ein Klischee-Pärchen«, scherzte sie.

Aber war es ein Scherz?

»Manchmal erfordert Liebe fucking viel Mut«, sagt Daniel.

Ich nicke schniefend. »Du bist echt gut in dem Kram. Weißt du das?«

»Klar. Geht das auf Rechnung oder zahlst du bar?«

»Weder noch. Die Versicherung zahlt bei Kriseninterventionen.«

Wir lachen beide und ich fühle mich ein wenig leichter.

»Du bist der Erste, dem ich es gesagt habe«, gestehe ich.

»Dann hab ich es hoffentlich nicht verbockt.«

»Nein. Das war ziemlich gut.«

Eine Weile sitzen wir einfach da, Schulter an Schulter und lassen das Gesagte auf uns wirken. Könnte er recht haben? Könnte Emmi mehr für mich empfinden? Das war mir bisher nie in den Sinn gekommen.

»Mia? Was machst du denn hier draußen?« Plötzlich steht sie vor uns.

»Ach nichts …« Ich wische mir schnell die restlichen Tränen weg, aber es ist bereits zu spät. Sie hat sie gesehen.

»Was ist los? Hat er sich danebenbenommen?« Sie funkelt Daniel an, der seine Arme hebt.

»Nein. Er … er war toll.« Ich ziehe seine Jacke aus und gebe sie ihm zurück. Sofort stürzt sich die Kälte der Nacht auf mich und ich schlinge die Arme um meinen Körper. »Ich … ich glaub, ich will einfach nach Hause, wenn das okay ist.«

»Klar. Lass uns gehen.« Emmi nickt. Ihre Stirn ist immer noch von Sorge gezeichnet.

»Sei mutig, Mia«, flüstert Daniel mir zu und drückt mich ein letztes Mal.

»Danke.«

Als wir den *Purple Pineapple* hinter uns lassen und zum Auto gehen, hakt sich Mia bei mir unter.

»Ich habe gesehen, wie ihr geknutscht habt«, flüstert sie. »Was ist passiert? Ich dachte, ihr hättet euch gut verstanden.«

»Er war nicht der, den ich wollte.«

»Was soll das denn heißen? Gab es mehrere?« Sie zwackt mich in die Seite. »Schieß los. Ich will alles wissen.«

Ich weiß, dass ich es ihr sagen muss. Sie verdient die Wahrheit.

Ich habe mich in dich verliebt. Wie kann es so schwer sein, diese sechs Worte zu sagen?

»Was ist mit deinem Verehrer?«, frage ich stattdessen.

»Ich hab ihn in den Wind geschossen.«

»Warum?«

»Er war nicht der, den ich wollte.«

»Ich bin froh, das zu hören. Sein Tanzstil hat mich an einen rammelnden Rüden erinnert.«

»Ja.« Sie kichert. Wie so oft legt sie ihren Kopf auf meine Schulter. Ihre Haare kitzeln in meiner Nase, weil sie einfach überall sind. Ihre Löwenmähne, so nenne ich sie manchmal.

»Du vermisst den Barkeeper«, taste ich mich vorsichtig weiter.

»Oh ja. Er hat tolle Cocktails gemacht. Das war ein mega Abend.«

»Ja, du warst sehr happy.«

»Aber das Beste an diesem Abend war nicht er.«

»Nicht? Was dann?«

Sie dreht sich zu mir um und stupst meine Nase mit ihrem Finger an. »Du natürlich! Ich war doch mit dir dort.«

Ihre Worte, ihre Berührungen, einfach alles an ihr löst warmes Kribbeln in mir aus.

Dies ist der Moment.

Als ich weiterrede, bekomme ich kaum mehr als ein aufgeregtes Krächzen zustande. »Ich … ich muss dir etwas sagen, Emmi.«

Sie bleibt stehen und sieht mich mit ihren großen, dunklen Augen von unten an. »Ui. Das klingt aber ernst.«

»Na ja … Ich … Ich …« Die Worte bleiben mir im Hals stecken. Es war so viel einfacher, sie vor Daniel, einem Fremden, auszusprechen. »Ich liebe dich.«

Sie lacht. »Ich dich doch auch, Schatz.«

»Nein. Ich meine … Ich *will* dich.«

»Du willst mich?«

»Ja, seit der Badewanne gehst du mir nicht mehr aus dem Kopf. Ich glaube … Nein, ich weiß, ich steh auf dich.«

Ihre Augen werden noch größer. Wir sehen uns an. Keine sagt ein Wort. Die Stille, die sich über uns ausbreitet, ist unerträglich.

»Sag was«, flüstere ich hilflos.

Sie sagt nichts, sondern lehnt sich vor. Plötzlich liegen ihre Lippen auf meinen. Sie sind warm und verscheuchen die nagende Oktoberkälte mit einem Schlag aus meinem Körper. Ihre Finger wandern meinen Nacken empor, hinterlassen einen wohligen Schauer.

Ihre Zunge fährt scheu über meinen Mund, presst dagegen, bittet vorsichtig um Einlass. Ich will sie in mich aufnehmen, stattdessen schrecke ich zurück.

»Emmi«, flüstere ich verwirrt. »Was tust du da?«

Ihre Lippen verziehen sich zu einem sanften Lächeln, das mich mehr wärmt als jeder Mantel. Sie drückt ihren Körper an mich.

»Ich will dich auch«, entgegnet sie.

»Was? Aber die Jungs …«

»Ich mag es zu flirten, aber sie waren nichts Ernstes. Mein Herz ist längst vergeben.«

»Vergeben?«

»Na an dich.«

Plötzlich fügen sich die Puzzleteile zusammen. Ich fühle mich wie diese überschäumenden Colaflaschen, in die man einen Mentos geworfen hat. Meine Gefühle explodieren förmlich vor Glück und ich kann nicht begreifen, was gerade passiert.

»Du bist die Lösung für meine Gleichung«, nuschelt sie, während wir uns erneut vorbeugen, um uns zu küssen.

Ellie, die Unsichtbare

Verflixt! Schon wieder erwische ich mich, wie ich am Fenster stehe und zusehe, wie er mit seinem Hund herumtollt. Er ist wirklich süß – der Hund, meine ich. Ein Golden Retriever, der auf den Namen Hendrix hört. Der Junge heißt Ben – Ben Hellmann. Die Hellmanns sind vor einer Woche ins Nachbarhaus gezogen. Seitdem stehe ich bedenklich oft und lange am offenen Fenster in meinem Zimmer, spähe durch den Spalt im Vorhang wie eine bekloppte Spannerin, um Ben bei seinem Tun zu beobachten. Er macht immer dasselbe: mit Hendrix spielen, im Gras liegen, Musik hören. Ein Faulenzer offenbar, aber ein ziemlich schön anzusehender Faulenzer.

»Die Hellmanns scheinen nette Leute zu sein«, hat Ma gestern beim Abendessen gesagt. »Ben, ihr Sohn, er ist so alt wie du.«

Viel mehr wusste sie allerdings nicht. Mas Gespräch mit unseren neuen Nachbarn war nur kurz gewesen, aber meine Mutter hatte die Hellmanns für Freitagabend zum Essen eingeladen, um einander besser kennenzulernen. Da würde ich dann mit Ben an einem Tisch sitzen und mit ihm kommunizieren müssen, statt ihn nur anzustarren.

Ich hatte ihn älter geschätzt, mindestens achtzehn oder gar neunzehn. Er ist groß, schlank und sportlich, und hat wildes, halblanges Haar – strohblond. Wenn er übermütig wie ein Zehnjähriger mit seinem Golden Retriever auf der Wiese herumrollt, muss ich lächeln und mein Herz schlägt höher. Liegt Ben Hellmann jedoch mit freiem Oberkörper im Gras und hört Musik, so wie jetzt, pulsieren ganz andere Regionen meines Körpers.

Lass es sein, Ellie! Schau ihn dir nicht so genau an. Mal dir nicht aus, wie es wäre, mit Ben zusammen zu sein. Das sind Tagträume, Hirngespinste, es ist Wunschdenken. Hast du denn gar nichts dazugelernt?

Aber verdammt, einen Freund, den könnte ich wirklich gebrauchen. Mein Tagebuch hört zwar aufmerksam zu, gibt aber keinen Rat. Es widerspricht mir nie, fordert mich nicht heraus, und zum Lachen bringt es mich auch nicht.

Noch sechs Tage, dann sind die Sommerferien vorbei und die Schule geht wieder los. Zähe Wochen und Monate bis zum Abi. Beim Gedanken an die hämischen Blicke der anderen auf dem Schulhof, an das Geschubse und die Rempelei auf den Fluren, den leeren Platz neben mir im Klassenzimmer bildet sich ein Kloß in meinem Hals. Mit einem Seufzen wende ich meinen Blick von Ben ab. Bestimmt muss er sich niemals anstrengen, beliebt zu sein.

Frustriert stehe ich vor dem Chaos in meinem Zimmer. Klamotten auf dem Bett und über beiden Stühlen, Bücherstapel auf dem Boden und auf dem Nachtschrank. Mein Schreibtisch ist übersät mit Bastelkram. Ich baue Windspiele aus Dingen, die ich draußen finde: Federn, Glasstücke, Metallteile, Hölzer, Federn, Tierknochen.

Aufräumen oder Waldsee?

Mein Zimmer befindet sich unter dem Dach, hat schräge Wände, und schon am Vormittag ist es hier drin so heiß wie in einem Brutschrank. Weshalb mir die Entscheidung nicht schwerfällt. Als ich mit dem Bikini unter meinem braunen, mit kleinen Sonnenblumen gemusterten T-Shirt-Kleid wieder ans Fenster trete, sind Ben und sein Hund verschwunden. Der Nachbarsgarten ist leer, bis auf einen Tisch und vier Stühle.

Ich stöpsele meine iPods ein und Clueso singt: »*Du hängst völlig abgefuckt und interessenlos, bei dir daheim, für dich allein. Und fühlst dich einsam und verlassen wie ein Eskimo. Und nichts als Schnee und Eis so weit dein Auge reicht.*«

»*Wenn niemand an dich, niemand an dich denkt*«, singe ich mit. Kein Schnee und Eis draußen, nur diese knallige Hitze. Niemand, der an mich denkt. Wird das immer so sein?

Ich schnappe meinen Rucksack. Unten, in der Küche, schmiere ich mir ein paar Brote als Proviant, mische Mas Holundersirup mit Sprudel, und räume das Geschirr vom Frühstück in den Spüler.

Meine Eltern sind auf Arbeit. Pa in seiner Autowerkstatt und Ma in ihrem Kindergarten. Ma sorgt sich um mich, weil ich (dieses Jahr fahren wir erst in den Herbstferien in den Urlaub) meine gesamten Sommerferien am See verbracht habe. Es wäre zu einsam dort für ein Mädchen allein. Aber ich mag die Einsamkeit. Lesen, schwimmen, Musik hören und mich in Tagträumen verlieren. Die Stille.

Obwohl nur drei Kilometer von unserem Dorf entfernt, kommt kaum noch jemand an den kleinen See. Nur eine alte Frau, die regelmäßig ihre Runden schwimmt – mit einer fliederfarbenen Badekappe auf dem Kopf. Die jungen Leute fahren lieber ins Freibad in der Stadt, wo alle sind. Wo es Eis gibt und Pommes und wo man sehen und gesehen werden kann.

Der See liegt mitten im Wald, umgeben von Bäumen. Am anderen Ufer ragt ein knapp drei Meter hoher Felsen steil aus dem Wasser, von dessen Kuppe aus man springen kann. Ma hat erzählt, dass sich die jungen Leute aus dem Dorf früher hier gerne trafen. Sie zelteten oder übernachteten einfach nur in ihren Schlafsäcken, grillten und sprangen um die Wette vom Felsen in den See.

Wie fast immer ist die alte Frau da – mit dem Rad, so wie ich. Sie schwimmt ihre Runden, dann liest sie eine Weile (wie ich), und fährt zurück ins Dorf. Sie heißt Helene Schmidt und war Lehrerin. Ist geschieden und lebt seitdem allein. Manchmal sehe ich mich in fünfzig Jahren, wenn ich sie sehe. Ich weiß nur noch nicht, ob mir das Angst machen soll, oder mich beruhigen.

Am Abend gieße ich die Pflanzen in unserem Garten und singe mit Clueso: »*Deswegen liegt die ganze Nacht lang,*
Mein Herz auf dem Nachtschrank,
Und wenn die Müllabfuhr mich weckt,
Die letztens gegen acht kam …«

Wir essen auf unserer Terrasse Abendbrot und Ma fängt wieder mit dem leidigen Thema Jungen an: *Sei vorsichtig, wem du vertraust, Ellie. Jungen in diesem Alter haben nichts anderes als Sex im Kopf. Benutze deinen Verstand und sei in Zukunft ein bisschen zurückhaltender.*

»Nun lass sie mal in Ruhe essen, Sabine«, sagt mein Vater. »Das haben wir doch ausgiebig geklärt.«

Den letzten Bissen von meinem Salamibrot bekomme ich kaum noch runter und muss mit kaltem Melissentee nachspülen.

Als ich meinen Eltern eine gute Nacht wünsche und ins Haus gehe, ruft Ma mir nach: »Hast du endlich dein Zimmer aufgeräumt, Ellie?«

Ich bin fast siebzehn und meine Mutter behandelt mich wie ein Kind. »Die Unordnung in meinem Zimmer geht dich nichts an«, gebe ich zur Antwort. »Und mein Sexleben auch nicht«, schiebe ich wütend hinterher.

Nun haben meine Eltern wenigstens ein Thema, während sie auf der Terrasse sitzen und Wein trinken. Sollen sie doch sonst was denken. Tatsache ist: Ich habe kein Sexleben. Na ja, jedenfalls keins, an dem noch jemand anderes beteiligt ist außer ich selbst.

In meinem Zimmer schlüpfe ich aus meinen Klamotten, um zu duschen, doch als ich draußen eine Stimme höre, schaue ich noch einmal aus dem Fenster. Ben ist da, der Hund liegt zu seinen Füßen. Stand Ben Hellmann schon im Garten, als wir gegessen haben? Hat er alles mit angehört und sich amüsiert?

Mit dem Rücken zu mir blickt Ben auf die mannshohe Hecke, die den Garten der Hellmanns umgibt. Er scheint auf etwas zu lauschen. Und dann höre ich das melodische, mehrsilbige *si-si-si-si-güüh*. Eine Goldammer singt. Manchmal sehe ich den Vogel im gelben Federkleid ganz oben auf einem Ast im Apfelbaum sitzen. Jetzt, in der Augusthitze, scheint der Goldammergesang noch durchdringender zu sein als im Frühjahr.

Ben Hellmann lauscht versonnen dem Gesang eines kleinen Vogels. Der geheimnisvolle Magnetismus, durch den ich mich zu ihm hingezogen fühle, wird stärker.

Noch eine Weile beobachte ich Ben beim Lauschen. Hat seine Mutter zu ihm gesagt:»Ich glaube, die Peters sind nette Leute. Ellie, ihre Tochter, sie ist so alt wie du«? Oder weiß er gar nicht, dass ich existiere? Auf der Straße bin ich Ben noch nie begegnet, er ist immer nur im Garten. Mit seinen Eltern oder allein mit seinem Hund.

Was, wenn Ben wüsste, dass ich hier oben stehe und ihn beobachte – *splitterfasernackt*.

Als hätte ich meinen Gedanken laut ausgesprochen, dreht er sich um. Bevor er mich entdecken kann, ziehe ich mich ins Innere des Zimmers zurück und mein Blick fällt auf mein Spiegelbild in der Schranktür.

Im Licht des Tages komme ich mir meistens unbeholfen und linkisch vor. Nie fühle ich mich hübsch oder gar sinnlich. Ich bin nicht dick, aber auch nicht dünn. Habe eine passable Figur, ein unauffälliges Gesicht, eine undefinierbare Haarfarbe – irgendwo zwischen hellbraun und rötlich. Ich bin nicht dumm und auch nicht verschroben oder gar verschlossen. Aber den anderen scheint das nicht zu genügen. In ihren Augen bin ich eine Schlampe. Weil ich mich an Lasse rangemacht habe, den Freund meiner besten Freundin, entspreche ich ihren ungeschriebenen Gesetzen nicht mehr, und sie haben beschlossen, mich einfach links liegen zu lassen.

Als wäre ich Luft – ein Nichts.

Dabei waren Mila und Lasse gar nicht mehr zusammen.

Mila – beliebt, wunderschön und witzig. Sie und ich waren seit dem Kindergarten ein Herz und eine Seele gewesen. Jahrelang hatte ich im Schatten meiner besten Freundin gelebt und es hatte mich nicht gestört. Es war mir genug. Aber letztes Jahr im Mai ließen Milas Eltern sich scheiden und ihre Mutter zog mit ihr in den Norden. Mila und ich blieben in Verbindung, wollten nach dem Abi zusammen in eine Studentenbude ziehen.

Doch dann verliebte ich mich in Lasse.

Lasse Bergmann gefiel mir schon, als er noch mit Mila zusammen war, aber da war er für mich tabu. Nachdem Mila weg war, vermissten wird sie beide und trafen uns, um über sie zu reden. Und während wir über das Vermissen von Mila redeten, kamen wir uns näher. Zumindest glaubte ich das.

Lasse küsste erfahren und konnte seine Hände nicht bei sich halten. Ich auch nicht. In meinem Kopf sprühten Funken, es war wie ein wilder Rausch. Ich fühlte mich schön und begehrt, trat aus dem Schatten. Küsse und Seufzen und Hände weckten etwas in mir, von dem ich bis dahin nichts gewusst hatte.

An einem regnerischen Septemberabend in Lasses Zimmer war ich so erregt, dass mein Denken sich verflüchtigte. In Lasses Hose hatte sich eine Beule gebildet und er rieb sich an mir. Ich bekam Lust, in dort zu berühren und sein Stöhnen signalisierte mir, dass er das auch wollte. Also tat ich es und fühlte mich kühn und erwachsen dabei. Dachte, dass es der Anfang von etwas Aufregendem und Schönen war.

Doch Lasse … der wollte nie etwas von mir, das wurde mir sehr schnell und schmerzhaft klar. Am nächsten Tag erzählte er überall herum, wie notgeil Ellie Peters ist. Ich fühlte mich ausgeliefert und bloß – es war schrecklich. Nicht nur in der Schule posaunte er es herum, auch hier im Dorf.

»Schlampe«, riefen mir die Grundschüler hinterher.

Die Gleichaltrigen lachten über mich, steckten die Köpfe zusammen und tuschelten. »Ellie ist anders als wir«, versicherten sie ihren besorgten Eltern. Dass ich nicht lache. Ich erinnere mich noch gut an Mas verstörten Blick: »Bist du wirklich so ein Mädchen, Ellie?«

Für ein paar Tage, die mir wie Wochen vorkamen, hatte ich die Aufmerksamkeit aller. Und wünschte mir nichts sehnlicher, als unsichtbar zu sein.

Meine Noten gingen in den Keller und ich fühlte mich so elend, dass ich mehrmals nahe dran war, alles hinzuwerfen. Aber Pa redete lange mit mir und meinte, ich solle mir von so einer Sache nicht meine Zukunft verderben lassen. Er sagte: »Du hast nichts falsch gemacht, Ellie. Lass dir nicht einreden, dass du verkehrt wärst, weil du ein sexuelles Wesen bist. Lasse ist ein Idiot. Eines Tages begegnest du einem Jungen, der es wert ist, von dir beachtet zu werden. Der jedes Geschenk, das du ihm mit deinem Körper machst, in Ehren halten wird.«

Pas Worte halfen mir, Lasse und den anderen ins Gesicht zu sehen. Und weil sie mich nicht mehr demütigen konnten, verloren sie schnell das Interesse an mir und ließen mich links liegen. Seither bin ich Ellie, die Unsichtbare.

Doch jetzt, im Dämmerlicht des Abends, in der Sicherheit meines Zimmers, fühle ich mich schön und sexy. Brüste und Hintern leuchten, als würde ich einen weißen Bikini tragen. Meine Haut und mein Haar glühen noch von der Augustsonne. Ich denke an Ben, der unten in seinem Garten steht und dem Gesang der Goldammer lauscht. Ben, der am Freitag bei uns am Tisch sitzen und mich ansehen wird.

Später, auf dem Bett, als meine Hand seine ist, flammt Wärme tief in meinem Inneren auf.

Am nächsten Vormittag, meine Eltern sind längst auf Arbeit, zieht es mich erneut magisch zum offenen Fenster. Hendrix döst im Schatten eines Beerenstrauches, den Kopf auf den Pfoten. Ben liegt mit geschlossenen Augen auf einer Decke und hört Musik. Ich trete ein Stück aus meiner Deckung, um ihn besser betrachten zu können. Seine langen Glieder, seine Hände, die den Takt der Musik auf seine nackte Brust trommeln. Was er wohl hört? Na, Clueso bestimmt nicht.

Ich stelle mir vor, wie ich mich aus dem Fenster beuge und ihm zurufe:»Hey Ben, ich bin Ellie, deine Nachbarin. Sag mal, hättest du vielleicht Lust, mit mir schwimmen zu gehen? Es gibt da einen herrlichen See im Wald, den könnte ich dir zeigen.«

Nein, so funktioniert das nicht. *Oder doch?*

Die Härchen auf meinen Armen richten sich auf und ich fasse mir ein Herz.»Hey«, sage ich mit verhalten kratziger Stimme. Hendrix hebt den Kopf. Ich räuspere mich, will noch einmal ansetzen, da bellt der Golden Retriever. Ben setzt sich auf und sein Blick schweift zu mir herauf. Ich winke zaghaft, aber er reagiert nicht. Ben Hellmann sieht mich nicht, er ist wie alle anderen. Tränen steigen mir in die Augen und die Kehle, während Enttäuschung brennend in mein Herz sickert.

In diesem Moment kommt ein Mädchen mit langem blondem Haar über die Wiese. Ein kurzer Rock umspielt ihre ellenlangen Beine und mein Blick springt von ihrem Dekolleté zu Bens freude-strahlendem Gesicht. Er steht auf und die beiden umarmen sich innig.

Verdammt.

Ich schließe das Fenster und ziehe ruckartig die Vorhänge zu. Schnappe meinen Rucksack und packe unten in der Küche mei-nen Proviant ein. Dann radele ich los, weg von Ben und seinem Mädchen, weg von meinen Tag- und Nachtträumen, die gerade zu Scherben zerfallen, dass es nur so klirrt.

Frustriert trete ich in die Pedalen, spüre die drückende Hitze des Augustmorgens auf meiner Haut. War ja klar, dass einer wie Ben eine Freundin hat und dass sie schön ist. Mit Sicherheit auch klug und besonders. Heiße Stiche gehen von meinem Herzen aus, verteilten sich in meinem Körper und kehren wieder ins Herz zu-rück.

Niemand da, am See. Zum Glück.

Kann das kühle Wasser die glühenden Pfeile der Eifersucht in meinem Herzen löschen?

Ein Fisch springt vor mir aus dem Wasser und plumpst wieder hinein. Wasserläufer tanzen über den See. Ich klettere auf den Fel-sen und springe. Einmal, zweimal, dreimal. Ma würde mich nicht mehr aus dem Haus lassen, wenn sie das wüsste. Vor ein paar Jah-ren ist hier ein Junge ertrunken, das war noch vor meiner Geburt. Er hatte einen Herzfehler, aber in den Erzählungen der Leute tut das nichts zur Sache. Er ist ertrunken im See. Vielleicht kommt des-halb niemand mehr hierher.

Ich springe ein letztes Mal, dann lege ich mich auf den fla-chen Fels am Ufer, schließe die Augen und lasse mich in der

Sonne trocknen. Sonnenstrahlen treffen auf meine Haut, aber ich habe mich dick mit wasserfestem Sonnenschutz eingecremt, also gebe ich meiner Müdigkeit nach und dämmere weg. Träume wieder von Ben, seinen Händen, seinem schönen Mund auf meinem Mund.

Das Bellen eines Hundes dringt in meinen Traum und ich schrecke hoch. Keine Ahnung, wie lange ich auf dem Felsen gelegen habe, aber die Sonne ist inzwischen weitergewandert und ich sitze im Schatten. Der Hund schnüffelt aufgeregt am Ufer hin und her und mir bleibt beinahe das Herz stehen: Das ist Hendrix, Bens Golden Retriever. *Kein Zweifel.*

Ist Ben etwa mit seiner blonden Freundin hier? In meinem Reich? Ich suche die Schatten am anderen Ufer ab und tatsächlich, da sitzt er, direkt neben meinen Sachen. Im Schneidersitz, mit freiem Oberkörper. Aber wo ist Blondie?

Missmutig hocke ich auf meinem Stein und warte, ob sie vielleicht noch auftaucht. Aber nein, Ben ist allein mit seinem Hund.

Was nun, Ellie?

Meine Gedanken sind finster: Bloß, weil einer einen süßen Hund hat und gut aussieht, muss er nicht unbedingt sympathisch sein, das wird mir nun klar. Ich meine, Ben sitzt praktisch auf meinen Sachen, und was kann das anderes bedeuten, als dass es ihm Spaß macht, mich in Verlegenheit zu bringen. Nach dem Motto: Wenn du aus dem Wasser kommst, kleine Nachbarin, kann ich dich ganz genau in Augenschein nehmen.

Idiot. Wie konnte ich mich nur so in ihm täuschen.

Mit Sicherheit weiß Ben Hellmann, dass er gut aussieht, und wahrscheinlich glaubt er, er kann jede haben. Vielleicht hat er es ja auch längst erfahren: *Deine Nachbarin ist eine kleine Schlampe,*

Ben – diese Möglichkeit fährt mir wie ein Feuerpfeil in die Brust. Seine Freundin, Blondie, sie kam mir nicht bekannt vor, aber das muss nichts heißen.

Mit glühenden Wangen und voller anschwellender Panik beobachte ich Ben, wie er Steine ins Wasser wirft. Sich iPods ins Ohr steckt und seelenruhig Musik hört, so als wären meine Sachen gar nicht da. So als wäre ich nicht da, auf meinem Fels am anderen Ufer. Seine Unverfrorenheit macht mich wütend. Soll er doch schwarz werden dort drüben, ich habe Zeit. Mal sehen, wer den längeren Atem hat.

Schließlich bin ich vor Zorn so energiegeladen, dass mir egal ist, was Ben Hellmann über mich gehört hat und was er von mir denkt. Mein Magen knurrt, wer weiß, wie spät es inzwischen ist. Ich lasse mich ins Wasser gleiten und schwimme zurück ans andere Ufer. Überlege mir Worte, die ich meinem eingebildeten Nachbarn entgegenschleudern werde.

Hendrix springt am Ufer hin und her und bellt mich an.

»Was ist denn los mit dir, Kumpel«, fragt Ben stirnrunzelnd. »Komm her. Du sollt doch fremde Leute nicht anbellen.«

Fremde Leute? *Na toll.* Das wird ja immer besser. Will er mich auf den Arm nehmen?

Erhobenen Hauptes schreite ich vom Ufer auf meine Sachen zu. Ben schaut mich an und unter seinem dunklen Blick fühle ich mich nackt – obwohl ich meinen Bikini trage. Ich komme mir schutzlos vor, hadere wild mit meinem Körper. Mein Herz wummert vor Wut, doch die Worte des Zorns scheinen in meinem Mund eingeschlossen zu sein.

»Tut mir leid«, sagt Ben und legt einen Arm um Hendrix, »er will mich nur beschützen.«

Bei meinen Sachen angelangt, stehe ich nur einen Meter von

Ben entfernt. Er blickt an mir herauf, eine Furche der Irritation zwischen den Augenbrauen.

Beschützen? *Vor mir?* Jetzt reicht's. »Warum musst du dich wie ein Idiot benehmen«, schleudere ich ihm schließlich an den Kopf und wickele mich schnell in mein Handtuch. »Du sitzt ja beinahe auf meinen Sachen.«

»Ellie? Ellie Peters, bist du das?« Bens Mundwinkel wandern nach oben. »Ich dachte schon, du bist gegangen. Tut mir leid, aber ich habe nicht gemerkt, dass da Sachen liegen.«

»Ja, klar, die sind ja auch voll zu übersehen.« Mit einer Hand schnappe ich meine Klamotten, mit der anderen will ich nach meinem Rucksack greifen, der an einem Baumstumpf lehnt. Nur weg aus Bens Bannkreis.

»Für mich schon.«

Etwas in Bens Stimme lässt mich abrupt innehalten. Ich richte mich auf und schaue ihm ins Gesicht. Ben hat dunkelbraune, fast schwarze Augen. Ein Lichtstrahl, der durch das Laub der Birke fällt, lässt sie funkeln, aber etwas fehlt in ihrem Blick. Es sind Augen, die nicht sehen.

Jetzt entdecke ich auch den weißen, zusammengeklappten Langstock neben ihm im Gras.

»Du starrst mich an«, sagt Ben, und ich nehme die Andeutung eines Lächelns auf seinem Gesicht wahr.

Ich kann mich nicht rühren, keinen Zentimeter. Mein Herz klopft in meinem Magen, meinen Ohren, und meine Kehle ist so trocken, dass sie schmerzt, als ich schlucke.

»Für mich ist es irritierend, wenn Menschen plötzlich still sind«, bemerkt Ben weiter. »Meine Kommunikation läuft über: Hi Ben, du hast dein T-Shirt verkehrt herum an. Oder: Hi Ben, du hast Zahnpasta am Mundwinkel.«

Es dauert ewig, bis ich: »Du … du … kannst nichts sehen«, herausstottern kann. Vor Scham über all das, was ich Ben angedichtet habe, möchte ich am liebsten im Boden versinken. Oder weglaufen.

»Nur weil ich blind bin, heißt das noch lange nicht, dass ich nichts sehe.« Schalk sitzt in Bens Gesicht.

»Abgesehen von meinen Klamotten natürlich«, erwidere ich und lasse sie fallen.

»Das tut mir leid. Ich wollte dich nicht bedrängen.«

»Und mir tut es leid, dass ich dich einen Idioten genannt habe«, erwidere ich. »Nur kapier ich nicht, wie …?« Ich zögere.

Ben nickt. »Stell ruhig deine Fragen.«

»Wenn du nichts sehen kannst, woher wusstest du dann, wer ich bin?«

Auf Bens Gesicht erscheint ein Lächeln. »Wir sind Nachbarn, Ellie. Ich habe dich an deiner Stimme erkannt.«

»Du hast mich belauscht?«

»Wenn das Sehen wegfällt, laufen die übrigen Sinne auf Hochtouren.« Bens Lächeln wird breiter. »Ich musste nicht lauschen.«

»Okay.« Alle negative Anspannung fällt schlagartig von mir ab und ich kann wieder atmen. Ich breite mein Handtuch am Boden aus und setze mich neben Ben. *Dicht neben Ben.* »Und wie bist du hierhergekommen?«

»Meine Schwester Lilly hat mich hergebracht. Deine Mutter hat meiner Mutter von diesem Badesee erzählt. Dass du jeden Tag hier schwimmst, schon während der ganzen Ferien.«

»Du hast mich gestalkt?«

Ben schüttelt den Kopf. »Das klingt, als wäre ich ein Freak. Dabei wollte ich doch nur meine Nachbarin mit der schönen Stimme kennenlernen. Sie ist total sexy. Ich … ich meine deine Stimme.«

Er wird tatsächlich rot und seine Verlegenheit ist unglaublich süß.

»Du kannst richtig gut singen, Ellie Peters. Hast einen ganz eigenen Klang.«

Ich starre Ben an. Sein Kompliment verschlägt mir schlichtweg den Atem.

»Ellie?« Ich sehe neuerliche Verwirrung über sein Gesicht huschen.

»Hi Ben«, sage ich. »Du hast keine Zahnpasta am Mundwinkel und … na ja, ein T-Shirt hast du gar nicht an. Ich kann nur mit Komplimenten nicht umgehen.«

Er lächelt. »Das kann man lernen.«

»Du hast mich also singen gehört«, sage ich.

»Ja, du singst doch ständig. ›Und fühlst dich einsam und verlassen wie ein Eskimo‹«, singt Ben. »Und nichts als Schnee und Eis soweit dein Auge reicht.« Sein haltloser Blick streift mich. »Das klingt ein bisschen verzweifelt. Von wem ist das?«

Erneut befällt mich Panik. Ich wünsche mir, dass Ben Hellmann das coole Bild, das er von mir hat, noch ein wenig behält. »Clueso«, gebe ich schließlich zu, weil ich ihn nicht schon wieder auf meine Antwort warten lassen will. »Ich … ich war mal mit meiner Freundin auf einem Konzert von ihm. Seitdem … na ja … ich mag seine Texte.«

Wenn Ben lächelt, bilden sich Grübchen in seinen Wangen. Ich betrachte sein Gesicht, die vollen Lippen, seine schmale Nase, die ein bisschen schief sitzt, die frische Narbe am Kinn, die hellen Sommersprossen auf seiner Stirn.

»Darf ich dich um einen Gefallen bitten, Ellie?«, fragt Ben und sein dunkler Blick sucht erneut in meinem Gesicht.

Ich schlucke trockene Luft hinunter. *Ein Gefallen?* Was kann er von mir wollen? Doch bevor meine Fantasie so richtig loslegt, sagt Ben: »Würdest du mir beschreiben, was du siehst?«

»Oh … okay«, stammele ich, reiße meinen Blick von ihm los und lasse ihn über den See schweifen. Meinen See, den ich kenne, seit ich denken kann. »Also der See, er ist ungefähr hundert Meter lang und fünfzig breit, und umstanden von Bäumen und Sträuchern. Er wird von einer Quelle im Wald gespeist, deshalb ist sein Wasser immer ein bisschen kühl. Weil kein Wind geht, ist die Oberfläche glatt, und die Felsen am anderen Ufer spiegeln sich darin.«

Mit wachsender Begeisterung beschreibe ich Ben den von der Sonne beschienenen Kalkfelsen am anderen Ufer, und welches Vergnügen es ist, von dort oben ins kühle Nass zu springen. Ich erzähle ihm von der uralten Birke, deren weißer Stamm sich weit über die Wasseroberfläche beugt. Von den Brombeeren, die schwarz zwischen den Ranken schimmern, und den rötlichen Kieseln am Ufer.

Ich frage mich, ob Ben von Geburt an blind ist und mit Farben überhaupt etwas anfangen kann. Mit geschlossenen Augen versuche ich mir vorzustellen, wie das ist, in völliger Dunkelheit. Ich lausche dem Flügelschlag eines Vogels, der über unsere Köpfe hinwegfliegt, dem trägen Rascheln des Birkenlaubs und dem leisen Platschen, als ein Fisch im See springt.

Als ich meine Augen wieder öffne, hat Ben seine geschlossen. Sein Gesichtsausdruck ist konzentriert. So dicht neben ihm zu sitzen und die Hitze seiner Haut zu spüren, löst einen Tumult nach dem anderen in meinem Herzen aus. Ich frage mich, wie es wohl wäre, Ben Hellmann zu berühren, statt ich nur anzusehen. Ihm das verschwitzte Haar aus der Stirn zu streichen, oder die Fingerkuppe in eins dieser Grübchen zu legen, die seine Wangen zieren. Seinen schönen Mund zu küssen.

Das Grummeln von Bens Magen holt mich aus meinem Tagtraum. »Du hast Hunger«, bemerke ich. »Ich auch. Möchtest du ein Brot? Ich habe Käse und Schinken im Angebot.«

»Okay, da sage ich nicht nein. Käse wäre super.«

Ich hole meinen Proviant aus dem Rucksack. Als ich nach Bens Hand greife, um ihm das Brot zu geben, geht bei der Berührung unserer Finger ein fiebriger Schlag durch meinen ganzen Körper, bis in die Zehen und die Fingerkuppen. So ist es also, Ben Hellmann zu berühren.

Mir bleibt keine Zeit, darüber nachzudenken, was da gerade mit mir passiert, denn Hendrix, der die ganze Zeit dösend neben Ben gelegen hat, steht nun hechelnd und mit heraushängender Zunge vor mir. Mit den Augen verschlingt er mein Schinkenbrot.

»Menschenessen, Kumpel«, sagt Ben und beißt in das Käsebrot in seiner Hand.

Ich reiße ein Stück von meinem Brot ab, lege mit verschwörerischem Blick den Finger auf die Lippen und gebe eine Hälfte dem Hund, der es mit einem Happs verschlingt. Als ich die Hand ausstrecke und dem Golden Retriever über den Kopf streichle und ihn hinter den Ohren kraule, lässt er es mit offensichtlichem Vergnügen mit sich geschehen. Ich habe einen neuen Freund gewonnen. Das war leicht.

Ben sagt nichts, er kaut und grinst.

»Woher weißt du eigentlich, wann Tag oder Nacht ist?«, frage ich ihn.

Ben schluckt und fährt sich mit dem Handrücken über den Mund. »Oh, da gibt es viele Dinge, an denen ich es festmachen kann. Die Vögel singen am Morgen anders als am Abend. In der Nacht ist weniger Verkehr. Und na ja, ich höre Nachrichten. Außerdem habe ich die hier.« Er führt mir seine sprechende Uhr vor, die er am linken Handgelenk trägt: *Es ist 15 Uhr*, sagt eine gruselige Computerstimme und wir müssen beide lachen.

»Wann holt deine Schwester dich denn wieder ab?«, frage ich und wünschte, ich könnte den Rest des Tages mit Ben hier sitzen.

»Bist du meiner so schnell überdrüssig?«, will er wissen, Spott in der Stimme.

»Nein … nein, überhaupt nicht. Ich …«

»Das könnte spät werden«, unterbricht Ben mein Gestammel. »Ich dachte … nein, ich hatte gehofft, du und ich, wir würden zusammen zurücklaufen.«

Ben und ich, zusammen ins Dorf laufen? Mein Herz jagt los und trommelt gegen die Rippen, so laut, dass er es hören muss.

»Kein Problem«, sage ich, »ich bin mit dem Rad da und kann dich auf dem Gepäckträger mitnehmen. Aber … na ja, ich bin nicht gerade die Nr. 1 auf der Beliebtheitsskala im Dorf. Mit mir gesehen zu werden, ist so was wie sozialer Selbstmord. Also, wenn du dein noch unbeflecktes Ansehen nicht ruinieren willst, dann solltest du vielleicht besser auf deine Schwester warten.«

Ben lacht, ein Lachen, das tief aus seinem Bauch kommt. »Mein *Ansehen* ist mir so was von egal, Ellie.« Er schüttelt den Kopf. »Andere sehen mich, aber ich sehe sie nicht. Vielleicht habe ich Schokolade am Mund oder einen dicken Pickel auf der Nase. Kann sein, ich habe mein T-Shirt verkehrt herum an oder es ist mit Ketchup bekleckert. Ich könnte genauso gut nackt herumlaufen, verstehst du.«

Ich nicke, obwohl er das nicht sehen kann. Die ganze Zeit habe ich über Ben Hellmann nachgedacht und mich in vielerlei Hinsicht in ihm geirrt. Seit sieben Tagen beobachte ich ihn von meinem Fenster aus und habe nicht bemerkt, dass er blind ist. Das muss ich erst einmal verdauen. Denn im Grunde habe ich nur gesehen, was ich sehen wollte. Habe ihm Eigenschaften angedichtet und Handlungsweisen. Und eine Freundin.

»Du schweigst schon wieder«, bemerkt Ben, »das macht mir Angst. Denn wenn du drei Augen hast, oder drei Nasen, dann überlege ich es mir vielleicht noch mal, ob ich mit dir zusammen gesehen werden will.«

Ein Glucksen kommt aus meiner Kehle. Ben bringt mich zum Lachen und das macht mich kühn. Ich greife nach seiner Hand und führe seine Finger an mein Gesicht. Damit hat er nicht gerechnet und wir sind beide überrascht von der plötzlichen Berührung, der unerwarteten Nähe.

Ich schließe die Augen und warte, was jetzt kommt. Nach kurzem Zögern streifen Bens Fingerkuppen bebend über meine Nase, um die Augen herum, über die Stirn und dann hinunter zum Mund. In mir klopft es, mein Puls rast. Ich war unsichtbar, jetzt werde ich gesehen.

Als Bens Daumen sanft über meine Lippen fährt, halte ich den Atem an. Mein Blut sticht und brennt, als wäre es Lava. Bens Berührung ist mehr als nur Ansehen, ist wie ein zärtlicher Kuss. Meine Haut summt, wo seine Finger mich berührt haben und dieses Summen spüre ich auch in meinem Bauch.

»Okay«, meint Ben erleichtert und holt tief Luft. »Mit dir ist alles in Ordnung. Du darfst mich nach Hause bringen.«

»Blödmann«, erwidere ich kichernd.

Wieso ist auf einmal alles so leicht? Wie schafft Ben das nur?

»Danke, Ellie«, sagt er und sein Gesichtsausdruck ist jetzt ernst. »Danke, dass ich dich ansehen durfte. Die meisten Menschen, denen ich begegne, bleiben für mich körperlos, nur Stimme. Sie gehen auf Distanz, wenn sie merken, was mit mir los ist.«

Distanz? Im Gegenteil: Ich habe das Bedürfnis, noch näher an Ben heranzurücken. Aber dann würde mein Arm seinen berühren. Mein Blick streift über Bens Muskeln unter seiner glatten Haut, die eckigen Schulterblätter, die blonden Härchen an seinen langen Beinen.

»Ellie?«

»Hi Ben«, bringe ich mühsam heraus, denn das Chaos in meinem Herzen hat sich auf meine Stimmbänder gelegt.

»Du riechst unheimlich gut.«

»Was? Wirklich?« Ich schnuppere an meinem Arm.

»Ja. Ich mag den Duft von Sonnencreme auf nackter Haut. Dazu deine Stimme …« Ben schüttelt den Kopf und stößt ein leises Schnauben aus. »Du gefällst mir, Nachbarin.«

Ungläubig mustere ich ihn. Sein dunkler Blick findet Halt auf meinem Mund. Ich habe mir immer gewünscht, dass ein Junge mal so etwas zu mir sagt, doch nun ist es ein seltsames Gefühl. In was verliebt sich eigentlich ein Blinder?

»Denk nicht, ich bin leicht zu haben«, stoße ich hervor. Verflixt – was rede ich da für einen Unsinn? Ben hat nur gesagt, dass ich ihm gefalle – mehr nicht. Doch meine Worte, jetzt hängen sie zwischen uns in der Luft und lassen sich nicht mehr zurücknehmen.

»Bist du denn überhaupt zu haben?«, fragt Ben, ohne jeden Spott in der Stimme.

Mein ganzer Körper steht unter Strom. Mein Begehren hat mich schon einmal in die Irre geführt. Aber Ben ist nicht Lasse. Ben ist es wert, das kann ich spüren.

»Ellie?«

»Du gefällst mir auch, Nachbar.«

Ben lächelt erleichtert. »Puh, ich dachte schon, du hältst mich für einen schrecklich aufdringlichen Typen. Ich … ich bin einfach nur froh, hier mit dir zu sitzen und zu reden, Ellie. Die meisten Mädchen wissen nicht, wie sie damit umgehen sollen, dass ich sie nicht sehen kann.«

»Na ja«, sage ich, »du hast mich gesehen.«

Ben nickt. »Weißt du, was ich jetzt gerne mit dir tun würde?«

Mich küssen?, denke ich, werde rot und habe keine Ahnung, wie ich reagieren soll.

»Mit dir von diesem Felsen springen, Ellie.«

»Was?« Mein Blick schwenkt weg von Bens Gesicht über den See zum Felsen. »Aber …«

»Keine Sorge, ich bin ein guter Schwimmer«, versichert er mir schnell. »Nur … ohne dich schaffe ich es nicht.«

»Okay«, sage ich, ohne nachzudenken.

»*Okay*? Groovy.« Ben springt auf.

Groovy? Ich schaue mich suchend um, ob auch wirklich alles mit rechten Dingen zugeht, und nicht irgendwer sich einen Scherz mit mir erlaubt. Aber wir sind ganz allein am See und Ben ist echt. Er streckt seine rechte Hand in meine Richtung und ich ergreife sie, lasse mich von ihm auf die Beine ziehen.

Bens Händedruck ist warm und fest.

»Du bleibst schön hier und bewachst unsere Sachen, Kumpel«, sagt Ben zu Hendrix.

Hand in Hand gehen wir die wenigen Schritte zum Ufer des Sees. Na ja, Ben *geht*, ich schwebe.

»Welche Farbe hat eigentlich dein Bikini?«, fragt Ben, als wir bis zu den Knien im Wasser stehen.

»Welcher Bikini?«, frage ich zurück.

Bens entgeistertes Gesicht lässt mich schnaubend lachen. »Das war ein Scherz. So mutig bin ich nicht.«

Wir waten hinein. Ben lässt mich los, macht einen Hechtsprung und schwimmt. Er planscht übermütig im Wasser herum, ist glücklich. Seine Freude ist ansteckend.

»Ellie?«

»Ich bin hier.«

Ben und ich schwimmen hinüber zum anderen Ufer. Als wir aus dem Wasser auf den flachen Felsen klettern, spüre ich zum ersten Mal seine Unsicherheit. Ich greife nach seiner Hand, führe ihn zum Pfad, der nach oben führt, und gehe voran. Ben macht kleine Schritte und sein Griff wird fester. Für mich ist jeder Tritt hier vertraut, für Ben jedoch ist es fremdes Terrain. Ihm bleibt nichts anderes übrig, als sich vollkommen auf mich zu verlassen – das wird mir jetzt klar. Und auch, dass er sich dessen schon bewusst war, als er mich gefragt hat.

Dann stehen wir oben und ich führe ihn bis zum Rand des Sprungfelsens. »Halt«, sage ich. »Jetzt ist es nur noch ein halber Meter.«

»Okay.« Ben beißt sich auf die Lippe. »Ich … ich glaub ich hab ein bisschen Panik.«

»Aber warum willst du dann unbedingt springen?«

»Weil ich es tun muss.« Ben holt tief Luft und ich weiß, dass er ein weiteres Warum nicht beantworten wird. Nicht jetzt.

»Also gut«, sage ich, »noch zwei kleine Schritte.«

Ben tastet sich voran, bis wir am Rand des Felsens stehen. Keine drei Meter unter uns schimmert die Wasseroberfläche. Ich bin schon Hunderte Male hier heruntergesprungen, ohne darüber nachzudenken. Aber jetzt spüre auch ich das Flattern der Panik. Ich will sie mir auf keinen Fall anmerken lassen.

»Bereit?«, frage ich.

»Bereit«, sagt Ben.

»Warte«, sage ich.

»Was ist?«

»Am Freitag, wenn ihr zum Essen zu uns kommt … erzähl bloß nichts hiervon.«

Ben lächelt. »Werde ich nicht.«

»Okay, dann: Auf drei.« Ich zähle: »Eins, zwei, drei« – und wir springen.

Ben ruft »wohoo«, da schlägt das Wasser auch schon über unseren Köpfen zusammen. Wir tauchen gleichzeitig wieder auf, lachend, prustend, atemlos. Hendrix läuft am Ufer hin und her und schickt ein aufgeregtes Bellen über den See. Während des Sprungs habe ich Bens Hand losgelassen, aber nun mache ich zwei Schwimmzüge zu ihm hin.

»Hi Ben«, sage ich. Wir treten beide Wasser. Ich lege meine Hände auf seine Schultern und will ihm einen Kuss auf die nasse Wange drücken, da wendet er den Kopf und meine Lippen landen auf seinen. Es ist nur eine flüchtige Berührung, doch wir sind beide wie elektrisiert.

Ben zieht mich an sich heran und als er merkt, wie mir der Atem in der Kehle stecken bleibt, sagt er: »Keine Angst, ich mache nichts Schlimmes.« Dann umfasst er mein Gesicht mit beiden Händen und küsst mich. Seine Zunge ist sanft in meinem Mund und ich vergesse alles um mich herum. Auch, meine Beine zu bewegen.

Küssend sinken wir unter die Wasseroberfläche, bis wir umschlungen auf dem Boden des Sees stehen. Wasserpflanzen schweben um uns herum und ich hoffe, dass Ben sie spürt, denn sie sind schön. Erst als uns die Luft ausgeht, stoßen wir uns ab und schießen aus dem Wasser, ringen um Atem, nur um uns gleich noch einmal zu küssen. Diesmal wilder und übermütig, als würden wir uns schon ewig kennen und das Wunder der Lust wäre wie ein plötzliches Fieber über uns hereingebrochen. Unsere Hände tasten und erobern. Wir lachen, weil es schwierig ist, gleichzeitig Wasser zu treten und miteinander zu verschmelzen. Bens Berührungen fühlen sich gut an, und ihn zu berühren, noch viel besser. Mein ganzer Körper klopft und pulsiert und ich spüre, dass es der Anfang von etwas Aufregendem und Schönem ist.

»Ellie«, keucht Ben.

Statt einer Antwort küsse ich ihn, bis die lilafarbene Badekappe von Frau Schmidt nur drei Meter neben uns auftaucht und die alte Dame uns besorgt anblickt. »Alles in Ordnung mit euch, Kinder?«

»Ja, Frau Schmidt«, stoße ich atemlos hervor. »Keine Sorge, mit Ben und mir ist alles in bester Ordnung.«

Jana Fuhrmann und **Tobias Elsäßer** *sind verheiratet und leben gemeinsamen mit ihrem Hund Rocky in Stuttgart. Der Beitrag zur Anthologie ist ihr erstes gemeinsames Projekt. Jana wurde 1983 in Hamburg geboren. Nach ihrem Studium der Philosophie, Neueren deutschen Literatur und Psychologie war sie am Theater in der Presse- und Öffentlichkeitsarbeit beschäftigt. Aktuell ist sie Pressereferentin bei einer großen NGO. Tobias, 1973 in Stuttgart geboren, ist Autor, Musiker und Songwriter. Zunächst als Sänger in der Musikbranche tätig, schreibt er seit mehr als fünfzehn Jahren Bücher für größere und kleinere Menschen. Seine Kinder- und Jugendromane wurden vielfach ausgezeichnet. Für den Roman Play (Hanser 2020) erhielt er ein Stipendium des Deutschen Literaturfonds. 2023 war er für den Preis der Jungen Literaturhäuser nominiert.*

Jana Fuhrmann & Tobias Elsäßer

STAR

Ich knie hinter dem Regal mit den Süßigkeiten und spähe zwischen Schokoladentafeln und Tüten mit Kaubonbons hindurch zur Kasse am anderen Ende des Raums. Dort steht N.* und bedient einen Kunden. N.* hat mich nicht gesehen, noch nicht. Das ist gut. Ich brauche noch ein paar Minuten – durchatmen. Während draußen der Regen gegen das große Fenster peitscht, wirkt das Neonlicht im Laden erstaunlich warm. Menschen in nassen Mänteln eilen vorbei, um für ihr Benzin zu bezahlen oder ein Feierabendbier zu kaufen. Ich ziehe mir die Kapuze meines Hoodies tiefer ins Gesicht und bete, dass mich niemand erkennt. Fakt ist: Ich kann jetzt nicht aufstehen und N.* in die Augen sehen. Denn ich habe keine Ahnung, was ich sagen soll. Egal, was ich mir überlege, der erste Satz klingt immer falsch, die Worte passen nicht. Es ist schon absurd, dass ich nach allem, was passiert ist, weder N.*s vollständigen Namen kenne, noch die Handynummer. Meine Angst davor, die Tankstelle wieder zu betreten, diese leuchtende Insel am Ende unserer traurig-kleinen Dorfwelt, ist in den letzten Tagen immer größer geworden. Ich habe diese Szene, das Heute, so oft durchgespielt. Unser Wiedersehen. Nach einem guten Ende gesucht. Vergeblich. Es hat nicht funktioniert.

Und trotzdem konnte ich nicht länger warten. Ich hab mir Mut angetrunken. Für die Wirklichkeit, für das Leben, für die Antworten auf die vielen Fragen. Red Bull und Wodka, und schon sind

279

da Brücken, wo vorher Mauern waren. Sogar die Abkürzung durch den Wald hab ich heute Nacht genommen, obwohl ich eigentlich Schiss hab in der Dunkelheit, umgeben von dichten Tannen, knackendem Unterholz und dem Echo meiner eigenen Gedanken.

Und jetzt? Jetzt frage ich mich, was ich hier mache, was der Plan ist. Sprechen müssen wir, N.* und ich, das ist klar. Da führt kein Weg dran vorbei. Dann ist endlich Schluss mit dieser quälenden Ungewissheit, mit diesem Scheißgefühl, nicht zu wissen, was ich tun soll. Je nachdem, was aus meinem Mund kommen wird, wird sich mein Leben ändern. Das ist nicht übertrieben. Das spüre ich. Dass es um mehr geht, als nur um Sex. Dass da etwas ist, das ich verstehen will. Etwas Neues. Etwas Unbekanntes.

Vor ungefähr zwei Monaten hab ich N.* zum ersten Mal gesehen. Es war Samstagabend und ich brauchte noch dringend ein Paar Strumpfhosen und etwas zum Vorglühen, bevor mich Noah gegen zehn abholen wollte. Wir waren wie fast jedes Wochenende mit den anderen zum Feiern in der nächstgelegenen Stadt verabredet. Eigentlich hatte ich gar keinen Bock. Ich wusste ja, was mich erwartete. Dieselben Gespräche, dieselben Fummelorgien, das Kotzen am Straßenrand, das Aufbrüllen hochgetunter Motoren an der Ampel. Und davor natürlich das obligatorische »Fertigmachen«. Make-up nach YouTube-Tutorial, kurzer Rock, High Heels – und eben die schimmernden schwarzen Strumpfhosen dazu. Noah mochte es nicht, wenn ich als einziges von den Mädchen Jeans trug. »Da kommen deine langen Beine gar nicht richtig zur Geltung«, sagte er immer. Meine Beine machten ihn geil. Ich machte ihn geil. Das Gefühl, begehrt zu werden, war gar nicht mal so schlecht. Man bekam die Bestätigung, auch außerhalb der eigenen Familie zu existieren, einen Platz zu haben, gesehen zu werden.

»Du siehst hot aus. Richtig hot.« Und schon legte Noah los. Auf der Rückbank im Auto. Auf der Toilette im Club. Oder in seinem chaotischen Jugendzimmer, das wie ein Kinderzimmer aussah, mit Sportstars an den Wänden und klebrig-süßen Shisha-Wolken in der Luft.

Ich fügte mich an diesem Abend also wieder in mein Schicksal, und da alle meine Strumpfhosen Laufmaschen hatten, machte ich mich auf den Weg zur Tankstelle, sonst hatte in unserem Kaff nichts mehr auf. Selbst der neue Edeka machte samstags schon um acht dicht. Bei den Jüngeren begann dann die Landflucht, bei den Älteren das Fressen, Saufen und Streiten vor dem Fernseher.

Als ich die Tür zum Tankstellenladen aufdrückte, schallte mir statt der üblichen Radiomusik, die sonst lief, wütender Punk entgegen. Harte Gitarren und eine Sängerin, die mit rauer Stimme schrie: »*I don't give a damn if you're scared of my love, I don't give a damn if you're scared of my soul!*«

Was war denn hier los? Neugierig blickte ich durch den menschenleeren Raum, aber selbst Jenny, die normalerweise samstagnachts hier jobbte, war nirgendwo zu entdecken. Die Uhr über der Kasse zeigte an, dass es schon kurz nach neun war. Schnell holte ich mir eine Dose Whiskey-Cola aus der Kühltruhe und suchte die Regale nach Feinstrumpfhosen ab. Ich war mir ganz sicher, mal welche gesehen zu haben. Kondome, Gleitgel, ein Mini-Vibrator für unterwegs, aber keine Spur von den Strumpfhosen. Die Tür zum Angestelltenraum hinter dem Verkaufstresen stand einen Spalt auf.

»Sorry?!«, rief ich durch den Laden und starrte in die Überwachungskamera über dem Schnapsregal.

»Moment!«, ertönte eine Stimme, die mir tiefer als die von Jenny vorkam. Ich ging zur Kasse und die Tür wurde aufgestoßen. Die

Person, die vor mir stand und ihren Zigarettenrauch wegwedelte, war nicht Jenny. Auf dem nachlässig am T-Shirt befestigten Namensschild stand »N. Wagner«. Hinter das gedruckte »N.« war mit Kugelschreiber ein hochgestelltes Sternchen gemalt worden. N.* schien nicht sehr viel älter als ich zu sein, vielleicht, zwei, drei Jahre, sah aber komplett anders aus als alle, die ich kannte. Halblange schwarze lockige Haare. Mehrere Nasenringe. Mit Kajal umrandete Augen hinter einer Brille mit großem schwarzen Gestell. Volle Lippen, darüber meinte ich einen leichten Bartansatz auszumachen. Außerdem war N.* sehr dick, nein, fett, schien aber keinen Wert darauf zu legen, diesen Umstand zu kaschieren. Das enge Shirt mit dem Aufdruck einer Band, die ich nicht kannte, war in die Hose gesteckt und der Bauch quoll über den Bund.

War das ein Typ oder ein Mädchen? Mann oder Frau? Ich hatte ehrlich gesagt keine Ahnung. Eines war aber klar: N.* war das komplette Gegenteil von allem, was man sein musste, um in unserem Kaff am Ende der Welt einigermaßen gut durchzukommen. Jemand, mit dem man sich besser nicht zeigte, wenn man nicht angefeindet werden wollte.

»Ja?«, sagte N.* und grinste. Mir wurde bewusst, dass ich eine ganze Weile nur gestarrt hatte. »Was kann ich für dich tun?«

»Äääh. Strumpfhosen? Habt ihr zufällig welche?«

»Strumpfhosen?« Überraschtes Stirnrunzeln. »Kann sein …« Ein Schulterzucken. »Hab heut meinen ersten Tag. Warte, ich schau mal schnell nach.« N.* tippte im Computer herum. Die Fingernägel waren dunkelblau lackiert. Ein leichter Metallic-Schimmer. »Sorry, muss dich leider enttäuschen. Sind momentan ausverkauft, aber bestellt.« N.* fuhr sich durch die Haare. Auf der dunkelbraunen Haut am Unterarm war ein amateurhaft gestochenes Tattoo zu sehen von einem Hund, der aus einer Kaffeetasse trank.

»Ah, okay«, gab ich zurück. »Kein Problem. Dann nur das hier.«
Ich stellte meine tropfende Whiskey-Cola-Dose auf die Theke. Ein neuer Song setzte ein. Offenbar dieselbe Band, diesmal melancholischer, düsterer. »Nette Musikauswahl«, sagte ich, um meine Verlegenheit zu überspielen, aber auch weil ich es ernst meinte.

»Sehen nicht alle so.« N.* lächelte erfreut. »Der Chef hat vorhin schon Ärger gemacht. Er meint, das vergrault die Leute. Aber der ist ja im Moment nicht da.«

»Bist du neu hergezogen?«, fragte ich vorsichtig. »Hab dich hier noch nie gesehen.«

»Auf der Durchreise. Muss noch ein bisschen Geld verdienen, aber in zwei, drei Monaten geht's weiter.« N.* zeigte an mir vorbei nach draußen.

Die Landstraße führte zur Autobahn und wenn man genug Benzin im Tank hatte, kam man bis nach Paris. Das hatte mir meine Mutter mehr als einmal mit sehnsüchtigem Ausdruck in den Augen erzählt. Dort gab es ein anderes Leben. Ein Leben außer Reichweite für sie. Schließlich war sie abhängig von meinem »bodenständigen« Vater, der mit seiner Firma und dem Stillstand verheiratet war.

N.* drehte die beschlagene Dose Richtung Barcode, immer noch lächelnd, zögerte aber mit dem Abscannen. Ungeschminkt sah ich nicht aus wie achtzehn, das wusste ich. Dummerweise lag mein gefälschter Schülerausweis irgendwo auf dem Schreibtisch neben einer Packung Kondome und den ungelösten Mathe-Hausaufgaben.

»Geht aufs Haus.« Ein Zwinkern. Ein Grinsen.

»Echt?« Ich war überrascht. »Danke«, sagte ich und steckte die Dose ein.

N.* blickte zum Computer. »Die Strumpfhosen müssten Montag

kommen. Spätnachmittag. Falls du sie dann noch brauchst. Dann läuft auch wieder gute Musik.«

»Gut zu wissen.«

Wieder im Freien wurde mir kurz so schwindelig, dass ich mich an einer Tanksäule festhalten musste. Ich schaute zurück, doch N.* war hinter der Scheibe nicht mehr zu sehen. Was war *das* denn bitte gewesen?! Sollte das eine Anmache sein? Dieses alberne Zwinkern und dann noch der »diskrete« Hinweis auf die nächste Schicht? Gut, dass das niemand mitgekriegt hatte. Hier draußen kannte jeder jeden. Und die Leute liebten Gerüchte. Das lenkte sie von ihrem eigenen langweiligen Leben ab, das vor allem aus Wiederholungen bestand.

Ich öffnete die Whiskey-Cola-Dose und trank mit gierigen Schlucken, während ich die verlassene Straße hinunterging und meine Schritte immer schneller wurden. N.* schien wohl zu glauben, sich an keine Regeln halten zu müssen. Das funktionierte vielleicht in der Großstadt, aber sicher nicht hier bei uns. Nicht, wenn man wie ich hier aufgewachsen war. Da waren die Grenzen enger gesteckt. Die eigene Freiheit endete dort, wo einem die Leute klarmachten, dass Anderssein auf dem Weg zum Glück keine Option war. Das wusste kaum jemand besser als ich. Ich spürte, wie der Alkohol sich in meinem Blut ausbreitete. Das Licht der Straßenlaternen wurde weicher, der Asphalt federte unter meinen Füßen. Wofür hielt der oder die sich eigentlich, mich so plump anzubaggern? Es war ja wohl offensichtlich, dass wir nicht in derselben Liga spielten. Nicht mehr zumindest, die Zeiten waren vorbei.

Früher war ich die klassische Außenseiterin gewesen. Das Ende der Grundschule war für mich der Anfang der Einsamkeit. Nach der Ewigkeit der Sommerferien und dem Übergang zum Gymnasium waren alle wie ausgewechselt gewesen. Die Mädchen interessierten sich auf einmal für komplett andere Dinge, als ich es tat. Sophie, mit der ich früher Fußball gespielt und Handyvideos gemacht hatte, auf denen wir uns gegenseitig als Rockstars interviewten, wollte plötzlich nicht mehr neben mir sitzen. Stattdessen schloss sie sich Lenas Clique an, die nach dem Unterricht bei H&M Klamotten anprobierte, sich in der Shoppingmall umsonst schminken ließ und aus der Ferne Jungs abcheckte. Ich wollte immer noch Chester Bennington sein, Sophie war auf einmal Kylie Jenner.

Mit der Zeit verbrachte ich immer mehr Pausen alleine auf dem Schulklo, um nicht bemitleidenswert und verlassen auf dem Hof herumzustehen. Es war ja nicht so, dass ich mir keine Mühe gab. Ich versuchte, die richtigen Sachen gut zu finden, den richtigen Leuten auf TikTok und Insta zu folgen und die richtigen Dinge zu sagen. Aber ich bekam es einfach nicht gebacken und wurde weiter ignoriert. Das Einzige, was mich zu dieser Zeit aufrecht hielt, war die Aussicht, irgendwann mein Abi zu haben und dann endlich wegzuziehen, in eine Großstadt, wo niemand mich kannte und wo ich mit niemandem Kontakt haben musste, wenn ich es nicht wollte.

Als wir dann in der Zehnten waren, kam Noah neu in unsere Klasse. Gut aussehend, Sportler, selbstsicher und witzig – an ihm stimmte einfach alles. Während er vorne vor der Tafel stand und unsere Klassenlehrerin ihn vorstellte, schaute er mir direkt in die Augen und lächelte mich an. Mein Glück, dass er meinen sozialen Status nicht kannte. Lena stieß Sophie in die Seite und hob abfällig eine Augenbraue. Als Noah dann später mit den anderen herumstand und darüber geredet wurde, wo am Abend gefeiert werden sollte, rief er mir zu: »He, kommst du auch mit, oder

was?« Ich versuchte, mich unauffällig umzusehen, um sicherzuge-
hen, dass die Person, die er meinte, nicht zufällig hinter mir stand.
Doch er schien tatsächlich mich dabeihaben zu wollen. Mit zitternden Knien stimmte ich zu, während ich versuchte, die erstaun-
ten Blicke, die auf uns gerichtet waren, zu ignorieren. Ich würde es
allen zeigen, die mich in den letzten Jahren ausgeschlossen und
auf mich herabgesehen hatten. Noah war meine Chance, wieder
ins Spiel zu kommen.

In derselben Nacht trank ich meinen ersten Gin Tonic und
wurde zum ersten Mal geküsst. Als Noah mich ein paar Tage später mit zu sich nach Hause nahm, holte ich ihm einen runter – einfach, weil ich nicht wusste, was ich sonst tun sollte. Die Aussicht,
ein Gespräch mit ihm führen zu müssen, verunsicherte mich der-
maßen, dass ich dachte, es wäre einfacher, die Zeit auf diese Weise
rumzukriegen. Ich hatte in den vergangenen Jahren neben der er-
zwungenen Zeit in der Schule so gut wie gar keinen Kontakt mehr
zu Leuten in meinem Alter gehabt und eine Riesenangst davor, etwas falsch zu machen. Noah jedenfalls schien mit meiner Heran-
gehensweise zufrieden zu sein. Er nannte mich ab sofort seine
Freundin und ich gewöhnte mich an ihn. Von nun an gehörte ich
irgendwie dazu. Lena und ihre Fans nahmen mich wie selbstverständlich mit zu Partys und Shoppingtouren und ich bekam langsam mit, was ich anzuziehen hatte, welche Übungen man für einen flachen Bauch machen musste und welche Musik in den Clubs
gespielt wurde. Ich verstand, wie ich mich verhalten musste, um
nicht negativ aufzufallen und wurde in meiner Rolle immer siche-
rer. Die Sorge, dass die anderen entdecken könnten, was für ein
komischer Freak ich wirklich war, schwand. Ich perfektionierte
meine Tarnung, bis ich selbst gar nicht mehr den Eindruck hatte,
mich zu verstellen. Ich fühlte mich zwar irgendwie immer tauber,

als würde sich das Leben hinter einer Glasscheibe abspielen, aber immerhin war ich keine Ausgestoßene mehr.

All das lief wie die Wiederholung eines schlechten Films vor meinem inneren Auge ab, während ich von der Tankstelle nach Hause hetzte und dabei unwillkürlich immer wieder den Kopf schüttelte, als könnte ich damit die Erinnerungen verscheuchen. N.* schien also zu denken, in mir eine potenzielle Verbündete gefunden zu haben. Strahlte ich etwa immer noch etwas aus, woran die Menschen merkten, dass ich anders war? Bei Lena hätte N.* sich das mit Sicherheit nicht getraut. Ihr sah man sofort an, dass sie auf der Beliebtheitsskala ganz oben stand und sich mit so schrägen Leuten gar nicht abgeben würde.

Zu Hause angekommen schminkte ich mich an diesem Abend besonders gründlich, und versuchte sogar, aus meinen Haaren so etwas wie eine Frisur zu machen. Als ich Noah dann um kurz nach zehn die Tür öffnete, nickte er anerkennend und fasste mir durch den engen Kunstlederrock an den Po. Vor dem Club ließen wir mit den anderen eine Flasche Wodka-O herumgehen. Ich genoss das Gefühl der Zugehörigkeit wie lange nicht mehr. Doch die Musik, die ich zuvor bei N.* in der Tankstelle gehört hatte, ging mir trotzdem nicht mehr aus dem Kopf. Irgendetwas hatte sie in meinem Innern angestoßen.

Als ich dann am darauffolgenden Sonntagabend verkatert zu Hause in meinem Zimmer auf dem Bett lag, googelte ich die Textzeilen, an die ich mich erinnerte. So merkwürdig N.* auch war – dafür, dass endlich mal jemand irgendwo Musik von einer echten Band hörte mit Gitarren, Bass und Schlagzeug, konnte ich nur Sympathie empfinden. Ich hasste die glatt produzierten, inhaltsleeren Songs, die in meiner Stufe angesagt waren, aber irgendwie hatte ich aufgehört, mich mit Musik zu beschäftigen, seit ich Teil der Clique war. Und das, obwohl ich früher ganze Nachmittage damit verbracht hatte, die CD-Sammlung meiner Mutter rauf und runter zu hören. Nirvana, Silverchair, Linkin Park, Hole. Und der Song aus der Tankstelle hatte mich neugierig gemacht. Er war rauer und wilder als alles, was ich kannte. »*I don't give a damn if you're scared of my love, I don't give a damn if you're scared of my soul!*«, tippte ich ins Suchfeld ein. Sofort erschien eine Ergebnisliste mit Einträgen. Ich rief die erste Seite auf, die mir angezeigt wurde. Ein Punkrock-Blog.

»My Love« ist der bislang erfolgreichste Song der queeren britischen Indieband STAR. STAR besteht aus Sasha (they/them) an Gesang und Gitarre, Ann Y. (she/her) am Schlagzeug und Sam Tex (they/them) am Bass.

Ich klickte eine Bildergalerie mit Bandfotos von *STAR* an. Sasha mit den Pronomen they/them hatte einen Stil, den ich gar nicht zuordnen konnte. Bunt und schrill, ein bisschen Glam, ein bisschen Hippie. Weder männlich noch weiblich, sondern schlicht und einfach wie ein Rockstar.

Ann war cis, wie ich aus einem Interview erfuhr, orientierte sich in ihrem Aussehen allerdings nicht daran, was gemeinhin als weiblich galt, sondern hatte abrasierte Haare und trug lässige weite Hemden und derbe Boots. Sam identifizierte sich wie Sasha als nicht-binär, schien sich aber deutlich weniger für Kleidung und Styling zu interessieren und sah mit Pulli und Jeans auf den meisten Bildern wie ein ganz durchschnittlicher Typ aus.

Abgesehen davon, dass die Musik verdammt gut war und die Band ziemlich viel Spaß zu haben schien, hatten Sasha, Ann und

Sam offenbar eine Mission. Sie verwendeten Begriffe wie *Geschlech-terrollen* und *Queerness*, *Neopronomen* und *Transrechte*. Und obwohl mir der Kopf schwirrte und ich bestenfalls die Hälfte von dem, was ich las, verstand, war ich angefixt. Diese Leute stellten Dinge, die mir davor wie selbstverständliche und unverrückbare Tatsachen er-schienen waren, komplett infrage. Sie nahmen nicht einfach hin, was ihnen vorgegeben wurde und wie sie vermeintlich zu sein hat-ten, sondern zeigten sich, wie sie wirklich waren und fühlten. Ohne sich in Schubladen pressen zu lassen und ohne sich dafür zu ent-schuldigen. Und wenn es dafür keine Worte gab, dann erfanden sie neue. Sie waren frei. Und das Beste war: Es gab offenbar Men-schen, es gab eine Szene, die sie dafür feierte. Die es toll fand, was sie machten, wie sie redeten, wie sie sich kleideten. Bis um drei Uhr nachts schaute ich mir Konzertvideos und Hintergrundberichte zu *STAR* an, und als ich mich am nächsten Morgen völlig übermüdet aus dem Bett quälte, waren mir zwei Dinge klar:

1.: Meine Welt hier war klein. Woanders galten völlig andere Regeln.

Und 2.: Ich wusste absolut gar nichts über N.*

Von jetzt an setzte ich, sobald ich das Haus verließ, meine Kopf-hörer auf und hörte *STAR*. Ich holte auch meine alte übergroße Jeansjacke wieder hervor. Ich hatte sie in einem Secondhandladen entdeckt und mich sofort in sie verliebt. Als ich sie anprobiert und vor dem Spiegel gestanden hatte, hatte ich mich so cool und, ja, tatsächlich irgendwie sexy gefühlt. Aber nachdem Lena und Sophie sich in der Schule erst übertrieben dramatisch die Augen zugehalten und mir dann erklärt hatten, dass wir eng anliegende oder zumindest leichte Stoffe, die die Figur süß umspielten, tru-gen, hatte ich sie ganz hinten in den Schrank gestopft. Jetzt zog ich die Jacke über und sie fühlte sich an wie eine zweite Haut. Natürlich trug ich sie nicht, wenn ich Leute traf, die ich kannte. Erst hatte ich sie nur zu Hause an. Später zog ich sie über, wenn ich kurz um den Block oder einkaufen ging. Aber dann sah ich mich dabei stolz von außen und merkte, wie auch mein Gang lässiger und schwerer wurde.

In der Schule verhielt ich mich wie bisher und hing weiter mit Noah, Lena, Sophie und den anderen ab. Aber ich fühlte mich wie eine Rebellin undercover und lächelte in mich hinein, wenn ich mit STAR auf den Ohren durch die Straßen lief. Ich hatte das Gefühl, dass etwas in mir aufwachte. Wie etwas Gefrorenes, das langsam von der Sonne aufgetaut wurde.

Wenn ich noch Kaffee oder Zigaretten brauchte, ging ich auch unter der Woche immer häufiger zur Tankstelle statt in den Supermarkt. Mit der Zeit wusste ich, wann N.*s Schichten waren und legte meine Einkäufe entsprechend. Über kurzen Small Talk gingen unsere Gespräche jedoch nie hinaus. Bis ich eines Tages die leere Tankstelle betrat und von verzerrten E-Gitarren-Tönen empfangen wurde. Sie kamen nicht aus den Lautsprechern, sondern aus dem Raum hinter dem Tresen. Eine Mischung aus Blues und Rock. Darunter ein stampfender Rhythmus. Harte Schuhsohlen auf kaltem Linoleum. Irgendwie melancholisch, aber auch selbstbewusst fordernd. Die Tür stand ein wenig offen und ich näherte mich neugierig. Eine Rückkopplung war zu hören. Die Musik brach ab und N.*s Gesicht erschien im Türspalt, eine Zigarette im Mundwinkel.

»Ah, du bist es! Ich dachte schon, der Chef macht wieder seinen Kontrollgang. Komm ruhig rein.«

N.* trug eine schwarze E-Gitarre um den Hals, die an einen kleinen tragbaren Verstärker angeschlossen war.

»Wow, du warst das eben?«, platzte es aus mir heraus.

N.* zuckte mit den Achseln und drückte die Zigarette in einem Aschenbecher aus, der neben einem Becher Kaffee auf einem kleinen Tischchen stand. »Hab in letzter Zeit zu wenig geübt. Inzwischen kann ich zum Teil meine eigenen Songs nicht mehr spielen.«

»Du schreibst eigene Songs?«

»Yes. Normalerweise spiel ich auch in einer Band, aber ich bin eine Weile durch die Gegend gereist. Muss mir neue Leute suchen, wenn ich wieder fest in einer Stadt wohne.«

Ich war ehrlich beeindruckt. In meinen Augen gab es kaum etwas Cooleres, als selbst mit einer Band auf der Bühne zu stehen.

Ich beschloss, mich ein wenig vorzuwagen. »Geht es bei deinen Songs dann um queere Themen?«, fragte ich und versuchte, dabei möglichst selbstverständlich zu klingen und nicht so, als hätte ich erst vor Kurzem so richtig kapiert, was dieses Wort eigentlich genau bedeutete.

N.* schaute mich zuerst irritiert an und begann dann plötzlich aus vollem Halse zu lachen. Ich spürte, wie mir das Blut in die Wangen schoss und starrte auf den Boden.

»Sorry«, keuchte N.* »Das war nicht böse gemeint.«

Unsicher hob ich den Blick.

»In erster Linie will ich einfach gute Musik machen. Und bei den Lyrics geht es halt um mein Leben – und das sind dann Sachen, die wahrscheinlich die meisten Menschen nachvollziehen können. Aber ja, manchmal geht es auch um ›queere‹ Themen, wenn mich was beschäftigt, was sich sonst nur schwer ausdrücken lässt.«

So fühlte es sich also an, ein richtig ignoranter Volltrottel zu sein. Doch N.* schien es mir nicht übel zu nehmen und fragte: »Willst du was hören?«

»Klar!«, antwortete ich erleichtert.

N.* lehnte sich gegen den Tisch und begann zu spielen. Ein ruhiges, trauriges Lied. Ich verstand nicht den ganzen Text, aber es ging um Einsamkeit, um Einsamkeit, wenn man mitten unter Menschen ist. Beim Singen schaute N.* immer wieder hoch und mir direkt in die Augen. Wusste N.*, dass der Song auch von mir handelte?

»Krass. Das war … das war richtig gut«, sagte ich mit belegter Stimme, als der letzte Ton verklungen war.

»Danke, danke«, N.* lächelte und hielt mir die Gitarre entgegen. »Willst du auch mal?«

Ich wand mich. »Nee, ich kann das doch gar nicht.« Aber meine bewundernden Blicke waren wohl nicht zu übersehen gewesen.

»Na, komm«, sagte N.* bestimmt, trat hinter mich und hängte mir das Instrument um den Hals. Leider gab es in dem Raum keinen Spiegel, ich hätte mich gerne gesehen.

»Schau, das ist ein einfacher Powerchord, damit kannst du schon viel machen.« N.* griff von hinten an meiner Seite vorbei und schob meine Finger auf dem Griffbrett in die richtige Position. Für einen kurzen Moment berührten sich unsere Wangen und ein Blitz fuhr durch meinen Körper.

»Jetzt hau mal rein!«

Ich schlug die Seiten an. Harte, kraftvolle Töne füllten den Raum.

»Immer nach unten schlagen mit den Fingern.« N.* nahm meine rechte Hand und führte sie. Der Sound erfüllte meinen ganzen Körper, unwillkürlich nahm ich einen etwas breitbeinigeren Stand ein. Ich fühlte mich fest. Stabil. Und gleichzeitig so, als hätte man ein gefangenes Tier von der Kette gelassen. Alles war in diesem Moment am richtigen Platz. Die Gitarre um meinen Hals. Und N.*s Hand auf meiner.

»Ach Mist!« Ich wurde aus meiner Trance gerissen. N.* nickte zur Tür und ich sah, dass eine Gruppe Kinder sich am Regal mit den

Chips zu schaffen machte und ihre Beute zum Tresen trug. »Da muss ich mich drum kümmern.«

»Ja klar, ich muss auch los«, sagte ich schnell, legte die Gitarre auf den Tisch und stolperte verwirrt hinter N.* her in den Verkaufsraum. »Also, mach's gut!«

Als ich halb durch die Tür nach draußen war, rief N.* mir nach: »Schöne Jacke, steht dir!«

Den ganzen Weg nach Hause hatte ich ein breites Grinsen im Gesicht.

Am selben Abend war ich mit Noah verabredet. Nur zu zweit verabredet zu sein, bedeutete, dass wir Sex haben würden. Obwohl wir mittlerweile ein Jahr zusammen waren, kam zwischen uns so gut wie nie ein richtiges Gespräch zustande. Anfangs hatten wir es noch versucht, aber irgendwann aufgegeben und uns von da an auf gemeinsames Weggehen mit den anderen, Serien streamen und eben Sex konzentriert. Besonderen Spaß hatte es mir noch nie gemacht, wenn er mechanisch auf mir herumruckelte und meinen Körper routiniert in verschiedene Positionen bugsierte. Vermutlich hatte er die Stellungen aus Pornos und dachte, er müsse möglichst viele davon abarbeiten, um als »gut im Bett« zu gelten. Anders konnte ich es mir zumindest nicht erklären, dass er mich jedes Mal, wenn ich es mir gerade gemütlich gemacht hatte, packte und auf den Bauch drehte oder mein Bein über seine Schulter warf, sodass ich nur noch damit beschäftigt war, den Winkel immer wieder leicht zu verändern, um einen Oberschenkelkrampf zu verhindern. Noah war aber so beschäftigt mit sich selbst, dass er es nicht mitbekam, wenn ich mit dem übertriebenen Stöhnen aufhörte, das ihn so anturnte, wie er sagte. Meist versuchte ich, die Zeit sinnvoll zu nutzen, indem ich innerlich meine aktuellen To-do- und Einkaufslisten durchging, bis er sein Gesicht irgendwann endlich zu einer schmerzhaften Grimasse verzog, einen gepressten Laut ausstieß, sich schnaufend von mir herunterrollte und wir einfach im warmen Bett liegen und Netflix schauen konnten. Manchmal machte er uns auch noch Schoko-Bananen-Toasts, das war dann mein Höhepunkt.

Heute dauerte es länger als sonst. Wir hatten schon vom Doggy Style über die Neunundsechzig in die Missionarsstellung gewechselt, und er rackerte sich immer noch mit rotem Kopf über mir ab. Sein Blick ging über mich hinweg in Richtung Wand, während ich eine pochende Ader an seiner Schläfe fixierte. Auf Noahs Stirn bildeten sich Schweißperlen. Sie begannen, mir gleichmäßig und warm ins Gesicht zu tropfen. Ich versuchte auszuweichen – vergeblich. Gab es nicht auch eine Foltermethode, die so ähnlich war? Und war ihm das gar nicht peinlich? Oder hatte er überhaupt nichts davon gemerkt?

Noah begann über meine Brüste zu streichen. Erst sanft, dann fester. Ich schloss die Augen und versuchte, mich auf das Kitzeln in meinen Brustwarzen zu konzentrieren. Da tauchte auf einmal das Bild von N.*s leicht spöttischem Lächeln vor mir auf. N.*s braune Augen, die mich direkt anschauten. In meinem Bauch und in meinem Unterleib begann es zu kribbeln. Die Stöße wurden schneller. Der Mund. Das Lächeln. Der Blick. In meinen Ohren begann Sasha zu singen, Anns Schlagzeug gab einen Beat vor, der immer schneller wurde. Ich sah mich in meiner Jeansjacke, wie ich mit N.* Händchen haltend durch die Straßen ging. Die Leute blieben stehen und schauten uns nach. Schneller. N.* strich mir dir Haare aus dem Gesicht. Schneller.

»Tut mir leid.«

»Was?« Ich riss die Augen auf und blickte in Noahs unzufriedenes Gesicht.

Er blickte an sich herunter. Sein Penis steckte schlaff im Kondom. »Geht heute irgendwie nicht, sorry. Keine Ahnung, woran das liegt. Ist mir noch nie passiert.« Er drückte und zog hektisch an seinem Schwanz, als wäre er ein totes Tier, das er wiederbeleben wollte.

»Kein Problem«, sagte ich, während ich mich wieder im Raum orientierte. »Ich fand's gut.«

Ich weiß nicht, wie lange ich noch so weitergemacht hätte – äußerlich wie immer, aber innerlich komplett auf einem anderen Stern. Es war, als hätte ich eine neue Droge entdeckt, die mich in emotionale Höhen katapultierte, die ich bislang noch nicht gekannt hatte. Ich lebte gleichzeitig in zwei Welten. Der alten und der neuen. Eine geheime Doppelrolle, die aus irgendeinem Grund sogar Spaß machte.

War ich verknallt? Quatsch. Ich versuchte, den Gedanken und die möglichen Konsequenzen daraus zu verdrängen und einfach den Zustand, indem ich mich befand, zu genießen. Bis ich eines Tages vorfreudig auf die Tankstelle zulief, um »meinen Einkauf zu machen« und abrupt stoppte, als ich sah, was jemand über die gesamte Scheibe gesprüht hatte.

ZWITTER

stand da in großen roten Buchstaben. Ich schluckte schwer. Dort, wo es in meinem Bauch eben noch gekribbelt hatte, breitete sich eine kalte Schwärze aus. Aus der Ferne sah ich N.*s Silhouette hinter dem Glas. Langsam wich ich zurück, drehte mich benommen um und rannte, so schnell es ging, mit schweren Beinen nach Hause. In meinem Zimmer zog ich als Erstes meine Jeansjacke aus und knüllte sie hinter einen Pulloverstapel in den Schrank. Dann legte

295

ich mich mit Klamotten ins Bett und rollte mich unter der Decke zu einem Ball zusammen. Wie musste N.* sich gerade fühlen? Was würde jetzt passieren? Ich presste meine Fäuste gegen die Augen, dass es wehtat und ich nichts mehr sah.

Am nächsten Tag ließ ich auf dem Weg zur Schule meine Kopfhörer zu Hause. Auf dem Pausenhof standen Lena, Sophie, Noah und Tom zusammen, schauten auf Noahs Handy und lachten.

»Hey, Süße!«, rief Noah und hielt mir das Display entgegen. »Hast du das schon gesehen? Du kennst doch bestimmt diesen komischen Typen, der seit 'ner Weile an der Tankstelle arbeitet?«

Die roten Buchstaben leuchteten mir entgegen. Auf dem Foto, das offenbar in eine WhatsApp-Gruppe gestellt worden war, konnte man N.* hinter der Scheibe ziemlich gut erkennen kann. Mir wurde schlecht.

»Ich hab den auch schon gesehen – ist das überhaupt ein Junge?«, warf Sophie ein. »So sicher bin ich da gar nicht.«

Tom grinste. »Klar ist das ein Junge. Auch wenn er so fett ist, dass er Brüste hat.«

»Er schminkt sich und gleichzeitig sieht man den Bartansatz, ich find's mega eklig. Man könnte das ja auch ästhetischer machen«, sagte Lena. »Neulich hatte er dazu noch so einen langen Rock an, der viel zu eng war.«

»Vor allem muss man es ja nicht so übertrieben raushängen lassen, wenn man schon so drauf ist«, ergänzte Noah. »Ist doch klar, dass er provoziert, wenn er sich so anzieht. Dann muss er sich nicht wundern.«

»Er zieht sich aber nicht immer so an«, sagte Sophie. »Ich hab ihn schon manchmal ohne Schminke und mit ganz normalen Sachen gesehen.«

Tom lachte auf. »Ja, will er nun 'ne Frau sein oder nicht?! What a freak!«

Ich sagte nichts. Was hatte ich mir auch gedacht? Wer die Regeln missachtete, wurde geächtet und bestraft, so war das eben.

Die Taubheit, die ich so gut kannte, floss wie Gift in meinen Körper. Ich löschte *STAR* aus meiner Playlist, es machte keinen Spaß mehr, die Songs zu hören. Einkäufe erledigte ich wieder im Supermarkt, um die Tankstelle machte ich einen Bogen.

Aber dann kam der Sonntag, an dem meine Eltern vergessen hatten, passierte Tomaten für die Pasta Napoli, die es zum Abendessen geben sollte, zu besorgen. Meine Tante war zu Besuch und sie wollten kochen. Nachdem mir keine gute Ausrede eingefallen war, warum ich nicht noch kurz zur Tankstelle gehen konnte, machte ich mich mit gemischten Gefühlen auf den Weg. Wahrscheinlich hatte ich nur auf einen Grund gewartet, wieder hinzumüssen, denn wenn ich ehrlich war, hielt ich die Sehnsucht nach N.* kaum aus. Wenn da nur nicht die beschissene Angst vor den Konsequenzen gewesen wäre. Denn wo sollte das hinführen? Ich hatte nicht die Kraft dafür, wieder überall die Aussätzige zu sein. Abgesehen davon – wollte N.* überhaupt noch mit mir sprechen? Seit zwei Wochen war ich nicht mehr da gewesen, davor ungefähr alle zwei Tage. Und es war ja wohl offensichtlich, woran das lag? Was für ein Arschloch war ich eigentlich?!

Als ich mich dem Laden näherte, stellte ich erleichtert fest, dass die Schrift von der Fensterscheibe abgewaschen worden war und nur noch einzelne rote Farbreste zurückgeblieben waren. Drinnen war alles leer. Auch N.* war nicht zu sehen. Ich blickte nervös umher. Die absurdesten Bilder rasten plötzlich durch meinen Kopf. Wie N.* mit quietschenden Reifen unser Scheiß-Dorf verließ und zurück in die Heimat fuhr, wo die Leute sich weniger hinterwäldlerisch verhielten und man wie ein Mensch behandelt wurde. Wie N.* gekündigt wurde und sich zu Hause betrank und in Depressionen versank. Wie N.* sich im Angestelltenraum erhängte. Stopp, hör auf mit dem Quatsch!! Mein Blick flog umher – die Tür zur Kammer hinter dem Verkaufstresen stand einen kleinen Spalt auf. Langsam und mit immer größerer Anspannung ging ich auf sie zu. In meinen Armen kribbelte es und meine Hände schwitzten. Ich stieß die Tür auf.

Drinnen stand N.* mit dem Rücken zu mir und räumte etwas ins Regal. Mir entfuhr ein lauter Seufzer. N.* fuhr erschrocken herum, entspannte sich aber sichtlich, als sich unsere Blicke trafen.

»Hi«, sagte ich und lächelte unsicher.

»Hey«, antwortete N.* und schaute mich mit unbewegter Miene an. »Kann ich dir helfen?«

Kein Lächeln. Eine Welle von Adrenalin schoss durch meinen Brustkorb.

Ich räusperte mich. »Ich … ich wollte eigentlich schon die letzten Tage kommen. Aber es … es ging irgendwie nicht …, weil…«

N.*s Gesichtszüge wurden weicher. »Ist schon okay.«

»Nein, ist es nicht.« Ich ging näher auf N.* zu, bis wir direkt voreinander standen. Tiefbraune, dunkle Augen. Die vollen Lippen. Die breiten Schultern. Ich wollte einfach nur in diese Arme. Mich an diesen Körper pressen. Von ihm umschlungen werden.

Vorsichtig streckte ich meine Hand aus und strich mit meinen Fingern über N.*s Unterarm. Ein fragender Blick, aber der Arm wurde nicht zurückgezogen. Wir schauten einander direkt in die Augen und unsere Gesichter kamen sich immer näher. Als unsere Lippen sich berührten, explodierte etwas in meinem Bauch. Wir küssten uns erst vorsichtig, dann immer wilder. Ich fuhr mit den

Händen unter N.*s Hemd und ertastete den Rücken. Er fühlte sich stark und weich und warm an. Ich küsste N.*s Hals und nahm einen süßlich herben Duft wahr, eine Mischung aus Duschgel und Schweiß. Ich rieb mich mit dem Gesicht an der schönen Haut. Kein Überlegen mehr, mein Körper wusste instinktiv, was zu tun war. Meine Hände wanderten weiter herunter zu N.*s großem Hintern und ich streichelte die Rundungen und griff hinein in das Fleisch. Mein Unterleib fing an zu brennen. »Darf ich deine Brüste anfassen?«, fragte N.* mit rauer Stimme. Mein »Ja« klang so flehend, dass ich fast lachen musste. N.* streichelte meine Brustwarzen, die sofort hart wurden, kniff hinein, leckte und saugte. Ich hörte ein sehnsüchtiges Wimmern und merkte, dass es von mir kam. N.* fuhr mit der Hand an meinem Hosenbund entlang.

»Okay?«

Ich konnte nur nicken.

N.*s Hand bewegte sich in meiner Hose herunter und tastete sich vorsichtig vor. Ich merkte, wie feucht ich war. Langsam und spielerisch fuhren die Finger hin und her. Glitten in mich hinein, wurden wieder zurückgezogen. Ich wollte meinen Kopf abwenden, aber N.*s braune Augen schauten mich direkt an und hielten meinen Blick fest. So nah. »Hallo?«

Eine Welle fuhr durch meinen ganzen Körper, wie ich es noch nie erlebt hatte, die Muskeln in meinem Unterleib zogen sich zusammen, mir wurde schwindelig. Pulsierende Wärme. Ich hielt N.*s Hand an meiner Brust fest, drückte die Handfläche auf die Brustwarze, weil ich den Reiz nicht mehr aushielt. In meinen Ohren rauschte es.

»Hallo? Kann ich zahlen oder ist hier alles umsonst?«, hörte ich aus der Ferne eine verärgerte Männerstimme. Jemand hämmerte an der Kasse auf die Klingel.

»Entschuldigung!« N.* stopfte sich eilig das Hemd zurück in die Hose, schenkte mir ein Lächeln und verschwand nach draußen in den Verkaufsraum.

Zitterig, feucht und gut durchblutet taumelte ich aus dem Hinterausgang. Damn! So konnte sich das also auch anfühlen. Die Pasta würde es heute aglio e olio geben müssen.

Nach diesem Abend war ich völlig durcheinander und komplett auf Adrenalin. Zeitweise fühlte es sich an wie der beste Rausch, den ich mir vorstellen konnte, und dann kippte es wieder in Panik. Es war anders, besser und wacher als alles, was ich bislang gefühlt hatte. Hatte ich davor überhaupt etwas gefühlt? Ich wusste es nicht. Aber ich spürte die Folgen. Mein Alltag, meine Umgebung und die Leute in der Schule kamen mir fremd vor. Aber nicht so wie früher, nicht so, dass es wehtat, weil ich die Ursachen dafür bei mir suchte. Die Taubheit war weg. Ich spürte, dass es Hoffnung gab. Ich war eine Außerirdische, die aus Versehen auf einem fremden Planeten gelandet war, aber genau wusste, dass sie auf ihren Heimatplaneten zurückkehren konnte. Dass es diesen Ort, wo ich hingehörte, gab, dass er existierte. Ich musste nur mutig sein.

Gleichzeitig verurteilte ich mich für das, was ich getan hatte. Schließlich hatte ich einen Freund. Auch wenn Noah niemals solche Gefühle in mir ausgelöst hatte, hatte er mich nie schlecht behandelt. Und ohne ihn würde ich meine Pausen wahrscheinlich immer noch alleine auf dem Schulklo verbringen und sehnsüchtig nach einem anderen Leben durch Insta scrollen. Was die anderen von der ganzen Sache halten würden, war ja wohl klar. Lena wäre wahrscheinlich froh, wenn sie sich nicht mehr mit mir abgeben musste und stattdessen wieder etwas zum Lästern hätte. »Der Freak und der Zwitter – das passt doch perfekt«, würde sie sagen und ihre selbst gebleachten Zähne zeigen. Außerdem kannte ich N.* überhaupt nicht – verdammt, ich wusste noch nicht mal, wofür dieses »N.*« überhaupt stand.

Die ganze letzte Woche hatte ich kaum geschlafen, sondern mich nur hin und her gewälzt. Irgendwann gegen vier Uhr morgens ging ich oft in die Küche, um mir zur Beruhigung ein Brot mit Schokocreme zu machen – scheiß auf die Kalorien, das hier war eine Ausnahmesituation – und es nach einem Bissen dann doch in den Mülleimer zu werfen, weil ich einfach nichts herunterbekam. Zurück im Bett hörte ich auf dem Handy *STAR* und dachte dabei an N.*. Und ja, ich machte es mir dabei auch ziemlich oft selbst. So, wie N.* mich angefasst hatte, funktionierte es nämlich wesentlich besser als bisher. Technisch war ich davor offenbar nicht so weit vorn gewesen. Ich hatte jetzt heftigere Orgasmen als vorher – mittlerweile zweifelte ich daran, dass das, was ich davor für einen Höhepunkt gehalten hatte, überhaupt einer gewesen war. Aber so wie mit N.* war es trotzdem nicht.

Und jetzt bin ich also hier und verstecke mich wie ein Kind hinter einem Regal. Der Laden hat sich fast ganz geleert. Ich spüre einen Blick auf mir, schaue in Richtung Kasse und sehe N.* direkt in die Augen. Okay, es ist so weit. Ich kann nicht mehr weg. N.* hat mich gesehen und sobald der Typ, der gerade bezahlt hat, raus ist, werden wir reden. Ich bin nicht auf diesen Moment vorbereitet. Ich kann nicht denken. In meinem Kopf surrt es und ich fühle mich wie unter Wasser. Ich will mich gerade aus meiner Ecke lösen, da nehme ich wie durch einen Schleier wahr, dass die Tür wieder aufgestoßen wird und eine Gruppe Jugendlicher hereinkommt. Die Mädchen tragen alle dieselbe Uniform, gut sitzende Jeans und enge bauchfreie Oberteile. Durch den Regenguss sieht es aus, als wären sie Kandidatinnen bei einem Wet-T-Shirt-Contest. Die Lippen haben sie dunkel umrandet und mit Lippenstift geschminkt, diejenigen die schmale Lippen haben, haben über den Rand gemalt. Die Jungs tragen weite Hosen, Hoodies und weiße Turnschuhe. Es sind Noah, Tom, Lena und Sophie.

Noah nimmt N.* sofort ins Visier.

»Ah, da ist der Zwitter«, es klingt, als wäre er schon etwas angetrunken. »Bist du ein Mädchen oder ein Junge? Oder kannst du dich nicht entscheiden?«

Die anderen lachen und Tom ruft: »Es kann sich nicht entscheiden!«

»Willst du meine Pronomen wissen oder möchtest du gerne meinen Schwanz sehen?«, kontert N.*.

»What the fuck? Ganz schön mutig!« Noah scheint kurz nicht zu wissen, wie er reagieren soll, dann greift er eine der Flaschen mit Multivitaminsaft, die direkt vor der Kasse stehen.

»Du solltest hier besser Ordnung halten.« Er grinst N.* ins Gesicht und lässt die Flasche fallen. Das Glas zerspringt mit einem Knall und die klebrige orangene Flüssigkeit ergießt sich über den Boden. Ich bin wie erstarrt. N.*s Züge verhärten sich, während die Clique sich vor Lachen biegt. Lena tritt vor und fegt mit dem Arm die Zeitschriften und Feuerzeuge vom Tresen. Ich öffne den Mund, will etwas sagen, aber es kommt nur ein Krächzen heraus. Trotzdem habe ich die Aufmerksamkeit der Meute erregt. Noah öffnet überrascht den Mund, dann grinst er übers ganze Gesicht und kommt auf mich zu. »Hey Süße!« Er fasst mich um die Taille und presst seine harten, trockenen Lippen auf meinem Mund. »Wo warst du denn? Wir hatten auf dich gewartet, ich hab zig mal angerufen!« Ich kriege keinen Ton raus, starre ihn nur an. »Jula!«, ruft Sophie. »Kommst du jetzt mit oder was? Wir wollen noch zu Daniel.«

»Na klar kommt sie mit«. Noah fasst mich am Arm und zieht mich hinter sich her. Die anderen folgen uns, Tom mit einer Flasche Wodka in der Hand, die er sich offenbar gegriffen hat.

»Tschüss, Freak«, rufen sie N.* zu.

Draußen hat es aufgehört zu regnen, kalter Wind schlägt mir entgegen, und ich wache langsam auf. Meine Sicht wird klar. Während alle Richtung Hauptstraße gehen, werde ich immer langsamer und bleibe nach ein paar Schritten stehen. Noah dreht sich um und auch die anderen warten.

»Was ist mit dir?«

Ich schaue in jedes einzelne dieser fremden Gesichter. Sehe die Leute, deren Meinung mir so wichtig war. Noah, der bis jetzt in seinem Leben immer nur Applaus bekommen hat und glaubt, sich alles nehmen zu können, was er will. Königin Lena, die wirkt wie ein Abziehbild aus einer schlechten Highschool-Komödie. Meine Sophie, die alles tut, um Lena zu gefallen, obwohl sie es doch eigentlich besser weiß. Und Tom, der einfach ein Arschloch ist. Und plötzlich ist es da, plötzlich spüre ich es. Ein festes Gefühl in meinem Bauch. Endlich finde ich meine Stimme wieder. »Das war's«, sage ich laut und deutlich. »Geht ohne mich.« Dann drehe ich mich um und laufe zu N.*

ÜBER DEN MUT,
NACH VORN ZU SCHAUEN

Chantal-Fleur Sandjon

Die Sonne, so strahlend und Schwarz

384 Seiten · Gebunden
ISBN 978-3-522-20286-2

Seit ihrer ersten Begegnung ist Nova völlig fasziniert von Akoua. Ihre Gedanken kreisen nur noch um dieses Mädchen, das mit ihrem Strahlen Novas Welt zum Leuchten bringt. Es ist Liebe auf den ersten Blick und der Beginn einer aufregenden Zeit voller erster Male. Ein Neuanfang, der keinen Platz mehr für bittere Erinnerungen lässt. Denn Nova ist glücklich und denkt kaum noch an das, was ihre Mutter, ihr kleiner Halbbruder und sie erlebt haben. Doch dann geschieht das Unvorstellbare und der Schmerz kehrt zurück ...

Lieblingsbücher fürs Leben.
www.thienemann-esslinger.de